雑学3分間
ビジュアル図解
シリーズ

知恵と工夫がいっぱい!
見どころを徹底解説!

神社・寺院・茶室・民家

# 違いがわかる!
# 日本の建築

Japanese
Architecture

宮元健次
［監修］

大きなワンルームの寝殿造
風を生み出す京町家の工夫
趣味を極める数寄屋造…

**こだわりの**
**日本建築のすべて**

PHP

# はじめに

本書は、日本建築のかたちやしくみについて、ジャンルごとに平易な文章と図解によってわかりやすく解説したものです。

日本の伝統建築の姿かたちは、偶然決定されたわけではなく、その土地の気候風土に最も適したものが長年の間に取捨選択された結果生まれた造形です。日本列島は東西に長く、各地の気候風土にも大きな差があり、建築のかたちやしくみにも地域によって大きな違いが生まれました。

いっぽう日本には在来信仰としてまず神道があり、のちに仏教が伝来したため、宗教建築においては、神社や寺院も互いに影響しあって、より複雑な発展を遂げました。さらに日本独自の伝統的芸能・茶道の発展によって、茶室建築やその影響を受けた数寄屋風書院造、草庵風書院造といった住居形式がつくられました。

このように日本建築は、単に気候風土の影響を受けただけではなく、信仰や日本人の美意識までもが反映され、熟成されて今に至ったのです。しかし、現在それらのかたちやしくみを鑑賞するすべが、十分普及しているとはいえません。

そこで本書は、作例よりもむしろ、そのかたち、しくみの解説に重点を置き、建物の用途に応じてその意図を明らかにしました。

本書を手に、日本各地に残る至高の建築を訪れ、その魅力的なかたちやしくみを賞《め》でてみませんか。

宮元　健次

## 目 次

## 第3章　寺院建築を知る



## 第4章　寝殿造・書院造を知る　―貴族・武士の住む家

## 第5章 数寄屋造・茶室を知る ―茶の湯の建築



## 第6章 民家・町家を知る ―庶民の住む家

## 第7章 日本庭園を知る

# 本書の概要

## 第1章

### 日本建築の特徴

日本建築で発達した木組や、高温多湿の風土から生まれた、ひさし、縁側、障子といった日本建築特有の形を解説する。

木造建築の構造 ― 架構式 ― 木組 ― 耐震

日本の気候に合わせた工夫 ― 雨仕舞い

屋根の形　ひさし

開放的な空間

採風　採光　縁側

自然素材のメリット

調湿 ― 木　紙　土　草

## 第2章

### 神社建築を知る

神社の起源から、自然信仰と神社など、神社建築の様式や建物配置のルール、神社建築の装飾の意味などを解説する。

起源 ― 自然信仰 ― 神社と方位

神社の建築様式

神明造　大社造　住吉造　大鳥造

↓

春日造　流造　日吉造　八幡造

祇園造　権現造

屋根の見方

檜皮葺き　千木　堅魚木　懸魚

伊勢神宮の謎

## 第3章

# 寺院建築を知る

大陸から伝わった寺院建築は日本独自に発展していく。地震に強い組物の技術や五重塔の構造などを解説する。

- 伽藍の配置
- 地震と寺院建築
  - 組物の発展
  - 寺院の建築様式の発展
    - 五重塔
    - 和様
    - 大仏様
    - 禅宗様
    - （和様・大仏様・禅宗様）→ 折衷様
- 寺院の装飾
- めずらしい構造の寺院

## 第4章

# 寝殿造・書院造を知る
## —貴族・武士の住む家

畳や襖などのルーツとなった貴族の住まいである寝殿造と、寝殿造から発展した武士の格式をアピールする書院造を解説する。

- 寝殿造
  - 構造 — 間仕切りがない — 塗籠
    - 蔀戸
    - 帳台
    - 衝立障子
  - 襖・畳の起こり
- ↓
- 書院造
  - 座敷飾り
    - 床の間
    - 違棚
    - 付書院
    - 帳台構
  - 豪華な室内装飾
    - 天井
    - 引き戸
    - 襖
    - 欄間

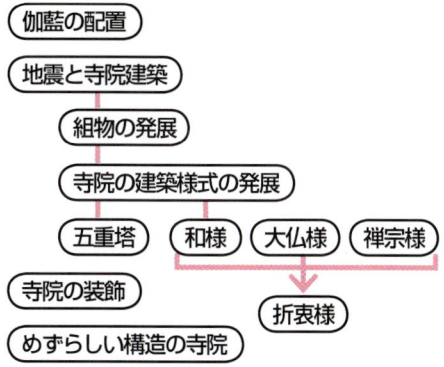

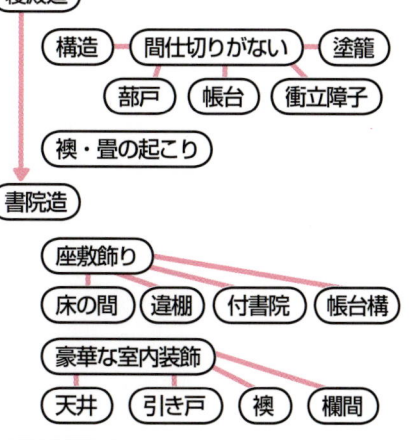

## 第5章

## 数寄屋造・茶室を知る
### —茶の湯の建築

書院造から発展し、自由な発想でつくられた数寄屋造。数寄屋造の究極の姿ともいえる茶室。これらの建築からわかる日本建築の美しさを見ていく。

数寄屋造

自由な発想

柱　天井　化粧金具　壁

茶室

茶の精神　わび　きれいさび

天井　窓　土壁　出入口　アプローチ

## 第6章

## 民家・町家を知る
### —庶民の住む家

風土とともに発展してきた民家のさまざまな形や、町家など、かぎられた環境で快適に暮らすために生まれた知恵を解説する。

竪穴式住居

風土と民家の形

町家　坪庭　格子

土蔵造　なまこ壁　こて絵

## 第7章

## 日本庭園を知る

枯山水や池泉庭園などの作庭の手法や造形が伝えるもの、日本庭園のもつ意味を解説する。

石の配置・意味

庭園の種類・ルール

池泉庭園

枯山水

浄土式庭園

借景の技法

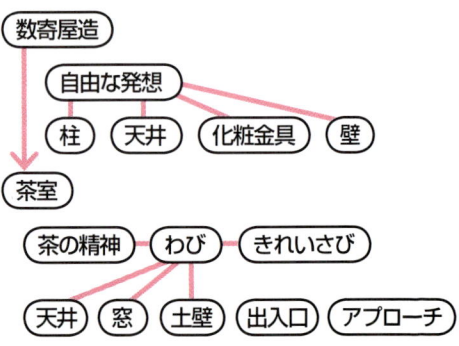

第**1**章

# 日本建築の特徴

日本建築では木組などの技術が発達するとともに、
高温多湿の風土から開放的な空間が生まれました。
ひさし、縁側、障子といった
日本特有の建築の形を見ていきます。

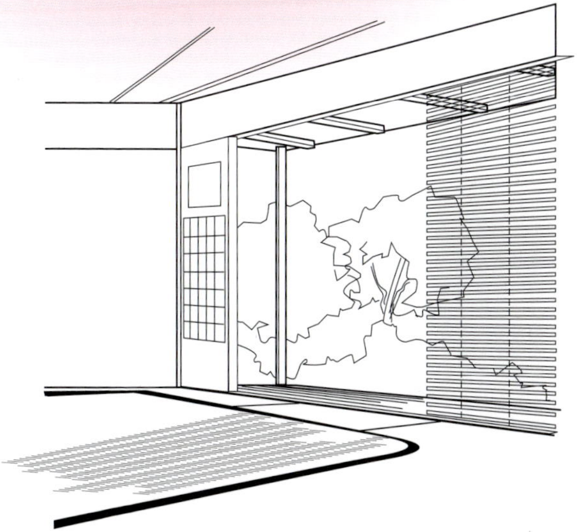

日本建築と木

# 日本建築は木の文化

寺院、神社、城郭、住居のほか、建具や家具にいたるまで、日本建築では、木が主な建築材料として使われています。

## 日本は木の文化

『古事記』や『日本書紀』には、国生み（日本の創生）の際、神が自分の身体に生えている毛をむしりとり、檜・杉・楠《くすのき》など用途別に山野に植えたという記述があります。木が国づくりの基本であり、万物を生み出す出発点でした。森林資源に恵まれた日本では、古来木を主な建築材料として活用してきました。現存する日本最古の木造建築である法隆寺（奈良県）も、すべて**木組**でつくられています。

日本建築において木材は、柱はもちろんのこと、屋根、床、壁、天井、建具、家具にいたるまで、建物のあらゆる部分に使われています。また、部材の細かな細工の美しさなどから、「**日本建築は木の文化**」といわれています。

## ヨーロッパは石の文化

日本建築の「木の文化」に対して、ヨーロッパ建築は「**石の文化**」とよばれます。そのもっとも大きな違いは、建物の寿命です。ギリシャのパルテノン神殿（紀元前438年完成）をはじめ、ヨーロッパには数千年前の石の建物が多く残っているのにくらべ、日本建築は1400年前の法隆寺が現存する最古の木造建築物です。1000年以上もの差があるのは、木は石よりも劣化が早く、腐食しやすいためです。

したがって木造建築は、その姿を保つためには、手入れが欠かせません。ヨーロッパで歴史的建造物の修復が始まったのは19世紀からですが、日本では6世紀ごろから、専門的な技術をもった大工らによって、定期的に古い建物の修理や再建がくり返されてきました。

マメ蔵　日本建築最高の素材は檜であり、宮殿や著名な寺社などは檜でつくられています。とても丈夫で法隆寺の金堂、五重塔にも使われています。

# 木でつくられる日本建築の建築物や建具

木造の高層塔は、木の組み合わせにより揺れを吸収するつくりになっているため、地震に強い。

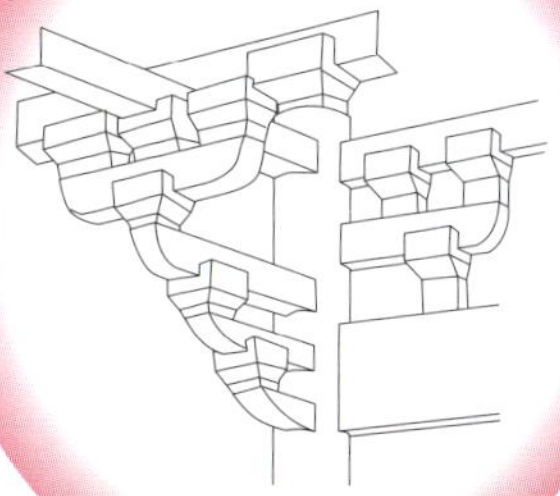

組物という柱と梁などを接合する技術の登場により、木造寺院建築は強固になっていった。

丁寧に彫刻された木材は、室内空間の品格を引き立てる重要な装飾品となる。

木造建築の構造

# 木造建築の基本的な構造

**旧石器時代後期の竪穴式住居以降、日本で発達してきた木造建築は、主に柱や梁などの軸組で支える構造となっています。**

## 柱と梁で屋根を支える

木造建築は、柱と梁《はり》で建物を支える工法が一般的です。旧石器時代後期につくられた竪穴式住居も、地面を掘り下げて複数の木の柱を立て、貫《ぬき》や梁でつないで骨組とし、その上に葦《あし》などの植物で屋根を葺いてつくられています。このような構造を、**架構式構造**《かこうしき》（柱・梁構造ともいう）とよびます。開口部を広くもうけることができるため、日本建築の特徴である開放的な空間をつくり出しています。

いっぽう、ヨーロッパなどに多い石造建築は、石を積んで壁をつくり、その壁で屋根を支えるため、架構式構造にくらべ開口部がせまいのが特徴です。これを**組積造**《そせきぞう》といいます。

## 伝統的な寺院建築の建て方

寺院建築ではまず、地面に砂や砂利などを混ぜた土を10cmほど敷き、つき固めて基礎となる基壇を築きます。次に屋根の重さで柱が沈まないよう、高さや大きさのそろった礎石を置き、その上に柱を立てていきます。柱や梁、桁《けた》などをつなぐときは、各部材に**組手**とよばれる「刻み」を入れて組み合わせます。

柱どうしは**貫**や**長押**《なげし》（いずれも柱をつなぐ横木）で水平につないで骨組を強固にします。さらに柱の上部に**斗**《ます》や**肘木**《ひじき》とよばれる構造材をのせ、その上に梁や桁を架け渡します。斗や肘木は、縦の部材と横の部材を結ぶ重要な役目をします。

最後に斜めに垂木《たるき》を取りつけて小屋組をつくり、板を張り、瓦などを葺けば、屋根ができ上がります。

マメ蔵 日本建築の建物には複雑な形や曲線が多く、修理に高度な技が必要です。現在専門の技術を有する大工は国から「選定保存技術」に指定されています。

## 木造と石造の構造の違い

**架構式構造／木造**

柱と梁が建物を支えるため、柱と柱の間の空間が利用できる。

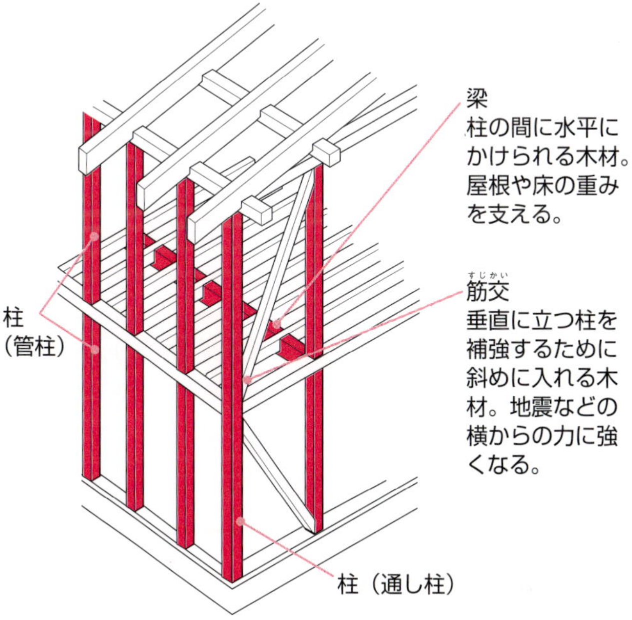
梁
柱の間に水平にかけられる木材。屋根や床の重みを支える。
筋交《すじかい》
垂直に立つ柱を補強するために斜めに入れる木材。地震などの横からの力に強くなる。
柱（管柱）
柱（通し柱）

**組積造／石造**

石やレンガを積み上げて柱をつくり、壁が屋根を支える。窓の位置や大きさに制約がある。

**レンガ積みの例**

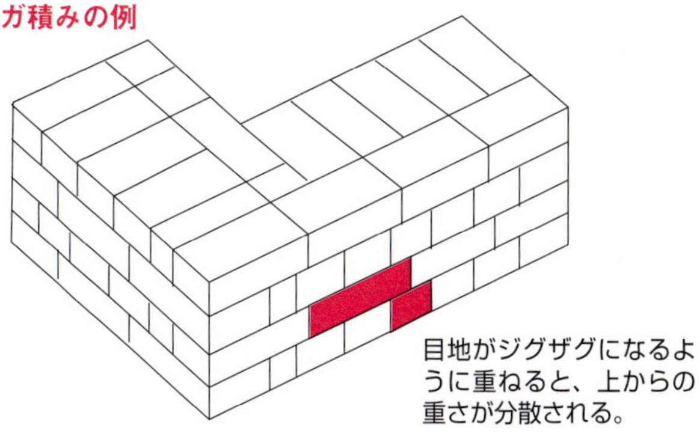
目地がジグザグになるように重ねると、上からの重さが分散される。

日本建築の寸法

# 日本建築はどんな寸法で建てられたのか

**日本建築では古くから、尺貫法《しゃっかんほう》という独自の寸法が用いられてきました。その慣習は現代の建築にも色濃く残っています。**

## 長さの単位「分・寸・尺・間」

日本建築の寸法として使われる**尺貫法**は、中国の「度量衡《どりょうこう》」(長さを度、体積を量、重さを衡の単位で表す）を起源とし、仏教伝来とともに日本に取り入れられました。尺が長さ、貫が重さの基準で、長さの単位は尺のほか、間《けん》・寸《すん》・分《ぶ》などがあります。それぞれの単位をメートル法に置きかえると、1分≒3.03mm、1寸≒30.3mm、1尺≒303mm、1間≒1820mm程度で、10寸が1尺、6尺が1間に相当します。

ただし、古代の寺院建築では、尺貫法は使われておらず、柱と柱のあいだを示す「**間**」(尺貫法の単位としての「間」ではない）という長さで建てられました。建物の大きさは柱の位置や数によって決まるため、決まった長さはありませんでした。

## 地域によって違う寸法

日本建築では、建材の規格は全国で統一されていません。たとえば、畳の部屋を「**京間《きょうま》**」「**江戸間《えどま》**」とよぶように、関東と関西では畳のサイズが違います。京間の畳サイズが6尺3寸（約1910mm）×3尺1寸5分（約955mm）なのに対して、江戸間の畳サイズは5尺8寸（約1760mm）×2尺9寸（約880mm）となっています。ほかにも中京間《ちゅうきょうま》(中京地方）や六二間《ろくにま》（九州地方）などがあります。

また、角柱のサイズには105×105mmと120×120mmがあります。雪の多い東北地方では、積雪の際、重みが加わるのを考慮して150×150mmのものを用いる場合もあります。このように、建材の寸法は地域によって異なります。

**マメ蔵** 桂離宮の畳は京間が使われており、柱間は古書院、中書院、新御殿と増築時期の違いによって少し異なります。

## 尺貫法

日本建築では、尺貫法という
独自の寸法を用いている。

| | | | | |
|---|---|---|---|---|
| 1分 | = | 3.03 mm | | |
| 1寸 | = | 10分 | ≒ | 30.3mm |
| 1尺 | = | 10寸 | ≒ | 303mm |
| 1丈 | = | 10尺 | ≒ | 3030mm |
| 1間 | = | 6尺 | ≒ | 1820mm |

## 畳の大きさの違い

建材の大きさは全国で統一されておらず、
畳においては関東の江戸間と関西の京間など、
地域によって異なる。

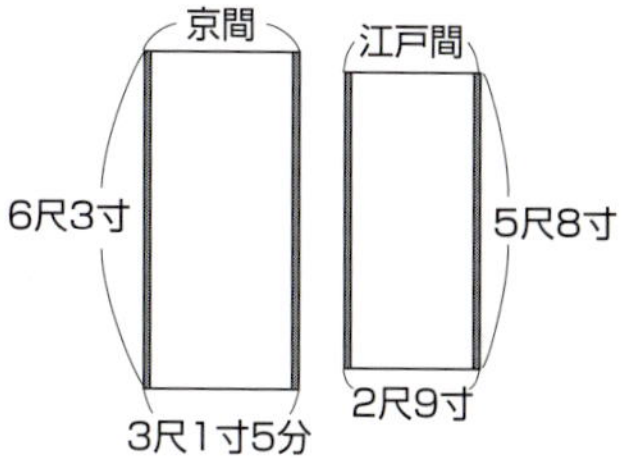


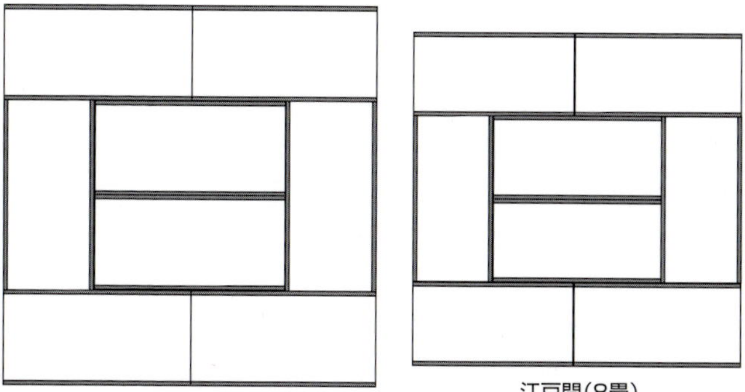

京間(8畳)

江戸間(8畳)

同じ8畳でも、京間と江戸間では大きく異なる。

日本建築の出入口

# 建物には２つの入り方がある

日本建築には２つの出入口の様式があります。出入口の位置によって、それぞれ妻入と平入とよばれています。

## 妻入と平入

日本建築では、屋根の棟に対して直角の方向になる妻側に出入口があるものを**妻入《つまいり》**、棟に平行な平側に出入口があるものを**平入《ひらいり》**とよんでいます。

建物の出入口は、雨が建物内に入り込まないよう、妻入が基本でした。登呂遺跡（弥生時代）の竪穴住居や高床倉庫も妻入であったことが確認されています。その後、建物の周囲に壁構造ができ、屋根と壁が分かれて雨水の浸入の心配がなくなったなどの理由から、平入りの建物が建てられるようになります。

## 寺院建築は平入

神社建築は**神明造《しんめいづくり》の伊勢神宮が平入、大社造《たいしゃづくり》の出雲大社**が妻入など、建築様式により入口の位置が異なります。いっぽう寺院建築は、建物が大きく、内部の仏像の配置などから桁行《けたゆき》方向（平側）に長いため、**伽藍内の建物は平入**が一般的です。平側を正面とすることで、左右へ広がる壮大さも表現できます。

比較的小型の建物は妻入、大型の建物は平入という傾向がありますが、出入口は建物の“顔”となるため、どちら側にするかは、その建物の用途や立地、構造、外観、周囲との調和など、さまざまな条件によって変わります。また、出入口が妻側と平側の両方にある場合もあります。

ちなみに伊勢地方の民家の多くは、神宮と同じつくりはおそれ多いという理由から、妻入になっています。

マメ蔵　妻入の妻は、建物の中央に対しての端《つま》が語源です。配偶者のよび名である妻は、家の端、つまり「つま」にいたことから名づけられました。

# 妻入と平入

## 妻入と平入の入口の位置

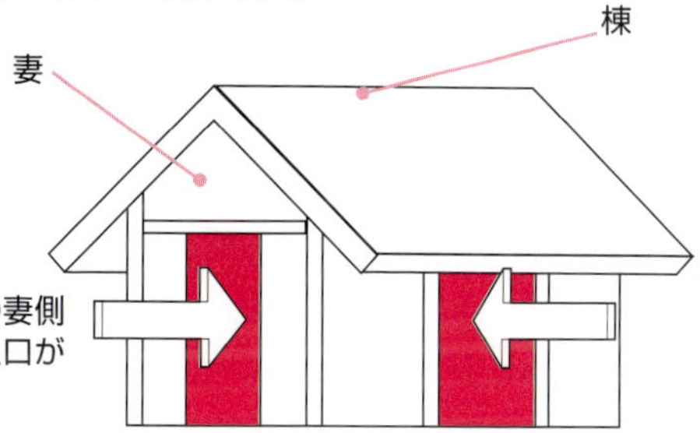


**妻入**
屋根の妻側に出入口がある。

**平入**
棟に平行な平側に出入口がある。

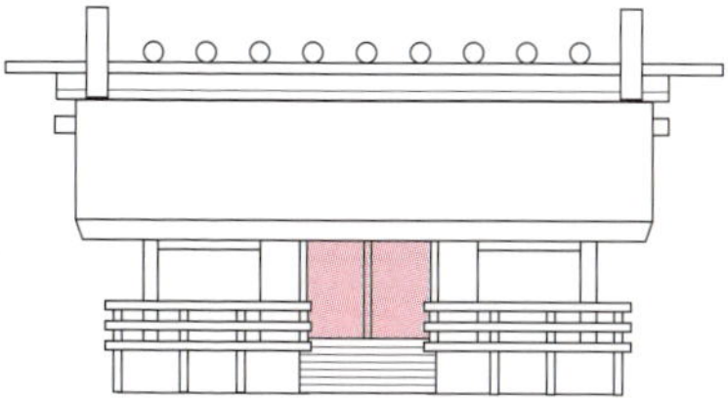

## 「伊勢神宮」側面

平入の神社の代表。神明造とよばれ、伊勢地方の神社に多い。

## 「出雲大社」側面

妻入の神社の代表。大社造とよばれ、出雲地方の神社に多い。

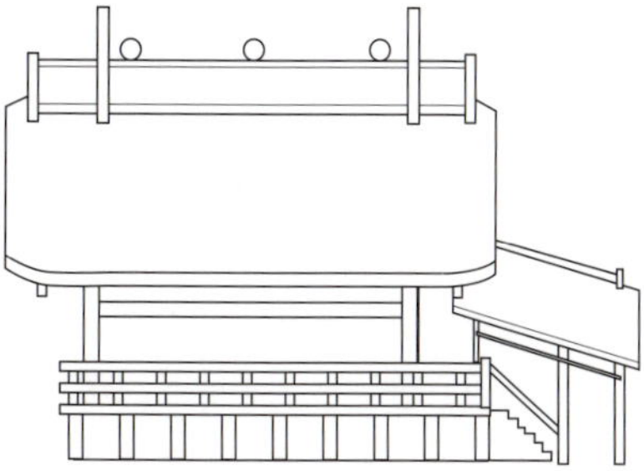

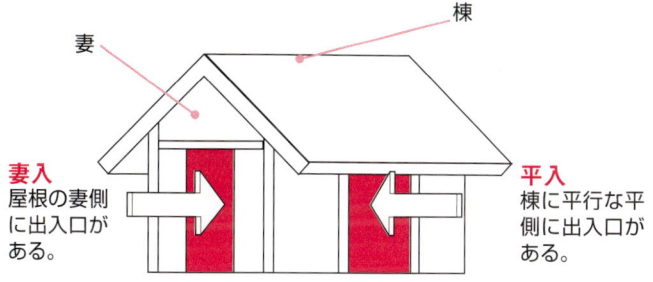

屋根の形

# 雨の多い日本は屋根の形がさまざま

屋根の形は、建物が建てられている土地の風土や建物の用途などによって異なります。

## 屋根の基本は３種類

日本建築の屋根は、**切妻造《きりづまづくり》**、**寄棟造《よせむねづくり》**、**入《いり》母《も》屋《や》造《づくり》**の３種類を基本の形とします。雨の多い日本の気候に合わせ、雨水が屋根から早く流れ落ちるように、いずれの屋根も２つ以上の勾配のある面で構成されていて、ひさしが長いのが特徴です。西洋に多い平らな屋根（陸屋根）に対し、勾配屋根ともよばれています。

屋根は雨をしのぐといった実用的な役割だけでなく、建物を見るときにもっとも目立つ部分でもあるため、その建築物の象徴にもなります。

## それぞれの屋根の特徴

切妻造は、２つの屋根面で構成されています。もっともシンプルな屋根構造で、本を開いて伏せたような形をしています。古来より神社建築などに取り入れられてきました。

寄棟造は４方向に勾配のついた屋根があります。棟に４つの面が寄り集まるので寄棟造とよばれます。

入母屋造は、切妻造と寄棟造を組み合わせた構造です。複雑で立派に見えるため、格式を重んじる建築に多く見られる形式となっています。法隆寺の金堂をはじめ、日本各地の城の天守や櫓《やぐら》、桂離宮などの数寄屋造に見ることができます。

ほかに、寄棟造に分類される屋根の形で、**宝形造《ほうぎょうづくり》**（方形とも書く）という構造もあります。屋根面すべてが三角形で構成されており、上から見ると六角形や八角形など多角形になっています。宝形造の屋根は、五重塔の最上層などに見ることができます。

マメ蔵　宝形造は三角形の屋根面が６つなら六柱、８つなら八柱とよびます。有名な建築物では、会津さざえ堂が六柱、法隆寺の夢殿は八柱となっています。

## 屋根の形状あれこれ

形はさまざまだが、日本は雨が多いため、
屋根の形状にはさまざまな工夫がされてきた。

**切妻造**

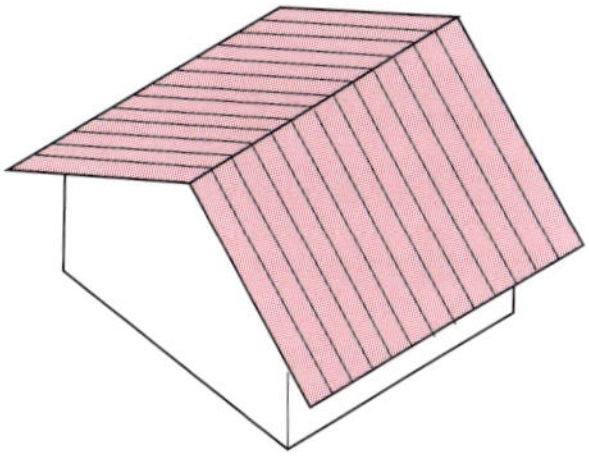

棟から地上へ向かって２面の傾斜面でつくられるシンプルな形。

**寄棟造**

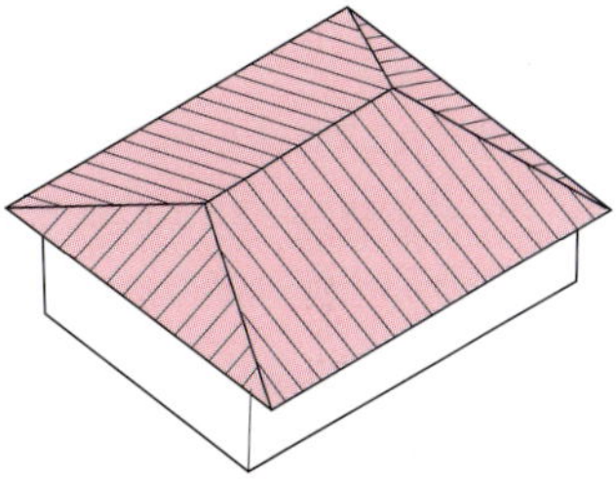

４方向に勾配のついた屋根がある。切妻造よりも効率的に建物内への雨水の浸入をふせぐ。

**入母屋造**

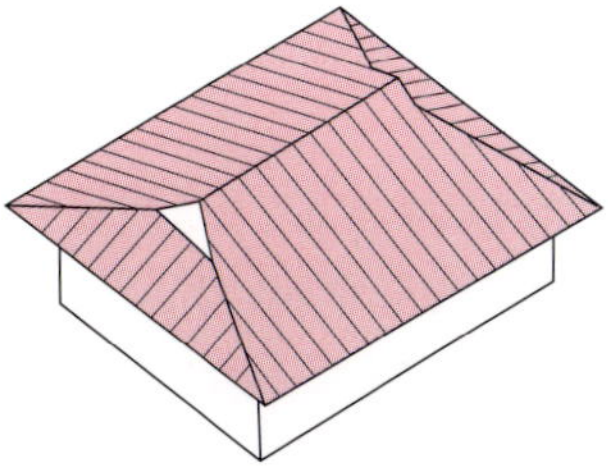

切妻と寄棟を組み合わせたもの。切妻造の妻側の下にひさしをつけたような形。

**宝形造・八柱**

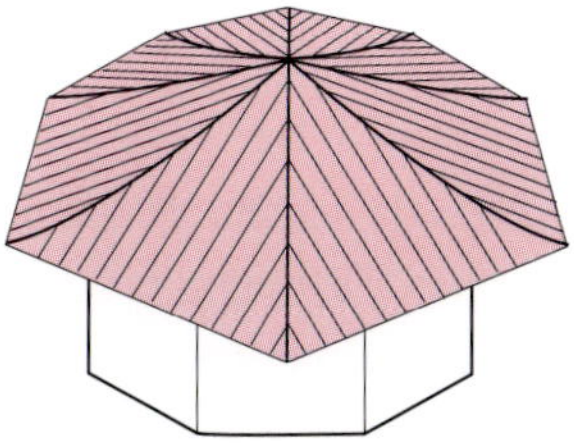

屋根面すべて三角形で構成されている。八柱は上から見ると八角形になる。法隆寺夢殿が典型的な例。

ひさしの役割

# 日本の気候がつくり出した深いひさし

日本建築の特徴のひとつが雨や日差しをさける深いひさしです。雨よけの役割だけでなく、屋内外をつなぐ空間も生み出しました。

## 雨や直射日光をふせぐ

建物の開口部の上にもうけられた屋根の延長部分のことをひさしとよびます。日本建築は**ひさしが深くつくられている**のが特徴で、その第一の目的は雨よけです。ひさしが深く軒が低くなっていれば、雨が壁や屋内を濡らすこともなく、屋根を流れ落ちた雨のはね返りも少なくてすみます。雨の多い日本ならではの構造といえます。

また、ひさしは、帽子のつばのように、建物に当たる太陽の日差しを調節してくれます。太陽が高い位置にくる夏は、深いひさしが室内に直射日光が入るのをふせぎ、逆に太陽の位置が低い冬は、屋内に日光を取りこむことができます。

たとえば、沖縄の伝統的な民家には、南国の強烈な日差しをさえぎり、激しいスコールをふせぐための「雨端《あまはじ》」とよばれるひさしが、建物の四方に大きく突き出すようにつくられています。

## 建物の内部と外部をつなげるひさし

ひさしには、建物の**内部と外部の空間をつなげる**という役割もあります。ひさしの外側にさらに屋根を延長して孫びさしをもうけたり、蔀《しとみ》という上から吊りさげた板戸を軒下にさげるなどして、空間をつくり出している建物も見られます。

古代から中世にかけては、ひさしの下の空間は、建物の中心となる母屋よりも一段格の低い場所と位置づけられていました。

近世以降の建物では、ひさしの下に縁側がもうけられ、家の中と外をつなげる開放的な空間へと変化していきました。

マメ蔵　地面に柱を立て、深く差しかけたひさしを「土《つち》びさし（または捨てびさし）」といいます。茶室のにじり口の上部や玄関の上部などにつけられます。

## ひさしと太陽の位置

九州・熊本地方の暑い地域での例。
ひさしが夏は強い日差しをさえぎり、
冬は暖かい日光を取り入れることができる。

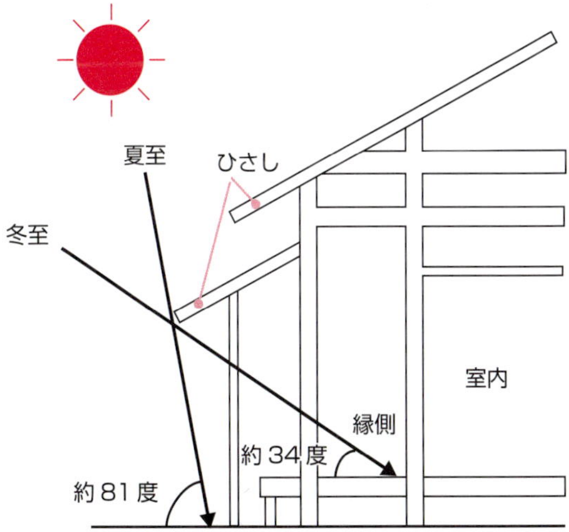

沖縄の伝統的民家の様式を採用している現代の沖縄の家屋。大きく建物の四方に突き出すひさしが雨端。（沖縄県国頭村）

雨仕舞い

# 雨をふせぐさまざまなしかけ

日本では、古くから雨から建物を守る工夫がされてきました。屋根をはじめとするさまざまな部分に、雨対策がほどこされています。

## 屋根と壁に見る雨仕舞い

雨が室内に入ってくると、建物の腐食や老朽化が進みます。したがって、建物の表面や、木材どうしの継ぎ目やすき間には、**雨《あま》仕《じ》舞《ま》い**とよばれる雨をふせぐ工夫が欠かせません。年間を通して降水量の多い日本では、雨水が建物の内部に入らないよう、古くからさまざまな工夫がこらされてきました。

とくに雨の影響を受けやすい屋根や外壁には、多くの雨仕舞いがほどこされています。傾斜のある勾配屋根は、雨水をすばやく流し落とし、深いひさしや長く突き出た軒は、雨が壁に当たるのをふせぎます。雨量の多い山間部などの地域では、軒先に**ウチオロシ**、継ぎ目に幕板とよばれる雨よけの板をとりつけています。また、木材は表面を焼いて乾燥させると、水を吸収しにくく、腐食しにくくなるため、焼き板などを外壁に用いることもあります。

四国地方の土《ど》蔵《ぞう》造《づくり》の民家には、漆喰《しっくい》壁に**水《みず》切《き》り瓦《がわら》**とよばれる小さなひさしのようなものがつけられています。水切り瓦はその名のとおり、風雨を断ち切って壁を守るものです。

## 雨から建物を守る破風

切妻造や入母屋造の屋根の妻側の端部につりさげられた板を**破《は》風《ふ》**といいます。神社建築や天守閣などで、彫刻や飾り金具などでさまざまなデザインがほどこされているのをよく目にします。破風は装飾や魔よけの目的でつけられていますが、同時に屋根に吹き込む雨風をふせぐ保護板ともなります。

マメ蔵　反り、照り、起《むく》りなど、屋根の曲面もいろいろな形があります。凸型に上方に曲がっている起りは、軒先を急勾配にすることで、屋根を早く乾かします。

## 雨をふせぐさまざまな工夫

雨が多い地方では、ひさしのほか、
さまざまな工夫がなされた。

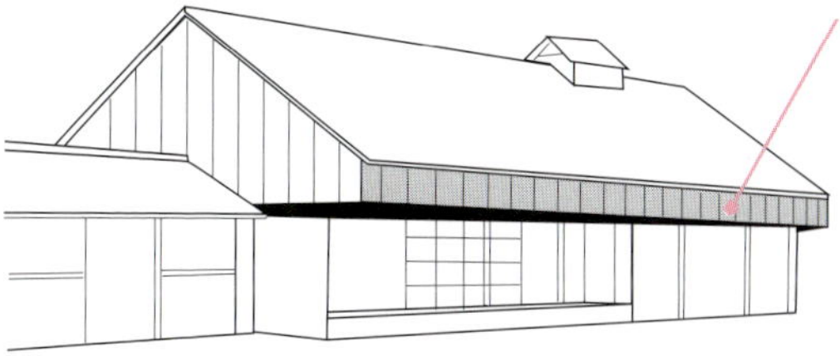

**ウチオロシ**

雨が家に当たるのをふせぐため、屋根の軒先に雨をよける板をとりつける。

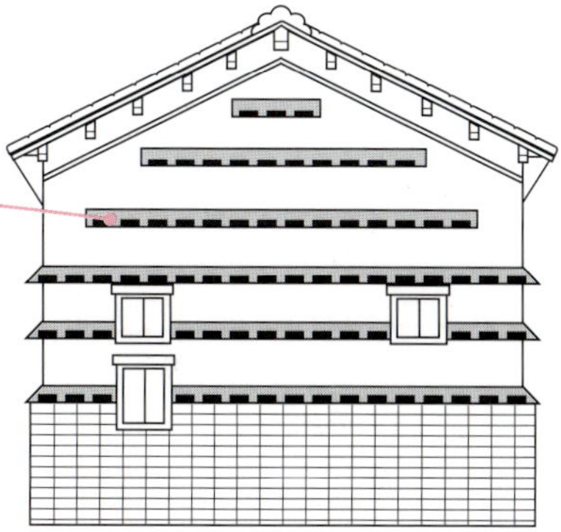

**水切り瓦**

雨の流れを断ち切り、漆喰壁を長持ちさせるため、ひさしのような水切り瓦を壁につける。

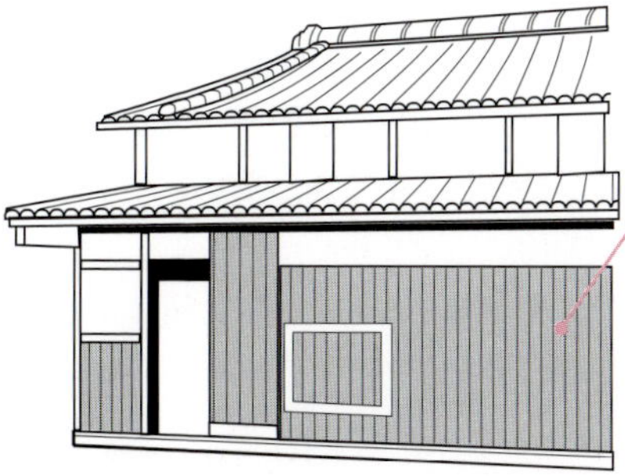

**焼《や》き杉板《すぎいた》**

表面を焼いて炭化させ、防水性・防火性を高めた杉を使って家の壁をつくる。

地震への対策

# 地震に強い日本建築

**科学的なデータや研究がない時代から、どのような構造が地震に強いのか、先人たちは経験的に学び、日本建築にとり入れました。**

## 石よりも木が地震に強い

木材は石などの建材よりも軽くしなやかなため、さまざまな方向の力に強いという性質があります。地震や台風などによる強い衝撃や揺れを受けても、その力を受け流すことができるため、比較的耐震性があります。

構造も木の特性を生かし、柔軟につくられています。釘を使わず、刻みを入れて木を組み合わせる「**継手**《つぎて》」「**仕口**《しぐち》」の技術では、地震に強い組み方が考えられました。

屋根の重さを建物全体で支えることができるよう、柱と梁の交わる部分を強化する**肘木**《ひじき》（→ 80 ページ）などの組物も耐震性を上げるのに役立っています。

## 貫による揺れの分散

木の特性だけでなく、木材の組み方にも地震に強い秘密があります。それが**貫工法**《ぬきこうほう》です。貫とは、柱と柱の間や柱と梁の間を水平に貫く部材のことで、貫と他の部材は、くさびとよばれる小さな木片をすき間に打ち込んで固定します。

地震や強風のときには、くさびがゆるんで貫が柔軟に衝撃を吸収し、揺れのエネルギーを建物全体に分散します。建物に一時的にゆがみは生じますが、揺れても倒れない粘り強さを発揮します。

貫を固定するくさびは、定期的に叩いて締めつけることが必要となります。きちんとメンテナンスをすることによって、建物に生じたゆがみやズレを補修し、次の地震に備えます。

マメ蔵　世界文化遺産でもある京都の清水寺の、「清水の舞台」を支えている139本の柱も貫工法によって組まれています。

## 貫工法のしくみ

柱と柱、柱と梁の間を貫通して横につなぐ。
鎌倉時代以降に発達した大仏様《だいぶつよう》、
禅宗様《ぜんしゅうよう》から多く使われるようになった。

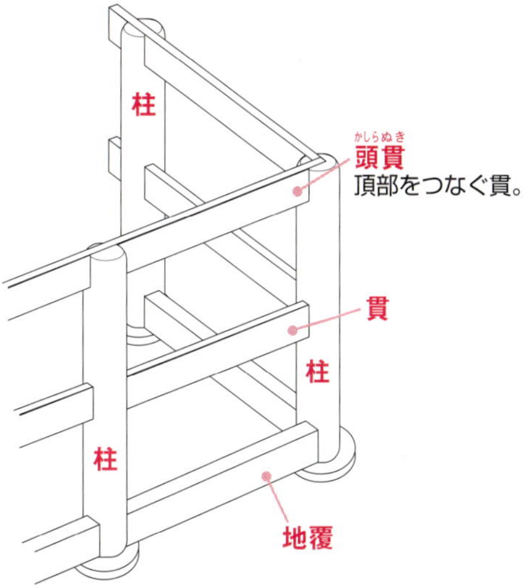
柱
頭貫《かしらぬき》
頂部をつなぐ貫。
貫
柱
柱
地覆

## 貫とくさびの関係

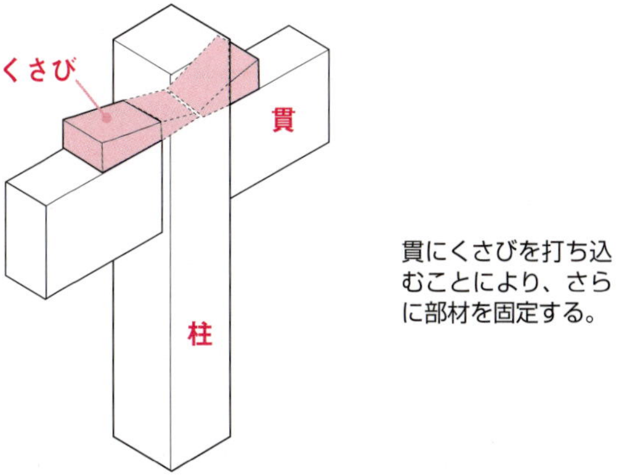
くさび
貫
柱
貫にくさびを打ち込むことにより、さらに部材を固定する。

木組

# 釘を使わず木を組み合わせる

伝統的な日本建築の構造部分には、釘がほとんど使われておらず、木材どうしが、高度な技術によって組み合わされています。

## 継手と仕口

伝統的な日本建築では、柱と梁など、建物の構造部分の木材どうしを組み合わせるにあたり、釘などの金物はほとんど使われていません。各木材には、それぞれに「**刻《きざ》み**」が入れられ、その刻みを組み合わせることによって組み上げられています。この刻みは役割によって、「**継手《つぎて》**」または「**仕口《しぐち》**」とよび分けられています。

継手は、2本の建材をまっすぐつないで1本の建材にする技で、木に十分な長さがない場合などに用います。いっぽうの仕口は、2本以上の建材を直角につなぎ合わせたり、交差させてつなぎ合わせる場合、つまり、柱と梁、柱と桁など縦材と横材をつなぐときに用います。

木には、反りやすかったり、ねじれやすかったりと、さまざまな性質があり、それを十分に生かして組み合わせられました。

## 接合の技、込栓

組み合わせた木材をさらに強固にするため、継手や仕口部分には小さな穴が開けられ、カシなど堅い種類の木の小片が打ち込まれます。この技を「**込栓《こみせん》**」とよびます。とても小さな細工ですが、込栓をすることによって、組み合わせた木材どうしがしっかりと結合し、耐久性がさらに高まります。

また、込栓を抜き取るだけで、組み合わせた木材どうしはパズルのように外すことができるため、簡単に解体することができます。

継手や仕口、込栓の技のひとつひとつには、先人たちが長い年月をかけて試行錯誤をくり返し、培ってきた知恵がつまっています。

マメ蔵 世界文化遺産に登録されている姫路城の天守閣には、約100種類もの継手と仕口の技が残っています。まさに木組の博物館といえる建物です。

# 代表的な継手と仕口

## 継手の例

### 腰掛け蟻継

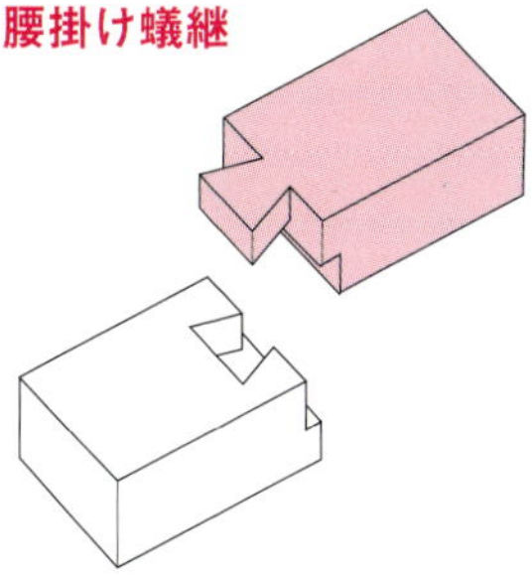

水平方向の木材をつなぐ方法。蟻の頭のような形の枘《ほぞ》を使用した継手。

### 腰掛け鎌継

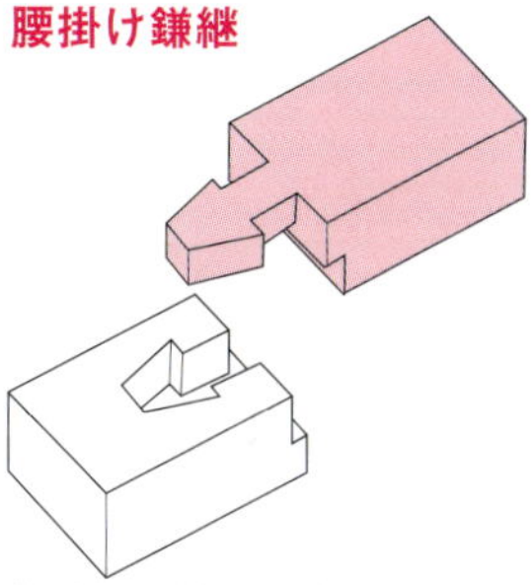

接続部が蛇の鎌首に似ているのでこの名がついた。蟻継よりも引張る力に耐えられる。

## 仕口の例

### たすき掛《が》け相欠《あいがき》

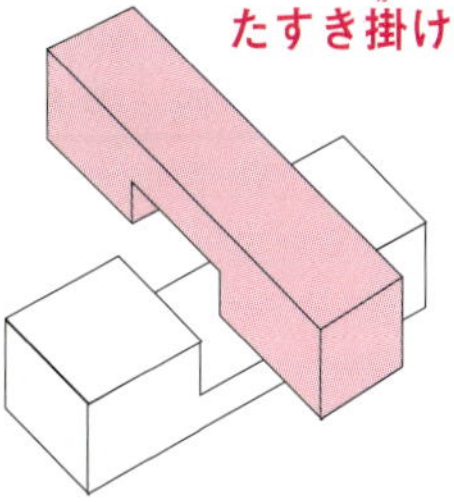

十字の方向に交差した木材をつなぐ方法。

### 上端留《うわばどめ》

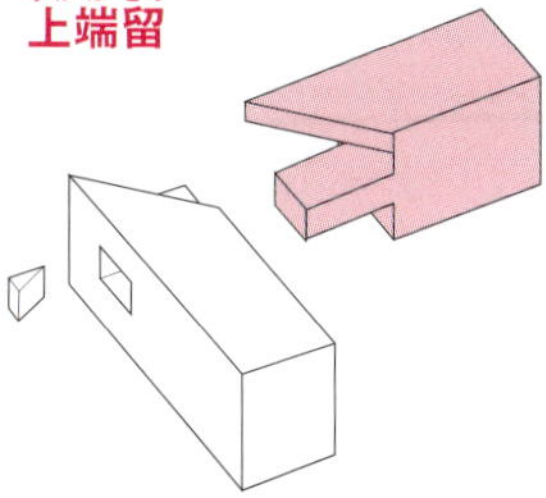

土台の隅など、木材をＬ字型に組みたいときに使う方法。

## 込栓のしくみ

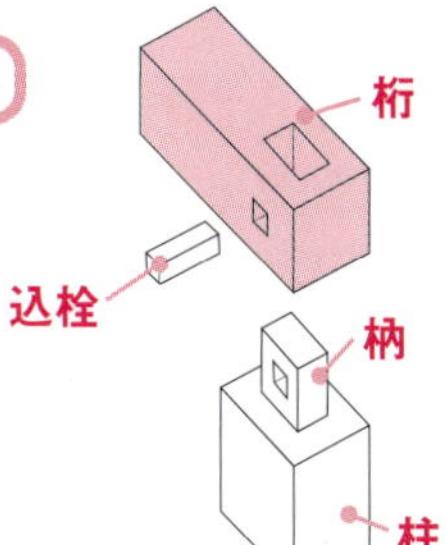


柱に長い枘をつくり、組み合わせる木材に差し込んでから、込栓を打って結合させる。

木材の長所

# すぐれた建築材料！　木材のひみつ

木材にはさまざまな長所があります。先人たちは、それぞれの木の特性を理解して適材適所を見きわめながら、木材を組み上げました。

## 木材の長所

木材は**軽くてしなやか**なため、さまざまな方向の力に強く、強度の高い建材といえます。また、伐採後から徐々に乾燥を始め、強度や耐水性を増していきます。伐採してから200年ほど経った木材が、もっとも強度が高いとされています。加えて、樹齢を重ねた木ほど耐久性があります。一般には樹齢の4倍の耐久年数があるとされ、100年かけて育った木を用いた建物は、400年維持させることが可能といわれています。また、木材の長所や特性として特筆すべき点は、その**調湿性**です。湿度が低いときは水分を放出し、湿度が高いときは室内の湿気を吸収してくれます（→41ページ）。

木の弱点は火ですが、ある程度の厚みがあれば、鉄よりも耐火性にすぐれています。さらに、木の樹脂や香りには抗菌・防虫の効果があり、建材として用いることでカビやシロアリなどの発生をふせげます。

## 木材の適材適所

木材は、使用される場所や目的にあった種類の木が選ばれます。たとえば、土台には堅くて強い栗や檜、柱にはまっすぐな杉、梁には強じんな松が多く使われています。

また年輪があるため、切り方によってそれぞれ違った表情を見せます。きれいにまっすぐにそろった縞模様の柾目《まさめ》や不規則な等高線のような曲線模様の板目《いため》などがあります。熟練の大工は、**適材適所**、木材の模様などを見きわめ、使い分けていきます。これを「**木取《きど》り**」といいます。

マメ蔵　四文字熟語の「適材適所」の材は、木材からきています。木材の性質を見きわめ、使い分けていたことが語源となって生まれました。

## 木取り

木の中心に近い部分から、柱、梁などの構造材を取り、
その周辺で野地板や垂木などの部材を取る。

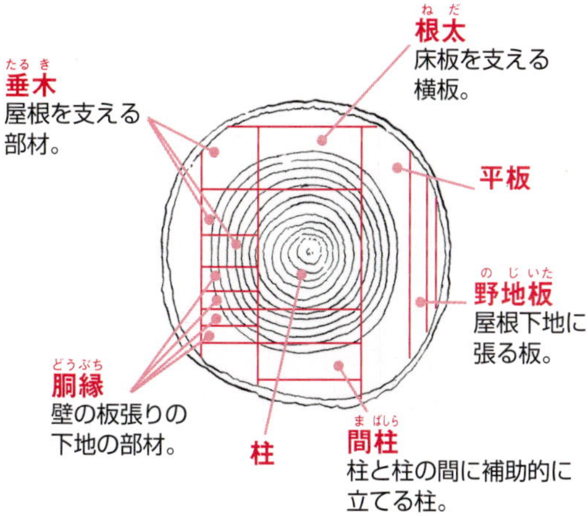
根太《ねだ》
床板を支える
横板。
垂木《たるき》
屋根を支える
部材。
平板
野地板《のじいた》
屋根下地に
張る板。
胴縁《どうぶち》
壁の板張りの
下地の部材。
柱
間柱《まばしら》
柱と柱の間に補助的に
立てる柱。

## 柾目と板目

木の繊維方向に平行に中心軸を切ると柾目、
中心軸をふくまないで切ると板目になる。

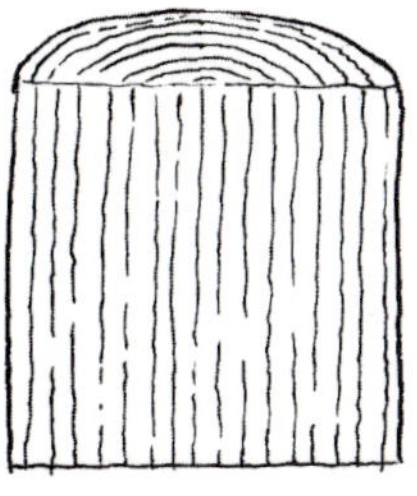

**柾目《まさめ》**
まっすぐな縦じま
模様の木目。

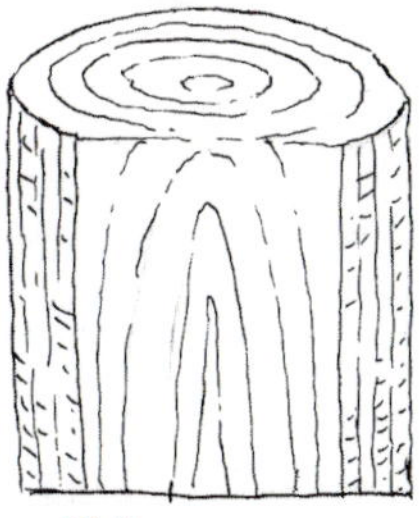

**板目《いため》**
等高線のような
模様の木目。

暑さ対策

# 夏を旨としてつくられた住まい

『徒然草』の有名な一節にもあるとおり、日本では古来より、家を建てる際は夏向きの家にすることが基本とされてきました。

## 日本の家は夏向き

鎌倉時代末期から南北朝時代にかけて活躍した歌人で随筆家の吉田兼好は、『徒然草』のなかに「家のつくりようは、**夏を旨とすべし**。冬は、いかなる所にも住まる」と記しました。わかりやすく言いかえれば、「冬の寒さは屋根と壁があって、厚着などをすればなんとかしのげるが、夏の蒸し暑さは耐えがたく、それをのりきるためには、家を夏向きにすることが大切」ということです。

日本の気候は一年を通して湿度が高く、たくさん雨が降ります。とくに夏場は**高温多湿**のため、非常に蒸し暑く、すごしにくいものです。そうした京都の気候を背景に、吉田兼好はこのような一節を残しました。『徒然草』は今から680年も前に書かれた随筆ですが、吉田兼好のこのひと言は、現代の住まいづくりにも通じています。

## 暑さと湿気対策が大事

まず間取りの工夫があげられます。内部の仕切りを固定の壁ではなく、開け閉めできる襖や障子にすることで、いつでも**開放して風を通す**ことができるようにしました。さらに、湿気やカビがたまりやすい台所や浴室などの水まわりは、居間や座敷からはなれた場所に設置しました。また、夏の強い日差しをさけるため、**深いひさし**、長い軒がもうけられました。**厚い屋根**、**屋根裏の広い空間**は、屋根の熱が直接室内に伝わるのを防いでいます。**建築材料**には、断熱性が高く、空気中の水分を吸収する木や土、紙などが用いられ、室内の湿度調節にも役立てられました。

マメ蔵 茅《かや》葺《ぶ》き屋根も暑さをふせぐのに役立っています。草を厚く葺くことによって、屋根に降りそそぐ日光の熱を断ち、暑さをやわらげます。

## 夏を旨とした日本の民家の構造

開放的な構造により、水平方向にも垂直方向にも通風や温度調節をする工夫がされている。

**茅葺き屋根**
厚みのある大きな茅葺き屋根は断熱材となり、屋根に降りそそぐ日光の熱や積もった雪の温度を直接室内へ伝えない。また、雨が降ったあとは、気化熱による水分の蒸発で温度が下がる。

**深いひさし**
日差しをふせぐ。

屋内の熱気は上部へ向かい、天井から茅葺きを通って外へ。

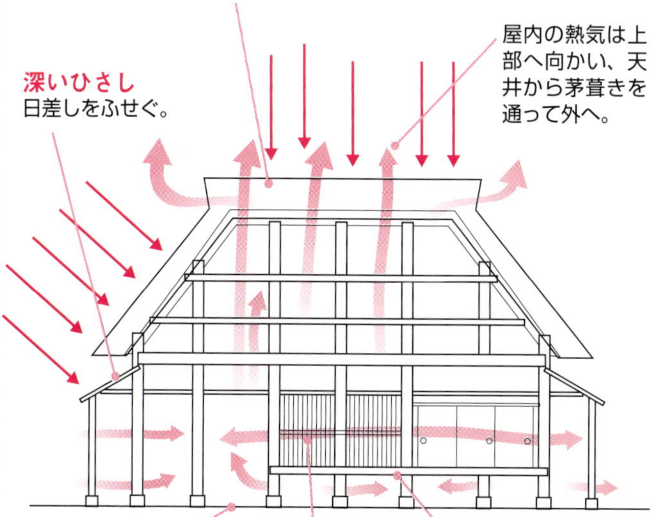

**土間**
土の温度は安定していて上がりにくいので、夏場は涼しく感じる。

**室内**
風通しのよい間取り。

**高い床下**
通気性のよい床下空間。

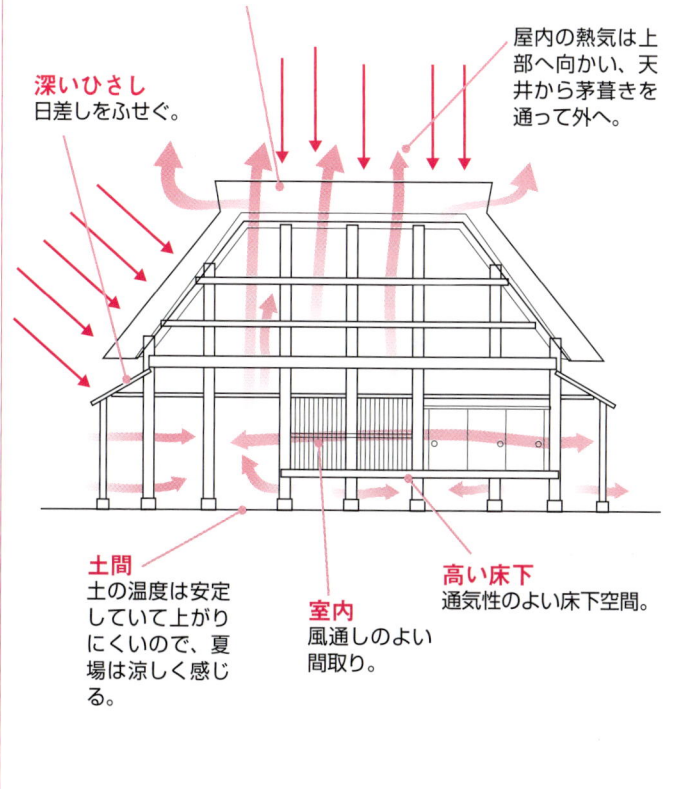

季節の変化への対応

# 夏と冬で着替える住まいのしつらい

季節が変わると衣替えをするように、伝統的な日本の民家も、夏と冬で住まいのしつらいを変えました。

## 季節ごとに替える建具

昔からの日本の住まいには、「**建具替《たてぐが》え**」という習慣があります。建具替えは住まいの衣替えのようなもので、夏のはじめに襖を**御簾《みす》**に、座敷と縁側の境の障子を**葭戸《よしど》**（葭の茎を編んだ戸）に替えるなどして、暑い夏を涼しくすごす準備をします。建具だけでなく、足元に籐《とう》の莚《むしろ》を敷いたり、見た目が涼しげな調度品などを飾ったりもします。家の中が一変して夏のしつらいになると、体感だけでなく、視覚や触覚からも涼感を得ることができます。

そして暑さがやわらいだ9月末ごろになると、今度は御簾や葭戸を取り外し、**襖**や**障子**に入れ替えます。さらに寒さに備えて火鉢を用意するなどして、冬支度を整えていきます。こうした建具替えの習慣は近年ではめずらしくなりましたが、夏の蒸し暑さがとりわけ厳しく、冬は底冷えのする京都の町家では、現在も変わらずに続けられています。

## 冬のしつらい「雪囲い」

北海道や、日本海側の東北・北陸地方といった豪雪地帯では、冬がくる前に住まいに**雪囲《ゆきがこ》い**をほどこします。降り積もった雪の重みで家屋が押しつぶされたり、雪の冷気を屋内に伝えないようにするために、家の周囲を板や茅などでおおいます。積雪から家を守るだけでなく、冷気や吹雪が屋内に吹きこんでくるのもさえぎってくれます。

一年を通して四季がはっきりと分かれている日本では、古くからこのように季節ごとに住まいのしつらいを変えて、快適にすごす工夫をしてきました。

マメ蔵　京都の町家では、来客の前に葭簀に水を打つことがあります。したたり落ちる滴が涼しげで、さらにその水分は屋内に入る風の温度を下げてくれます。

## 町家に見る、夏と冬のしつらい

夏

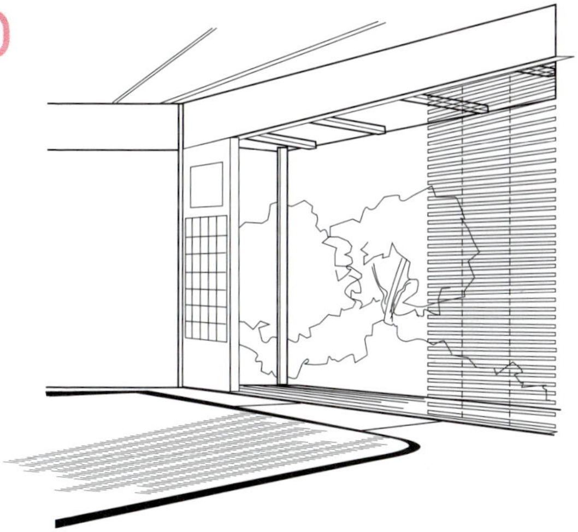

すだれや葭戸を使い、直射日光をさえぎりつつも風通しをよくする。
足元には籐の莚を敷き、涼しげに。

冬

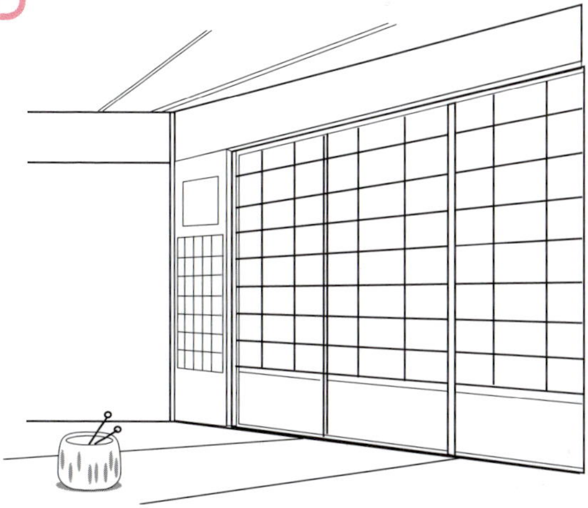

すだれを外して、風をさえぎりながらも日光を採り入れる障子や、
冷気を伝えにくい襖を立てる。火鉢を置き、暖をとった。

障子の機能

# 閉じながら光を採り入れる障子

吸湿性に優れ、閉じたままでも採光できる障子は、平安時代から現在まで、日本建築に欠かせない建具として使われています。

## 隔てと採光の両立

障子は、格子状に組んだ木枠の片面に和紙などを貼り、数枚を引きちがいにして部屋どうしや屋内と屋外を仕切るための建具です。

もともとは襖や衝立《ついたて》など、さえぎるものを総称して障子とよんでいましたが、薄い紙を貼ることで光が透過するようになると、「**明障子《あかりしょうじ》**」とよんで区別するようになります。外部からの視線をさえぎったまま、光を室内に採りこむことができる、「**隔《へだ》てと採光**」という、相反するような機能を合わせもった障子の誕生は、当時としてはとても画期的なことでした。

## さまざまな機能をもつ障子

障子はとてもすぐれた建具です。前述のとおり、効果的な採光がまず注目すべき点です。表面に貼られた和紙が、直射日光をさえぎりながら十分な明かりを採り入れます。また、和紙には光を拡散させる性質があり、障子を通した光は部屋全体を明るく照らします。

ほかにもさまざまな機能があります。和紙は多孔質で目には見えないたくさんの孔があいているため、障子を閉じていても空気を適度に通すことができます。その際、フィルターのように、**空気中のホコリや汚れを孔が吸着**し、室内の換気と浄化が自然におこなわれます。また吸湿性が高く、室内に湿気がこもるのをふせいでくれますし、断熱性や適度な保温効果も兼ね備えています。

さらに、和紙を貼り替えるだけで再生可能という、メンテナンスしやすい点も、障子の大きな特徴のひとつです。

マメ蔵　ひと口に障子といっても、雪見《ゆきみ》障子、猫間《ねこま》障子、腰付《こしつき》障子、子持《こもち》障子など、桟《さん》の組み方や構造により、さまざまな種類があります。

## 障子の種類いろいろ

障子の骨組部分の部材である「組子」の
組み方により種類はさまざま。

### 横繁《よこしげ》障子

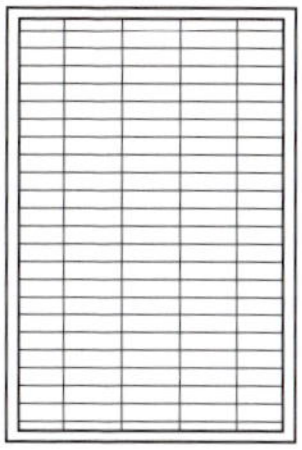

横の組子が多く組まれている。
関東地方に多い。

### 縦繁《たてしげ》障子

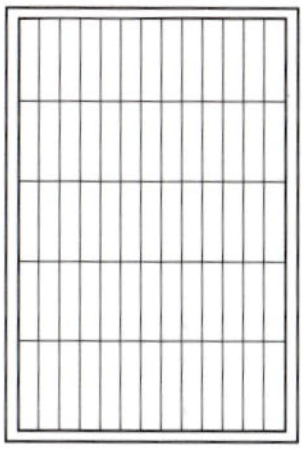

縦の組子が多く組まれている。
関西地方に多い。

### 荒組《あらぐみ》障子

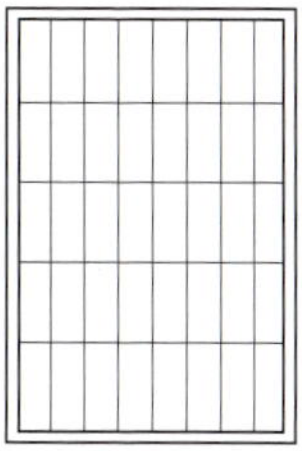

縦横とも組子の間隔が広い。

### 腰付障子

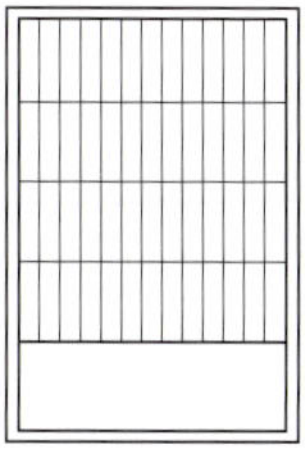

下部に腰板を張ったもの。

### 雪見障子

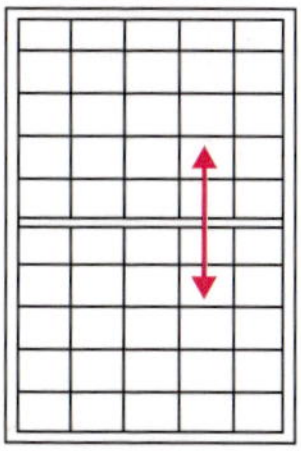

障子を閉めたまま、
障子の下部を上げ下げして、
外の景色を見ることができる。

### 猫間障子

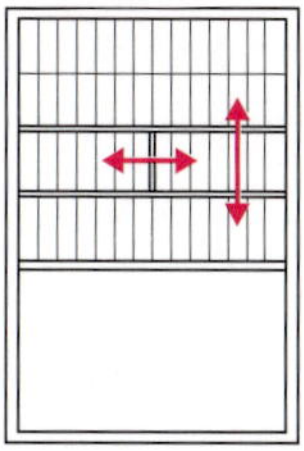

障子の中に猫が通れるくらいの
小障子がはめ込まれ、
左右や上下に動かせる。

縁側の役割

# 内でも外でもない縁側空間

**縁側は日本家屋独特の空間です。家の中でもなく外でもないあいまいな部分ですが、内と外をつなぐうえでとても大事な場所です。**

## 濡れない縁側と濡れる縁側

縁側とは、家屋の軒下の縁部分に張り出してもうけられた板じきの空間のことです。畳敷きの和室の外側にあることが多く、日本建築の特徴的な要素のひとつになっています。廊下としての機能のほかに、部屋の延長として利用したり、上がり口としても使われています。

縁側には「**くれ縁**」と「**濡縁**《ぬれえん》」があります。くれ縁は雨戸など建具の内側にもうけた縁側のことで、濡縁は軒下にもうけられる、壁や雨戸がない雨ざらしの縁側です。濡れても水はけがいいように、床板をすのこ状にしたり、水切りのいい竹を用いたりします。

縁側のなかでも、幅の広い縁側を「**広縁**《ひろえん》」とよびます。広縁は応接スペースとして利用することもあります。また、濡縁のなかでも、さらに一段低くもうけられているものを「**落縁**《おちえん》」とよびます。城郭建築などでは、縁側が広縁・濡縁・落縁の三段階構成になっていて、全体で5m以上の幅になる広い縁側もあります。

## 内と外をつなぐ縁側の役割

縁側は、夏の強い日差しが直接室内に入るのをふせぎ、冬は逆に日差しが入るサンルームのような暖かい空間をつくります。また、縁側があることによって、庭から直接屋内に上がることができます。外部の人と交流をする場ともなります。また、移り変わる四季のおとずれを感じることができる開放的な空間ともなります。

日本建築における縁側は、**内と外をつなぐ**うえでとても大切な空間として存在しています。

マメ蔵　ふだんは折りたたんで収納しておき、必要なときにだけ下ろして使う「ばったり床几《しょうぎ》」とよばれる縁側のような台もあります。

## 濡縁とくれ縁

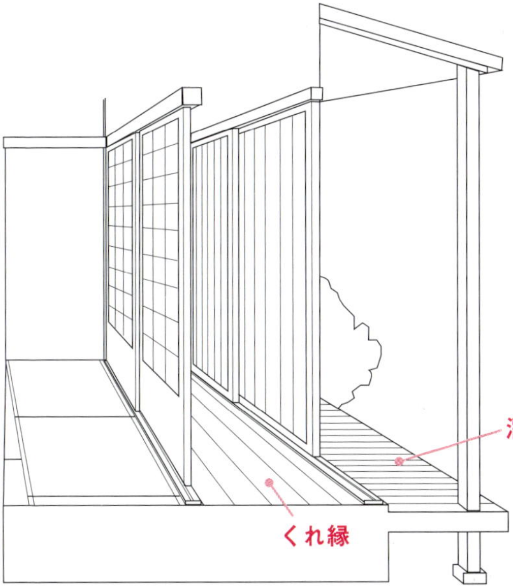


気候の影響を緩和する役割を果たすと同時に、自然環境と触れ合う場となった。社交場、作業場としても使われる。

## ばったり床几

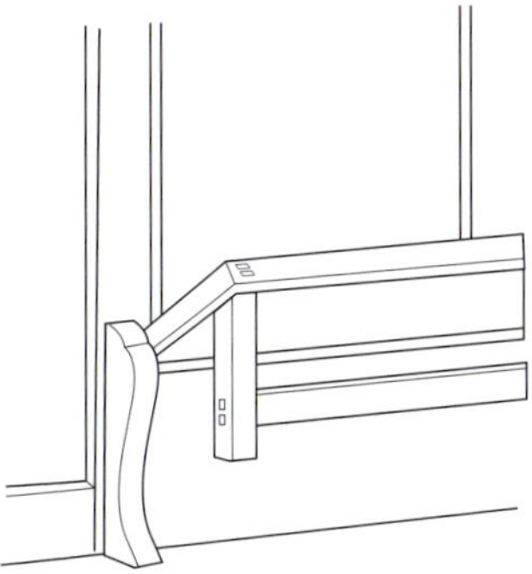

壁につくり付けになっていて、必要なときに下ろす。町家などでよく見られ、商品の陳列棚として使われることが多い。

日本建築の材料

# 呼吸する素材でつくられた日本の家

昔から日本では、住まいの建築材料に、湿度を調節する機能をもった、木、紙、土、藁などの天然の素材を用いてきました。

## 呼吸する建材

欧米の家は、壁や柱などの構造部分に石やレンガ、コンクリート、鉄骨などを用いました。いっぽう伝統的な日本建築は、主に**木を構造部分**に使い、ほかに**紙・土・藁《わら》**など、身近にある素材も建築材料として使われてきました。地面をつき固めて石を敷き、その上に木の柱を立てて小屋を組み、屋根には茅を葺き、壁は藁土を練って塗り固められています。襖や障子には木や草の繊維を材料としてつくる紙が張られ、床に敷く畳も草で編まれます。さらに、植物からとった漆《うるし》や柿渋《かきしぶ》などが塗料として使われました。

住まいづくりに木や土や草などを用いたのは、たんに手に入りやすかったからだけではありません。これらの組織構造は目に見えないたくさんの孔があいた多孔質となっており、湿度の高いときは空気中の水分を吸収し、逆に乾燥している場合は吸収した水分を空気中に放出します。まるで呼吸をするかのように、室内の水分を吸ったり吐いたりして**湿度を調節**してくれるのです。

## 環境に優しい素材

自然の草木からつくった素材には、調湿機能以外にもさまざまなメリットがあります。木は**弾力性**があり地震に強く、土壁は施工前に発酵させることでバクテリアが増え、室内の**カビやホコリなどを分解**してくれます。また、イグサを材料とする畳には衝撃吸収力や消臭、殺菌効果などがあります。これらの素材はやがて朽ちて土となり、自然にかえすことができるため、何よりも地球環境に優しい建築材料といえます。

マメ蔵 天然素材は現代の家でも人気です。内装材に珪藻土《けいそうど》を用いることがブームになっていて、シックハウス症候群対策としても注目されています。

## 呼吸する木材

木材は多孔質で無数の小さな孔があいており、
湿気の調節に優れている。

### 夏

夏は空気中の湿気を取り込み、むし暑さを和らげる。

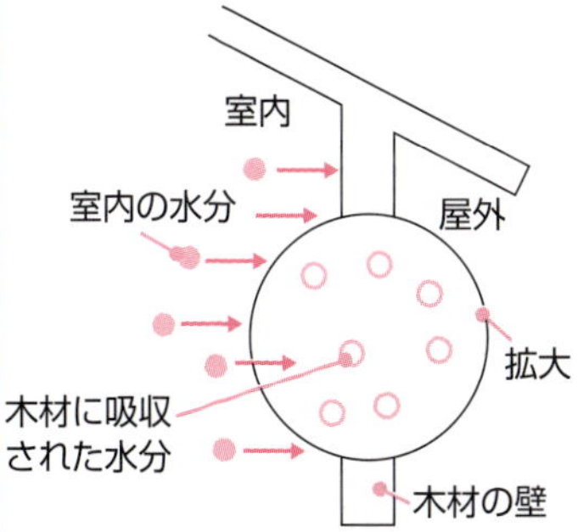
室内
室内の水分
屋外
拡大
木材に吸収された水分
木材の壁

### 冬

冬は乾燥した室内に湿気を補う。空気中の湿気を吸収し、結露をふせぐのにも役立つ。

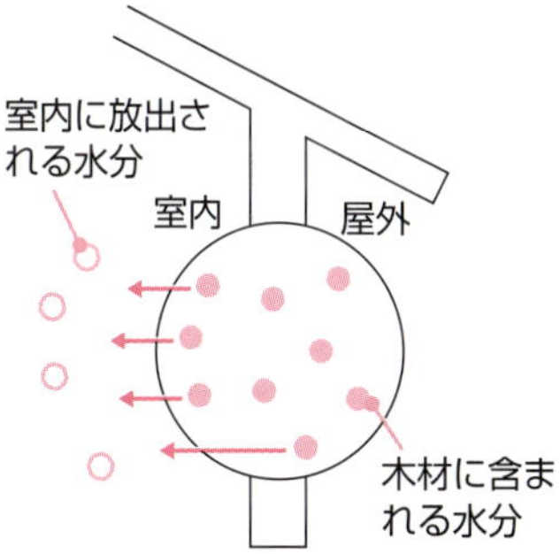
室内に放出される水分
室内
屋外
木材に含まれる水分

## 調湿性にすぐれた木

室内に木材が使われていると
室内の湿度が安定しやすいことがわかる。

### 住宅の居間の相対湿度

《木材が室内に現れていない》《木材が室内に現れている》

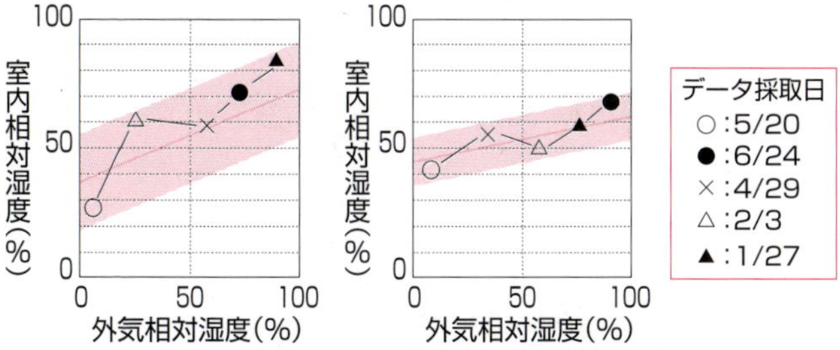
100
50
0
室内相対湿度(%)
0
50
100
外気相対湿度(%)
100
50
0
室内相対湿度(%)
0
50
100
外気相対湿度(%)
データ採取日
○:5/20
●:6/24
×:4/29
△:2/3
▲:1/27

ランダムな日付でデータ採取を行った結果、木材が室内に現れていない場合は、室内の相対湿度に 40%もの開きがあり、木材が室内に現れている場合は 18%程度の開きとなっており、木材の調湿効果がわかる。

「木の香る快適な学習環境」((財) 日本木材総合情報センター) より作成

コラム 1

## 木の文化の語り部・西岡常一

国宝や重要文化財などに指定されている寺社建築の補修や再建をおこなう専門の技術をもった大工を、宮大工《みやだいく》といいます。かつては全国に数百人いましたが、高齢化や継承者の減少などが進み、現在では 100 人以下に減っています。

奈良県の宮大工の家に生まれた西岡常一《つねかず》氏（1908 ～ 1995 年）は、25 歳の若さで法隆寺の宮大工の棟梁となります。1934 年から 50 年かけておこなわれた「法隆寺昭和の大修理」をはじめ、法輪寺三重塔や薬師寺金堂、同西塔の再建など、数多くの文化遺産を手がけました。後半生は、歴史的建築物に秘められた先人たちの叡智《えいち》や、日本建築の「木」へのこだわりを次のように後世に伝え続けました。

ヤリガンナを使う
西岡常一 棟梁

**「堂塔の木組は木の癖組」**

――木には癖があり、その癖は環境から生まれる。堂塔を組むには、まず木の癖を見きわめ、その癖をじょうずに組むこと。

**「木の癖組は工人の心組」**

――木の癖を組むことは、棟梁一人ではできない。工人たちの心を組み、考えをわかってもらうことが大事。

**「工人の心組は人への思いやり」**

――工人の心を組むには、人を思いやる気持ちが必要。思いやりがあれば、どんな人も受け入れてくれる。

西岡氏の口伝《くでん》は単なる建築論ではなく、教育や環境といった現代社会に通じるテーマも提起しています。木に対する限りない愛情がこめられた宮大工棟梁の言葉は、今も多くの人の心をひきつけています。

第2章

# 神社建築を知る

神が住む神社建築には独特のルールがあります。
屋根飾りである千木や堅魚木、懸魚といった
独特の意匠や、瓦を使わない屋根、白木造など、
神社建築の形を見ていきます。

神社建築の起源

# 神社建築はどんな建物から生まれた？

もともと神社に本殿はなく、山や木、石などを御神体としていました。神の住まいである常設の建物は、どのようにして誕生したのでしょうか。

## 発祥は大嘗宮正殿

山や木、石などに神が宿るとしていた自然崇拝の時代、神の住まいである神社に建物はなく、神籬《ひもろぎ》（木の台）や磐座《いわくら》（岩の席）などに神を招いて、まつりをおこなったりしていました。

建物としての神社の起源は、「**大嘗宮正殿**《だいじょうぐうせいでん》」がはじまりとされています。大嘗宮正殿とは、歴代の天皇が即位の礼の後に、神にその年の新穀を捧げる「大嘗会《だいじょうえ》」を執りおこなう建物のことで、天皇が神と食事をともにする場所でもあります。

## 最も古い神社建築

本殿をもつ神社の最も古い形式は、日本に仏教が伝えられる以前からある**住吉造**《すみよしづくり》、**大社造**《たいしゃづくり》、**神明造**《しんめいづくり》の三様式です。住吉造は、中央に扉のある妻入形式で、両開き扉の内部には「室《むろ》」とよばれる食事のための部屋があり、さらに奥に扉をつけ、神のための「堂《どう》」がもうけられています。大嘗宮正殿を受け継いだつくりとなっています。住吉大社（大阪府大阪市）が住吉造の代表例で、これを簡略化した大鳥造《おおとりづくり》という形式もあります。

大社造は、田の字型に柱を配した空間をもち、左右非対称な位置に扉をつけた妻入形式です。出雲地方の神社建築に多く見られ、出雲大社（島根県出雲市）がその代表です。伊勢神宮（三重県伊勢市）の建築様式として知られる神明造は、掘立て式の円柱を地中に埋めて建てられていて、床が高く、茅葺きの切妻屋根が特徴です。その外観や構造が高床式倉庫とよく似ています。

マメ蔵　神明造を代表する伊勢神宮内宮正殿と静岡県登呂遺跡の高床式倉庫を見くらべてみると、たくさんの共通点を見つけることができます。

## 大嘗宮正殿の復元図

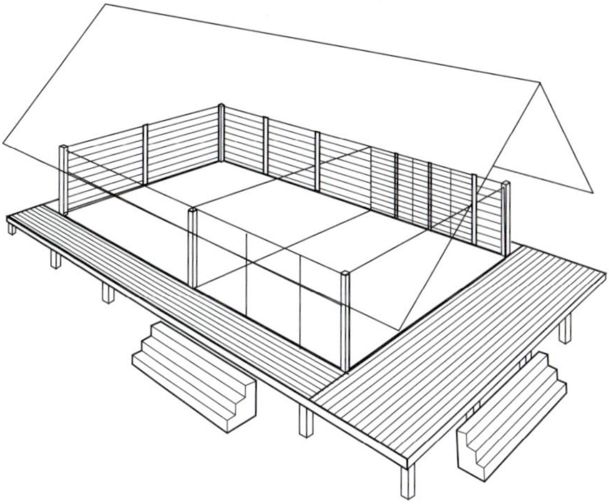

## 神明造の構造

**茅葺き屋根**
切妻造となっている。

**堅魚木《かつおぎ》**
棟に直角に丸太を並べたもの。

**千木《ちぎ》**
屋根の妻の骨組を延長させたもの。

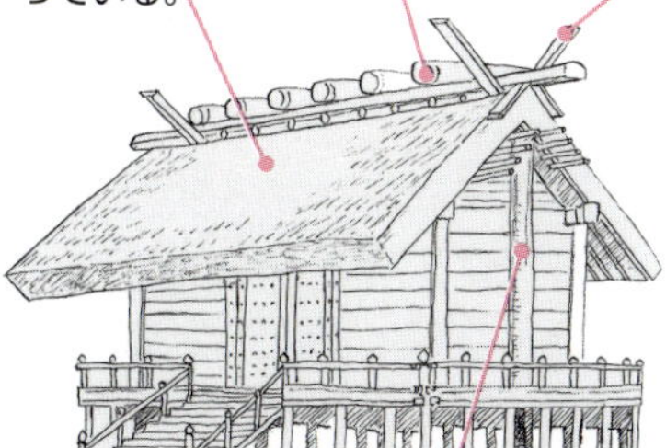

**棟持柱《むなもちばしら》**
棟木《むなぎ》を直接支える柱。両妻にある。

### 高床式倉庫

「校倉造」という弥生時代以降の、穀物をおさめるための倉庫。

神社と自然信仰

# 神様の住む建物がない神社がある

**神社では、本殿の中の御神体に神が宿っているとされています。しかしなかには、神をまつる本殿がない神社もあります。**

## 本殿のない神社

一般的に、神が住んでいる場所を神社といいます。神社の建物は複数からなっていて、それぞれに**拝殿《はいでん》**、**幣殿《へいでん》**、**本殿《ほんでん》**などの名前がつけられています。これらの建物を総称して社殿《しゃでん》といいます。

私たちがふだん参拝しているのは、神社の中にある拝殿という建物です。拝殿は神を拝む場所、幣殿は神への供物や奉納の品などを供える建物です。そして一般的に神社の一番奥に位置しているのが本殿です。ここに御神体とよばれる神の宿る場があるとされています。本殿は神社の中でもっとも神聖な場所とされ、その神社の御神体がまつられています。

しかしなかには、拝殿や幣殿だけがあり、本殿をもたない神社が存在します。国の重要文化財に指定されている奈良県の大神《おおみわ》神社もそのひとつで、ここは、拝殿から仰ぎ見る三輪山《みわやま》そのものが御神体となっています。同じように、**山そのものを御神体**とする神社はいくつかあり、ほかには、長野県の諏訪《すわ》大社《たいしゃ》上社《かみしゃ》前宮《まえみや》（御神体は守屋山《もりやさん》）や埼玉県の金鑽《かなさな》神社（御神体は御室山《みむろやま》）などが有名です。

## 自然信仰から社殿建築へ

現在では本殿をもたない神社のほうが珍しくなっていますが、神社というのはもともと、社殿をもちませんでした。**山**や**森**、**滝**、**岩**などの自然をおそれ、神とみなし、信仰の対象としていました。奈良時代以降に神社の社殿建築が発達し、神明造や大社造などが現れると、その形態は多様化し、複数の建物からなる神社へと変化していきました。

マメ蔵　和歌山県の熊野那智大社の御神体は那智滝、宮崎県の青島神社の御神体は青島全体です。境内で白蛇を飼い、それを御神体とする神社もあります。

## 本殿をもたない神社

### 山

**大神神社（奈良県）と三輪山**

大鳥居の先に見える三輪山全体が御神体。

### 滝

**飛《ひ》瀧《ろう》神社（和歌山県）と那智の大滝**

滝つぼにいたる手前には苔むした自然石にしめ縄が巻かれた祭壇のようなものがある。拝殿や本殿などはない。

### 石

**生石《おうこし》神社（兵庫県）と石《いし》乃《の》宝殿《ほうでん》**

石乃宝殿とよばれる巨大な石が御神体。

# 屋根の反りでわかる神社の建築様式

神社建築は、中国から仏教が伝来して以降、寺院の影響を受けてその姿を少しずつ変えていきます。

## 最古の神社建築様式

神社の中心的建物である本殿の形式は、**仏教伝来前後**で大きく変化しました。伊勢神宮に代表される**神明造**や、出雲大社に代表される**大社造**は、本殿の床下に立てた心御柱《しんのみはしら》を神の依代《よりしろ》としています。いっぽうの**住吉造**や**大鳥造**は心御柱がなく、２間に区切られた内部に神座がもうけられています。

もっとも古い建築様式である４つの様式はすべて**切妻造妻入**《きりづまづくりつまいり》で、直線的な屋根が特徴となっています。

## 仏教伝来を境に変わる屋根の反り

仏教が伝来すると、神社建築は**寺院建築の影響**を受けていきます。その時代に誕生したのが、**春日造**《かすがづくり》、**流造**《ながれづくり》、**日吉造**《ひえづくり》、**八幡造**《はちまんづくり》とよばれる建築様式です。本殿には、仏像に対抗して神像が置かれ、屋根は寺院のように反った形状へと変化していきました。また、屋根のひさし部分をのばした下に、向拝《こうはい》とよばれる拝礼場所がもうけられました。

春日造は切妻造妻入の屋根が左右に反った形式で、前方に向拝がもうけられています。流造は、切妻造平入の屋根の一方が長くのびた形で、その下に向拝をもうけています。日吉造は、正面と両側面にひさしがある切妻造妻入形式です。全国には日吉大社（滋賀県）にしか見られません。

八幡造は、切妻平入の建物の前後２棟の建物をつないで内部を広くしており、仏教建築の双堂《ならびどう》とよばれる形式を取り入れたものといわれています。

マメ蔵　流造は、正面の柱と柱の間が１間なら一間社流造（柱は２本)、３間であれば三間社流造（柱は４本）といいます。千鳥破風《ちどりはふ》がついているタイプもあります。

## 仏教伝来以前の神社

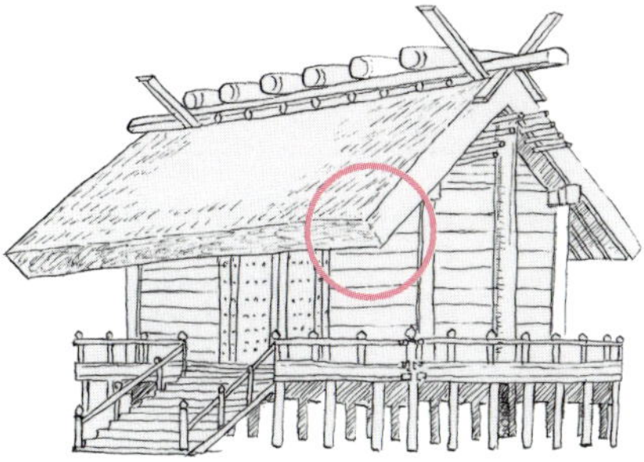

神明造の神社。屋根に反りはない。

寺院建築の屋根はこのように反っている。

## 仏教伝来以降の神社

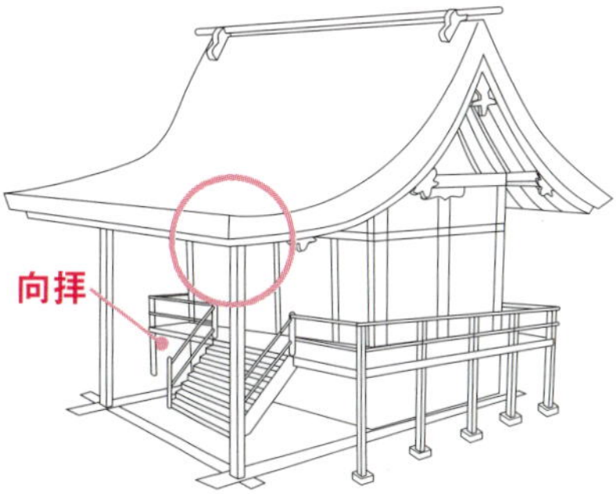


流造の神社。屋根に反りがつき、その下に拝礼場所である向拝がある。

神社の建築様式②

# 人物を神としてまつる神社の建築様式

御神木や御神体をまつる以外に、実在した人物を神としてまつったり、祭祀をおこなうことを目的とする神社もあり、独自の建築様式があります。

## 本殿と拝殿が一体化

仏教伝来後しばらくすると、日本古来の神（神道《しんとう》）と仏教の教義を融合して信仰する「**神仏習合**《しんぶつしゅうごう》」が広く浸透しました。奈良時代には寺院に神がまつられ、神社の境内には**宮寺**《ぐうじ》**（神宮寺）**が建てられるようになりました。

宮寺とは、神社の境内に建てられた、神祇の祭祀を目的とする寺のことで、発祥は菅原道真の怨霊を鎮めるためにつくられた北野天満宮（京都府）とされています。ほかには徳川家康を神格化してまつっている日光東照宮（栃木県）などが有名です。

いずれも、**権現造**《ごんげんづくり》（または石の間造）とよばれる建築様式で、本殿と拝殿を「石の間」という一段低い建物でつないで一体化させているのが特徴です。

権現造は、多数の棟が複雑に連なる屋根形式であることから、**八棟**《やつむね》**造**《づくり》ともよばれます。ちなみに、八棟の「八」は多数を意味するもので、棟の数が必ずしも８つあるわけではありません。

## 寺院に近い祇園造

京都祇園祭《ぎおんまつり》の神社として知られる八坂《やさか》神社（京都府）は、かつて「祇園感神院《ぎおんかんじんいん》」とよばれる神仏習合の宮寺でした。本来は別々に建てられる本殿と拝殿が、ひとつの大屋根でおおわれる**祇園造**という建築様式で建てられています。祇園造は、八坂神社にしか見られないため、八坂造ともいいます。奥行きのある入母屋造《いりもやづくり》で、仏教建築に近いとされています。明治時代の神仏分離令で神社となりました。

**マメ蔵** 神社境内に仏教施設や寺院が建ち並ぶ神仏習合は、明治元（1868）年の神仏分離令によって廃止され、仏教的要素が払拭されました。

## 権現造（日光東照宮）のつくり

**側面図** 本殿と拝殿が石の間によって連結している。

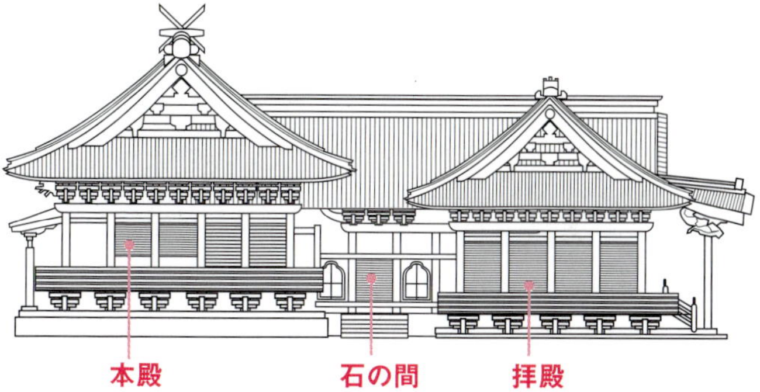
本殿
石の間
拝殿

**平面図** 本殿と拝殿の間に石の間がある。

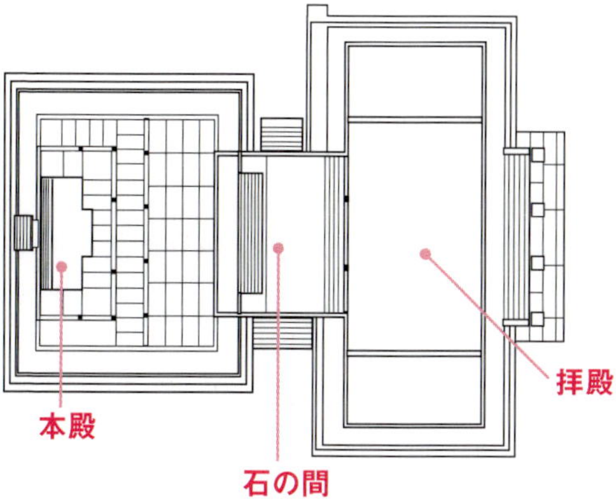
拝殿
本殿
石の間

境内と社殿

# 神社の建物の配置にはルールがある

神社にはいろいろな建物があります。ここでは、一般的な神社の建物の配置について説明します。

## 鳥居と参道のルール

神社の周辺は「鎮守《ちんじゅ》の森」とよばれる森林でおおわれているのが一般的で、神社はうっそうとした森の中に鎮座しています。神社の入口には俗界と聖界との境界を示す**鳥居**（あるいは神門）があり、この鳥居は、社殿へ通じる参道に１基、または数基建っています。

**参道**は、神社へお参りするときの精神統一をするための間合いの場で、とくに歴史のある神社は山の中腹や頂上に建っているため、参道の途中は石段になっています。参道を抜けると手水舎《ちょうずや》（水盤舎《すいばんしゃ》）が置かれていて、参拝者はまずここで手や口をすすいで身を清めてからお参りします。

## 社殿の配置のルール

境内には、神の住む本殿と人々が参拝する**拝殿**《はいでん》とがあり、その間に幣帛《へいはく》（お供え物）を捧げる**幣殿**《へいでん》が配置されています。拝殿と幣殿が一体化していて、独立した拝殿をもたない神社もあります。

御神体をまつっている**本殿**は、一般的には境内の一番奥に建っています。拝殿にくらべて小さく、瑞垣《みずがき》（本殿を囲む垣根）で囲われていたり、風雨をよけて建物を守るために覆屋《おおいや》（本殿をすっぽりおおう建物）で保護されていることが多いため、ふだんはあまり目にすることができません。また、本殿や拝殿などの左右に、狛犬《こまいぬ》や灯籠が一対で置かれていたり、境内が広い神社の場合は、神池《しんち》や神橋《しんきょう》などもあります。ほかに、その神社の祭神と関わりの深い神をまつる摂末社《せつまっしゃ》や、事務を取り扱う社務所《しゃむしょ》などがある場合もあります。

マメ蔵　狛犬は朝鮮伝来の犬の彫刻で、神社の魔よけとして神前の左右に対で置かれます。

## 基本的な神社の境内図

入口の鳥居から本殿までの一般的な神社の境内の構成要素はこうなっている。

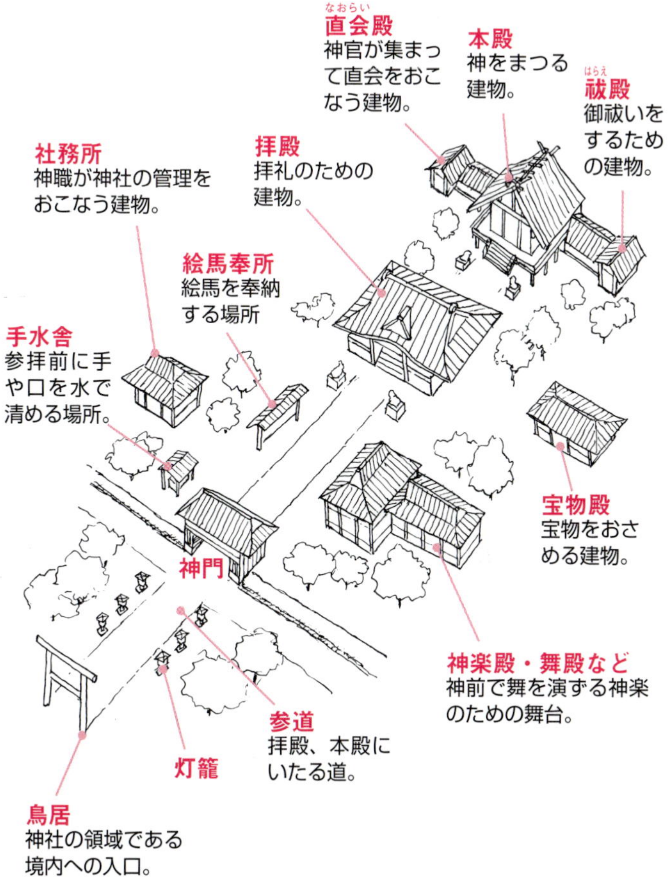
直会《なおらい》殿
神官が集まって直会をおこなう建物。
本殿
神をまつる建物。
祓《はらえ》殿
御祓いをするための建物。
社務所
神職が神社の管理をおこなう建物。
拝殿
拝礼のための建物。
絵馬奉所
絵馬を奉納する場所
手水舎
参拝前に手や口を水で清める場所。
宝物殿
宝物をおさめる建物。
神門
神楽殿・舞殿など
神前で舞を演ずる神楽のための舞台。
参道
拝殿、本殿にいたる道。
灯籠
鳥居
神社の領域である境内への入口。

神社と方位

# 神社は決まった方角に建てられている

**神社が建っている場所や、本殿や拝殿の向きは、太陽を神として崇拝する太陽信仰がもとになって決められているものが多く見られます。**

## 神社の向き

神社の方位は、建てられた年代やまつられている祭神によって異なりますが、多くの神社は、御神体となる山などの南側に、南向きで建てられています。風水思想にもとづいて、命の根源である水の方位（北）が、神社を建てるのにふさわしい場所とされてきたためです。しかしなかには、本殿や拝殿が東向きや西向き、あるいは北向きの神社もあります。このような神社の方位には、**太陽信仰**が深く関係しています。古代から日本人は、太陽を神として崇拝してきました。そのため、太陽が昇る方角に神座をもうけたり、太陽の運行にしたがって本殿や拝殿を配置するようになったのではないかとされています。

全国には、太陽神である天照大神《あまてらすおおみかみ》をまつる**神明神社**が数多く存在しています。その総本社となるのが三重県の伊勢神宮で、各地の神明神社は、伊勢神宮の皇大神宮《こうたいじんぐう》（内宮《ないくう》）にまつられている天照大神の方向を拝むような向きに本殿や拝殿を配置している場合が多いのです。

## 自然暦と神社の位置

古代の日本人が、太陽の動きを神の宿る神社の配置に応用していたことは、神社が建つ位置を、太陽の運行などをもとにした**自然暦**の視点で見てみるとよくわかります。その具体的な例としてあげられるのが、京都御所を南北で守護する下御霊《しもごりょう》神社と上御霊《かみごりょう》神社、そして平安京の鎮座神である吉田神社（吉田山山頂に建つ）の位置関係です。いずれも平安京遷都の際に建立された神社で、この３社と御所の位置は、太陽の運行に沿って配置されています。

マメ蔵　奈良盆地から望むと、朝日が昇り再生を意味する東方に大神《おおみわ》神社、夕日が沈みあの世を意味する西方に古墳群がある二上山《にじょうさん》が位置します。

## 自然暦と神社の位置の例

上御霊神社からは吉田山山頂に冬至の日の出が見え、
下御霊神社からは吉田山山頂に夏至の日の出が見えます。
さらに春分と秋分の日の出は、
京都御所から望む吉田山山頂に見ることができます。

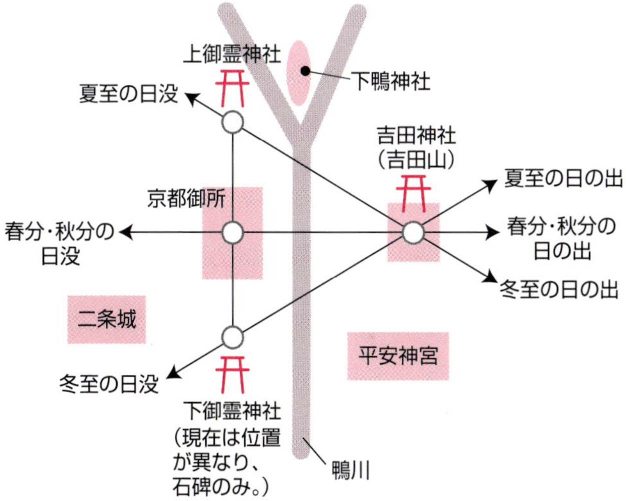
上御霊神社
下鴨神社
夏至の日没
吉田神社
（吉田山）
夏至の日の出
京都御所
春分・秋分の
日没
春分・秋分の
日の出
冬至の日の出
二条城
平安神宮
冬至の日没
下御霊神社
（現在は位置
が異なり、
石碑のみ。）
鴨川

上・下御霊神社は、どちらも桓武天皇が平安京へ遷都した際に皇居を守護させるために建立した社である。吉田神社は平安京の鎮座神として吉田山の頂上に鎮座された社。

伊勢神宮の不思議

# 伊勢神宮には 100 をこえる建物がある！

**伊勢神宮とは、伊勢市近郊に点在する神社を総称したよび名です。内宮、外宮をはじめ、125 もの建物で成り立つ壮大な神社群です。**

---

## 天皇の祖先をまつった伊勢神宮

三重県伊勢市にある伊勢神宮は、江戸時代に流行した伊勢講（お伊勢参り）以来、現在も変わらず人気の高い神社で、「お伊勢さん」の愛称で親しまれています。天皇の祖先にあたる**天照大神**《あまてらすおおみかみ》を主祭神としており、神社のなかでもとくに格式の高い神社とされています。

## 125 社合わせて伊勢神宮

伊勢神宮は、ひとつの神社をさすものではなく、たくさんの神社を総称したよび方です。

伊勢神宮には、五十鈴《いすず》川の川上に鎮座する**皇大神宮**《こうたいじんぐう》**（内宮**《ないくう》**）**と山田原に鎮座する**豊受大神宮**《とようけだいじんぐう》**（外宮**《げくう》**）**の２つの正宮が存在しています。内宮には太陽神である天照大神が、外宮には農耕をつかさどる守護神豊《とよ》受大御神《うけおおみかみ》がまつられています。内宮はもともと宮中にまつられていましたが、１世紀ごろに現在の地に移されたといわれており、外宮は約 1500 年前に丹波国《たんばのくに》から天照大神のお食事をつかさどる神として迎えられました。実際に参拝する場合は、この両正宮をお参りすることがほとんどです。ちなみに、内宮と外宮は約 6km 離れており、参拝の順路としては、外宮からおこなうのがならわしとなっています。

内宮、外宮のほか、両正宮と関わりの深い神をまつる別宮《わけみや》が 14 社、そのほかのさまざまな神をまつる摂社《せっしゃ》や末社《まっしゃ》などが 109 社あり、合計 125 社の宮社で成り立っています。これらすべてを総称して伊勢神宮とよんでいます。伊勢神宮を構成している 125 社の神社建物は、伊勢市近隣の４市２郡に点在しています。

マメ蔵　江戸時代、お伊勢参りは一生に一度の夢でした。もっとも多いときは、半年足らずで 500 万人が押し寄せ、日本人の６人に１人が参拝したとされています。

# 伊勢神宮 125 社マップ

伊勢神宮の正宮である 2 社のほかに、
別宮など合わせて 125 の宮社からなる。
一般には 13 のエリアに分けられている。

①内宮エリア
②外宮エリア
③五十鈴川エリア
④神社・大湊エリア
⑤小俣エリア
⑥宮川エリア
⑦外城田エリア
⑧田丸エリア
⑨斎宮エリア
⑩二見エリア
⑪鳥羽エリア
⑫磯部エリア
⑬滝原エリア

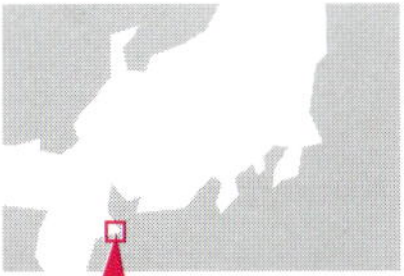

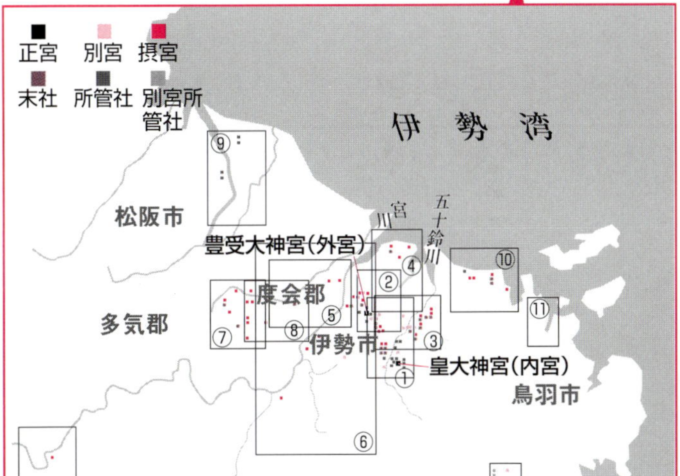
正宮
別宮
摂宮
末社
所管社
別宮所管社
伊勢湾
松阪市
宮川
五十鈴川
豊受大神宮(外宮)
度会郡
多気郡
伊勢市
皇大神宮(内宮)
鳥羽市
志摩市
⑨
④
⑩
②
⑤
⑪
⑦
⑧
③
①
⑥
⑫
⑬

神社建築の意匠

# 屋根の棟にのる棒のようなものは何？

神社の屋根の独特の意匠に、千木《ちぎ》と堅魚木《かつおぎ》というものがあり、それぞれ意味があります。いったい何のためにつけられたものなのでしょうか。

## 神社建築の象徴

神社の屋根の上には、角のように突き出た木の構造物があります。両妻の破風板が屋根の頂点で交差しながら飛び出しているものを、**千木**といいます。千木は、もっとも原始的な日本の建築様式である「天《てん》地根元造《ちこんげんづくり》」の名残りだとされています。いっぽう、屋根の棟に並んだ丸太は、**堅魚木**といいます。

千木と堅魚木は、かつては皇族や豪族の住まいでも用いられていましたが、しだいに神社でしか見られなくなったため、今では神社建築の象徴のような存在になっています。

## 千木と堅魚木の意味するもの

もともと千木は、「氷木《ひぎ》」や「風木《かざき》」とよばれ、火や風をふせぐ役目を担っていました。千木には風の抵抗を少なくするための穴が開いていることもあります。一般的に地面に対し、水平に切られた**内《うち》削《そ》ぎ**なら女の神様が、垂直に切られた**外削《そとそ》ぎ**なら男の神様がまつられていることを示しているといわれていますが、異なる場合もあります。

堅魚木も、棟木や屋根を風から守る補強材としてつけられていました。堅魚木は、その本数に意味があり、**数が多いほど神社の格が高い**といわれています。

現在では、構造材の役目をもたず、屋根の上にのせられているだけの置千木や置堅魚木がほとんどとなっています。飾り金具を取り付けるなどして、装飾がほどこされたものもあり、質素な神社建築のなかでひときわ目を引く部分です。

マメ蔵　堅魚木は、鰹木や勝男木などとも書きます。この名称は魚の鰹節に由来するといわれています。

## 千木と堅魚木

神社独特の意匠で、堅魚木の数が多いほど
格が高いことを示す。

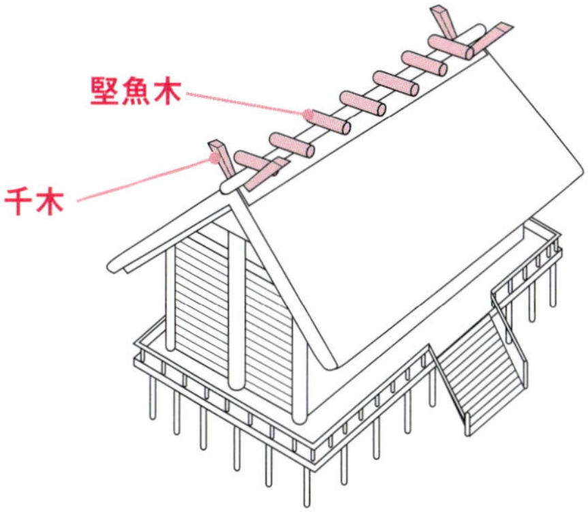
堅魚木
千木

## 天地根元造

日本の家屋の
もっとも原始的なものと
推測される建築様式。
四隅に立てた材木を
合掌形に組み合わせて
棟木を支える骨組。

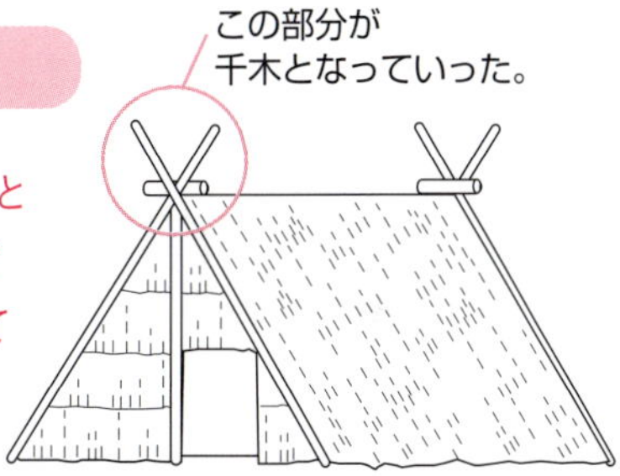
この部分が
千木となっていった。

## 内削ぎと外削ぎ

千木の先を水平に削ぐものを内削ぎ、
垂直に削ぐものを外削ぎという。

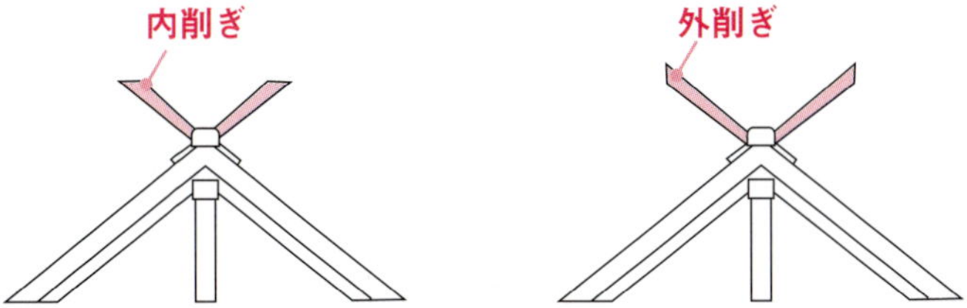
内削ぎ
外削ぎ

神社の妻飾り

# 屋根の魚は火災よけのまじない

神社建築の屋根には、懸魚《げぎょ》とよばれる妻飾《つまかざ》りが見られます。この飾りは、火事から建物を守るためのおまじないです。

---

## バリエーション豊かな懸魚

**懸魚《げぎょ》**とは、神社仏閣などの屋根の破風板に吊り下げられている**妻飾り**のことです。彫刻をほどこした板で切妻造や入母屋造の屋根なら必ずといっていいほどつけられています。その形態はバリエーション豊かで、野菜のカブのような形をした蕪《かぶら》懸魚、家紋の梅鉢《うめばち》紋を模した梅鉢懸魚、くり抜き穴がイノシシの目のように見える猪目《いのめ》懸魚、立体的な彫り物がほどこされた彫《ほり》懸魚など、さまざまです。

## 懸魚のルーツ

もともとは、建物を火災から守るため、魚を模した飾りを屋根に懸けて**火よけのおまじない**としたのが始まりでした。水と関わりの深い魚を屋根に懸けることに、「水をかける」という意味がこめられています。京都御所の屋根の葺き替え工事の際、巨大な飾り瓦の内側の木箱の中から、ミイラ状になったコイが発見されています。

懸魚のルーツは中国で、仏教伝来と同時に日本に入ってきたのではないかと考えられています。今でも雲南省の建物には、**魚の胴体と尾《お》鰭《びれ》をかたどった板**を屋根に吊り下げる風習が残っていて、これが懸魚の原型とされています。日本でも、奈良県にある金峯山寺《きんぷせんじ》蔵王堂《ざおうどう》や京都の教王護国寺などで、魚の形をした懸魚を見ることができます。

懸魚は、権威の象徴でもあったため、神社仏閣や城郭などにつけられていましたが、やがて時代を経るにしたがって、武家屋敷などもつけるのを許されるようになりました。また、火よけのまじないから、破風の合掌部のつなぎ目を隠す装飾へと役割を変えていきました。

マメ蔵　城の天守閣の屋根にある鯱《しゃちほこ》も懸魚と同じように火を防ぐためのおまじないです。鯱は口から水を吐き出すことから、火よけの守り神とされています。

## 屋根につけられた懸魚

神社や寺院の屋根の破風板に吊り下げられている。

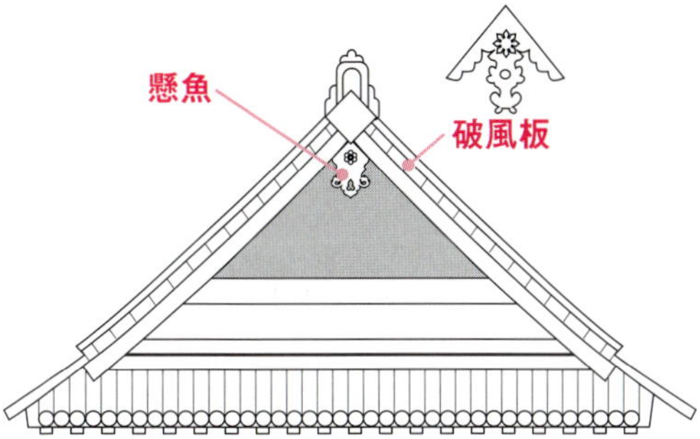


## 懸魚のルーツ

中国・雲南省の建物に吊り下げられた魚の形をした装飾が、懸魚のルーツと考えられる。

## 金峯山寺蔵王堂の鰭《ひれ》懸魚

水の流れを表す波型の懸魚の先端に魚の形の懸魚が見られる。

## 懸魚のいろいろ

蕪

梅鉢

猪目

三花《みつばな》

# 神社の屋根は檜皮葺きが基本

神社建築の屋根は茅など植物材を使って葺かれています。寺院建築では瓦屋根が一般的ですが、神社の屋根には、基本的には瓦は使いません。

## 屋根に瓦は用いない

神社建築は、寺院のデザインを意識的に排除しつつ成立してきた建築ともいわれています。それをよく表しているのが、屋根です。

神社建築では、基本的に茅もしくは**檜皮**《ひわだ》（檜の樹皮）や**柿板**《こけらいた》（松や杉の皮などをはいで薄い板状にしたもの）などを用いて屋根が仕上げられます。瓦材が用いられることはほとんどありません。ちなみに、伊勢神宮の正殿の屋根には茅葺き、出雲大社の屋根には檜皮葺き（江戸時代以前は茅葺きだった）が採用されています。

いっぽうの寺院建築は、**瓦葺き**の屋根が主流です。飛鳥時代に仏教とともに伝来した瓦の技術は、長い間、寺院の専売特許でした。そのため、神道（神社）では寺院建築のことを「瓦屋根」とよんで差別していた時期もあったようです。

したがって、神社の屋根に瓦を用いることは邪道とされ、さけられるようになりました。

## 瓦を使った神社

神社建築において、瓦屋根はルール違反とされていましたが、瓦を用いた神社も実は多く存在しています。8世紀中ごろからの「**神仏習**《しんぶつしゅう》**合**《ごう》」によって、神道と仏教が分けられずに信仰されていた時代には、瓦を使った神社が増えていきました。明治時代に入り、神仏分離政策がとられましたが、瓦屋根はそのまま使われていきました。

また沖縄では、18世紀ごろから沖縄赤瓦が普及し、首里城や神社で赤瓦が使用されています。

マメ蔵　神社の屋根は基本的に植物材を使って葺かれていますが、近世以降は、風雨や火災に強い丈夫な銅板も用いられるようになりました。

## 檜皮葺きができるまで

### 檜の皮をはぐ

原皮《もとかわ》師《し》により、樹齢 70 年以上の立木の根元から木べらで皮をはがし、順次上部へはがしていく。

一般には長さ 750mm、幅 100 ～ 150mm、厚さ 1.5 ～ 1.8 mmほどに檜皮を加工する。

### 檜皮葺きのしくみ

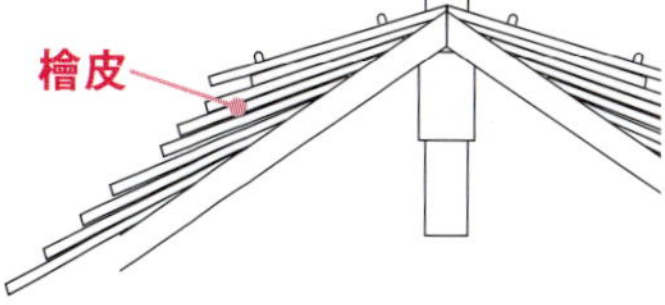


屋根の下側から上方向へ少しずつずらしながら葺き、竹釘で留める。最終的に檜皮の厚みは 100 ～数百 mm の厚さになる。

神社の色

# 神社は白木でつくる

神社の多くは白木造です。神道の社殿や神棚など、神の依代《よりしろ》（神がよりつくもの、場所）には、皮をはいだだけの白木が用いられました。

## 神は白木に宿る

白木（素木《そぼく》）とは樹皮をはいだ木材のことです。塗料は何も塗らず、素のままで建築材などに用います。

神明造や大社造など、日本の古い神社建築は、ほとんどが白木でつくられています。白く清らかな白木が、**神の依代**となるのにふさわしいと考えられたため、人々は、神社を**白木造**とすることで神を宿らせました。もともと生き物であった樹木を白木で用いてこそ神が宿ると信じられたためです。

20年に一度建て替えられている伊勢神宮（三重県）の正殿も、出雲大社（島根県）の拝殿も、すべて檜の白木でつくられています。また、いずれの神社にも正殿中央の床下に神が降臨するとされる**心御柱**《しんのみはしら》が立てられていて、この柱にも白木材が用いられています。

## 朱塗りの神社

神社では、社殿のみならず、祭事に用いる神具、神棚や神籬《ひもろぎ》（臨時に神を迎える依代）にいたるまで、白木が用いられていましたが、白木造を多用してきた神社も、奈良時代から平安時代に入ると、しだいに漆が塗られるようになります。平安末期に建てられた厳島神社（広島県）は、すべてが**朱塗り**（漆に朱の顔料を混ぜたもの）でとても色鮮やかです。

春日造、流造、八幡造、入母屋造、権現造など、仏教の影響を受けた建築様式に、朱塗りの傾向が強く見られます。漆は防腐剤の役目もあるため、白木造よりも耐久性にすぐれました。

マメ蔵　白木は、信仰の対象となる仏像づくりにも用いられています。白木のまま使うことで神霊が宿るとされました。

# 伊勢神宮の正殿の建て替え

伊勢神宮は 20 年に一度、式年遷宮がおこなわれ、
正殿が檜の白木造で建て替えられる。

御《み》杣《そま》山《やま》で育てた檜を伐採し、一週間程度かけて御神体をおさめる白木を伊勢に陸送する。

樹皮をはいだ白木を使って正殿が組み立てられる。これは柱を立てる際のお祭りのようす。

写真提供：神宮司庁

伊勢神宮の式年遷宮

# 伊勢神宮は20年に一度建て替えられる

伊勢神宮では、20年に一度社殿を建て替え、新しくした建物に御神体を移動させる、式年遷宮という行事がおこなわれます。

## 神の社を遷《うつ》す行事

**式年遷宮**とは、一定の周期で新しく社殿を造営して、古い社殿から新しい社殿へと神を遷すことです。もっとも有名なのが、伊勢神宮の式年遷宮です。これは、国の行事であり、690年、持統天皇によって始められ、現在まで脈々と受け継がれています。内宮《ないくう》と外宮《げくう》の両正宮の東西に同じ広さの敷地があり、20年ごとに交互に、まったく同じ形の建物を建てます。装束や調度品なども新調されます。このような式年遷宮は、住吉大社（大阪府）や香取神宮（千葉県）、鹿島神宮（茨城県）などでもおこなわれていて、島根県の出雲大社では、1809年から72年ごとに、これまで三度の造替遷宮がおこなわれました。

## なぜ建て替えるの？

神様が住む神社の建物は、つねに清々《すがすが》しくあることが理想とされています。たとえ建物がまだ使える状態であったとしても、老朽化していくことは**気枯れ**（汚《けが》れ）であると考える神道の精神にのっとり、定期的に建物を建て替えるのです。新しい神殿に御神体を遷すことで、神様が喜ばれると考えられています。とくに伊勢神宮の正宮は、12本の掘立柱《ほったてばしら》と茅葺き屋根という素朴なつくりをしています。漆などで塗装されていない白木の檜材が用いられているため、風雨などにさらされると老朽化が進み、耐用年数はそれほど長くありません。また、伝統的な建築技術を後世に正確に継承していくためにも、20年ごとが合理的な年数とされました。ちなみに、一度の式年遷宮には、9年ほどをかけてさまざまな祭事がおこなわれます。

マメ蔵　伊勢神宮の式年遷宮では全部で65棟の建物を建て替えます。その用材を確保するため、檜の山を育て、屋根に用いる茅を10年がかりで集めます。

# 式年遷宮の主な行事

20年に一度の式年遷宮がすむまでには
32の行事を9年間かけておこなう。

## 式年遷宮の主な行事

| | | |
|---|---|---|
| 1年目 | 山口祭 | 式年遷宮の最初に執りおこなわれる祭儀 |
| | 御杣始《みそまはじめ》祭 | 御杣山での伐採作業前に、御神体を納める木を伐採する祭儀 |
| | 御船代《みふなしろ》祭 | 御神体をおさめる器（御樋代《みひしろ》）を入れて神殿に安置する器（御船代）の用材を伐採する祭儀 |
| 2年目 | 御木曳《おきひき》行事 | 住民が2カ月間にわたり御用材を両宮に引き入れる盛大な行事 |
| 4年目 | 鎮地祭《ちんちさい》 | 新宮を立てる敷地で執りおこなわれる最初の祭儀。造営作業の安全を祈る |
| 5年目 | 宇治橋渡始式《うじばしわたりはじめしき》 | 皇大神宮の入口にかかる宇治橋が新しくされ、古式にのっとり渡りはじめがおこなわれる |
| 8年目 | 立柱祭《りっちゅうさい》 | 正殿の建築のはじめに、柱を立てる祭り |
| | 上棟祭《じょうとうさい》 | 正殿の棟木を上げる祭儀 |
| | 檐付祭《のきつけさい》 | 新殿の屋根の茅を葺き始める祭儀 |
| | 甍祭《いらかさい》 | 新殿の屋根の茅を葺き納める祭儀 |
| 9年目 | 御白石持行事《おしらいしもちぎょうじ》 | 完成した正殿が建つ敷地に敷く白石を、旧神領に住む人々が奉献する行事 |
| | 遷宮《せんぐう》 | |

日光東照宮の成り立ち

# 簡素な神社だった日光東照宮

まるで寺院のように豪華絢爛な装飾がほどこされている日光東照宮は、建てられた当初は、とても簡素な神社でした。

## 徳川家康をまつる神社

名前に東照宮がつく神社は日本各地に点在しています。いずれも江戸幕府初代将軍の徳川家康がまつられていて、**家康を神格化**した東照大権現を主祭神としています。

実際に家康の亡骸が葬られている栃木県の日光東照宮は、全国の東照宮の総本社的な存在です。正式名称は東照宮ですが、ほかの東照宮との区別のため、日光東照宮とよばれています。

## 莫大な費用をかけた大造営

日光東照宮は、本殿、石の間、拝殿、陽明門、回廊などが国宝に指定されている社殿建築です。建物のいたるところに装飾意匠がほどこされていて、なかでも「三猿《さんざる》」、「眠り猫」、「想像の象」は、**日光三彫**刻として有名です。

壮大で華麗な日光東照宮ですが、1617年に造営された建物は、日本の伝統的な和様をもとにした簡素な神社でした。今はその名残りはほぼ失われてしまいました。現在のような極彩色のきらびやかな建物は、第三代将軍家光が1634年から約1年半の**大改築**をおこなったあとのものです。家康の孫にあたる家光は、家康を大変崇拝していたことから、莫大な資金をつぎ込み、幕府の総力をあげて大改築に取り組みました。本殿や鳥居、五重塔など、合わせて50棟を超える建物を建て、作業にかかわった人の延べ人数は450万人といわれています。家光は、江戸を代表する絵師や彫刻師に、細部まで**贅を尽くした装飾**をほどこさせました。

マメ蔵 陽明門には12本の柱がありますが、1本だけ逆さまになっています。完璧だと魔がさしてしまうので、魔よけのためあえて不完全にしたとされています。

## 東照宮を彩る彫刻たち

東照宮の建物には全部で 5173 体もの彫刻があり、
モチーフは人物、霊獣、植物など多岐にわたっている。

### 人物の彫刻

それまで前例のなかった人物の彫刻が見られる。中国の子どもの遊ぶ姿や賢人や聖人の故事をもとにしたものが多い。

### 霊獣の彫刻

麒麟、龍、貘など、約 30 種類の霊獣が社殿を守る。麒麟は雲との、龍は雲・水との組み合わせが多い。

### 植物の彫刻

蜜柑、牡丹、梅、桃、柿など約 50 種類の植物の彫刻が見られる。これらは「豊饒の世界」を表している。

最古の神社建築

# 神社建築でもっとも古い宇治上神社

**京都の宇治上神社は、1994 年に世界文化遺産に登録された、日本に現存する最古の神社建築です。平安～鎌倉時代の神社建築を今に伝えます。**

## 木材から建築年代が判明

もっとも時代が古い神社の建築様式は、伊勢神宮（三重県）の神明造や出雲大社（島根県）の大社造ですが、どちらの神社も定期的に建て替える遷宮をくり返してきたため、現存している建築物はそれほど古いものではありません。建築当時のものがそのまま現存している京都でもっとも古い神社建築は、京都府宇治市にある**宇治上神社**です。創建年ははっきりしていませんが、本殿が 11 世紀後半の建物とされており、応神《おうじん》天皇とその皇子、そして仁徳《にんとく》天皇がまつられています。建築様式は、反りのついた流れるような屋根に、ひさしが長い流造《ながれづくり》となっています。2004 年に宇治市と奈良文化財研究所がおこなった木材の年輪年代測定によって、本殿は 1060 年ころに建てられたものと判明しました。現存する**日本最古の神社建築**であることが、科学的に証明されたのです。

## 貴重なのに小さい宇治上神社

宇治上神社の境内は、社殿は本殿と拝殿のみで、数分で見て回れるほど小さいものです。しかし、そのいずれも国宝に指定されています。1994 年には、古都京都の文化財のひとつとして、平等院とともにユネスコの世界文化遺産にも登録されました。本殿は、老朽化をふせぐため風雨よけの**覆屋《おおいや》**でおおわれているので、外から見ることはできません。内部をのぞくと、3 棟の内殿（左殿・中殿・右殿）が、一間の間口で横一列に並んで建っています。拝殿は寝殿造風で、本殿よりやや時代がくだり、鎌倉時代の初めに建てられました。

マメ蔵　宇治上神社の境内には、宇治七名水のひとつに数えられている「桐《きり》原水《はらみず》」が湧き出ています。

## 宇治上神社全体図

３棟の小規模なつくりの建物に、
全体に覆屋をかけて一社にしている。

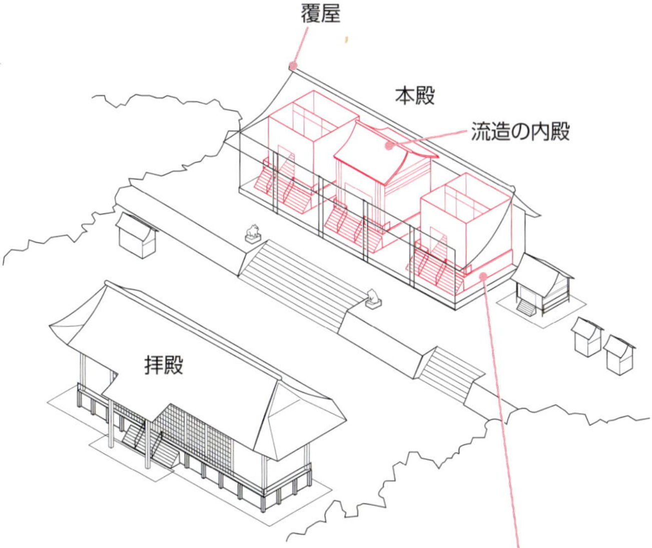

覆屋の中の本殿には３棟の内殿が並んでいる。

コラム 2

## 何度も倒れた出雲大社

縁結びの神様として有名な出雲大社（島根県出雲市）には、『古事記』や『日本書紀』に登場する大国主命《おおくにぬしのみこと》がまつられています。創建年代は不明ですが、『日本書紀』の記録によると、大国主命は国づくりの大業が完成した後、天照大神に国を譲ったとあります。天照大神は大国主命の「国譲り」に感激し、大国主命のために今の出雲大社である天日隅宮《あめのひすみのみや》をつくったとされています。

現在の本殿は1744年に建てられたもので、高さは約24m（千木の上端まで）ですが、文献や言い伝えでは、中世の本殿の高さは奈良の東大寺大仏殿を上回る16丈（48m）で、さらに昔は32丈（約96m）と、まさに天にとどくほどの超高層建築だったとされています。

ちなみに、古代の出雲大社は、海岸からのびる大階段を上った先に、空中神殿がそびえ立っていたのではないかと考えられています。16丈の伝承については、2000年に出雲大社境内から巨大杉を3本束ねた直径3mの心御柱《しんのみはしら》（大黒柱）が出土したことによって、信憑性が高くなりました。

しかし、あまりにも高層だったためか、平安中期から鎌倉時代までの200年間に、出雲大社は何度も倒れており、台風や地震などがないのに突然柱が折れてしまった、という記録が残っています。築数年から40年ほどの間隔で倒壊を繰り返したといわれています。

倒壊の原因はいくつかあげられていますが、軟弱な沖積層を地盤としていたことや、建物の構造自体に無理があり、高くすることでさらに不安定で倒れやすくなったのだろうと考えられています。

出雲大社10分の1復元模型
（写真提供：島根県立古代出雲歴史博物館）

第3章

# 寺院建築を知る

日本では、大陸から伝わった寺院建築が
独自に発展し、地震に耐えるための
組物の技術などが発達します。
時代とともにしだいに装飾性が高まり、
木鼻などに神獣の彫刻などが増えていきます。

寺院の伽藍配置

# 建物の配置にはルールがある

寺院の敷地内にはさまざまな建築物があります。建物の配置パターンには、一定のルールがあります。

## 伽藍とは何か

寺院には、中門、金堂《こんどう》、講堂、塔、食堂《じきどう》、鐘楼《しょうろう》、経蔵《きょうぞう》、僧坊《そうぼう》などいくつもの建築物があり、これらを総称して**伽藍《がらん》**といいます。

金堂は、仏像を安置している仏堂で、その寺院の中心的な建物です。当初の伽藍をとどめていない場合に本堂とよぶ寺院もあります。講堂は、経典の講義や説教をおこなう場所です。塔には三重塔や五重塔などがあり、釈迦の舎利《しゃり》（遺骨）が納められるところです。食堂は僧たちが食事をする建物で、僧坊は寝起きするところです。

鐘楼には梵鐘《ぼんしょう》（釣鐘）が吊るされ、経蔵には、経典（仏教の教えが書かれている書物）が納められています。ほかに、庫裏《くり》（台所）、方《ほう》丈《じょう》（住職の住まい）、客殿《きゃくでん》（応接間）、東司《とうす》（トイレ）、塔頭《たっちゅう》（隠居した僧の住まい）などがあります。

## 伽藍配置のパターンの変化

寺院の伽藍配置は、**塔と金堂の位置関係**によって様式が分けられています。もっとも古い様式は、日本最古の寺院である飛鳥寺《あすかでら》に見られる飛鳥寺式です。中央に塔が位置し、それを取り囲むように金堂が配置され、金堂（仏像）よりも塔（仏舎利）のほうを重要視していたことがうかがえます。

その後時代が進むにつれ、**四天王寺《してんのうじ》式**、**法隆寺式**、**薬師寺式**、**東大寺式**と変化します。塔と金堂の位置の変化から、塔の重要性の変化などが読みとれます。

伽藍の配置は、密教、浄土宗、禅宗など宗派によっても異なります。

マメ蔵　ひとつの寺院内に多数の金堂が建立されているところもあります。安置している仏像によって、釈迦《しゃか》堂、薬師堂、阿弥陀堂、観音堂などとよばれています。

# 寺院の伽藍配置の移り変わり

## 飛鳥寺式

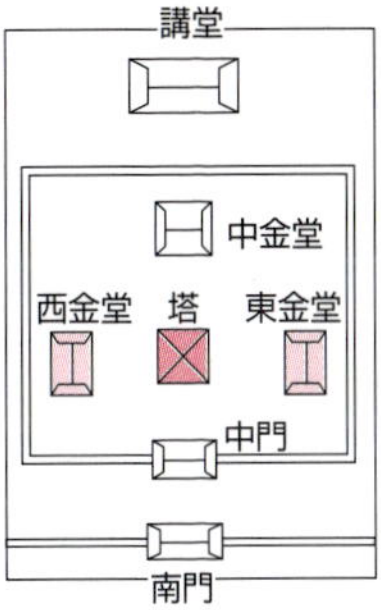


中心に塔があり、それを囲むようにして金堂を配置。金堂よりも塔を重視している。

## 四天王寺式

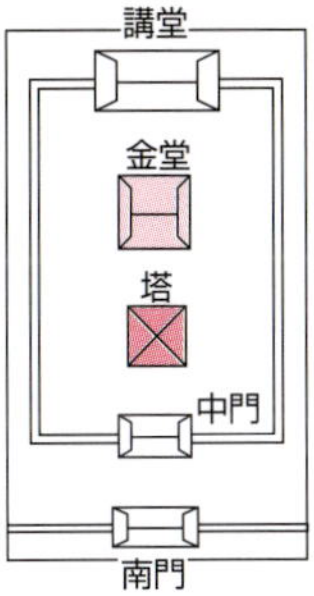


塔と金堂を中心にして一直線に伽藍を配置。塔を重視した配置。

## 法隆寺式

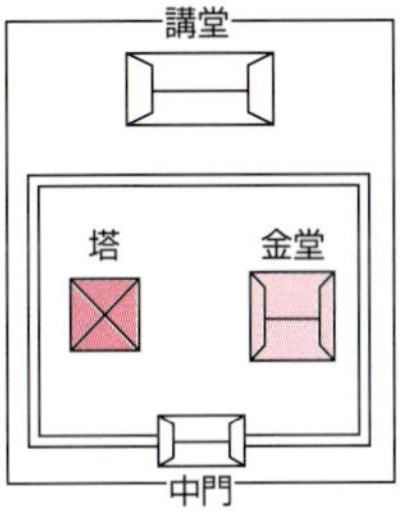


東西対称に塔と金堂を配置。塔と金堂は同等の扱い。

## 薬師寺式

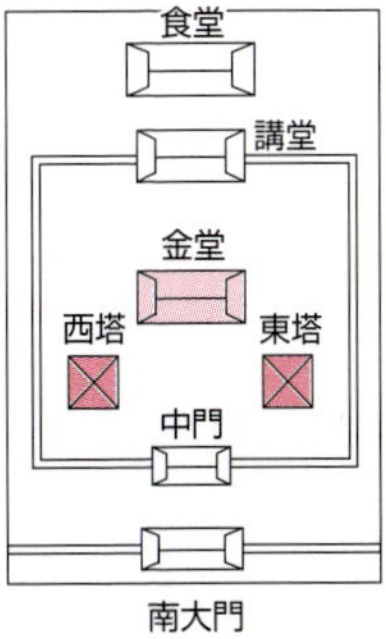


金堂が中心となり、東西に塔が対になって配置。

## 東大寺式

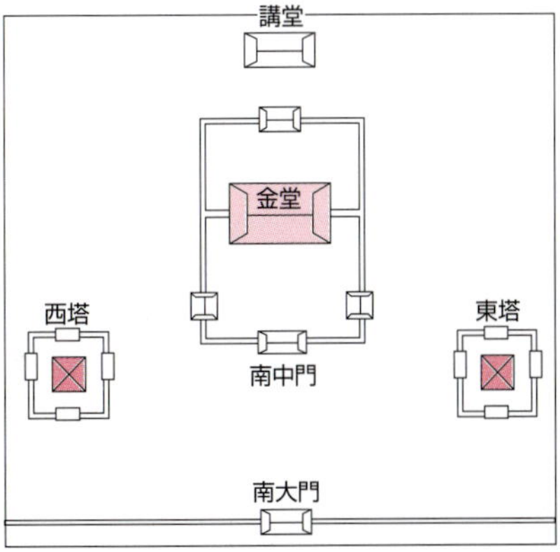


東西両塔は回廊から出た場所に配置され、塔の重要性が薄れていった。

寺院の建築様式

# 時代によって異なる寺院の建築様式

寺院の建築様式は、和様《わよう》、大仏様《だいぶつよう》（天竺様《てんじくよう》）、禅宗様《ぜんしゅうよう》（唐様《からよう》）と、先の３つの様式をとりまぜた折衷様《せっちゅうよう》の４つに分けられます。

## 寺院の建築様式

**和様**は、中国大陸から輸入された仏教建築様式が、地震が多く、良質な木材にめぐまれた日本の風土の中で、頻発する地震に耐えうるよう発展したものです。特徴は、柱と梁が交わる部分を強化した組手の発達です。また、梁の上にのせて上からの重みを支える、カエルが足を広げたような蟇股《かえるまた》という独特の部材も見られます。

**大仏様**と**禅宗様**は、6世紀から8世紀にかけて中国大陸から伝来しました。大仏様は、柱に穴をあけて柱と肘木《ひじき》を組む「さし肘木」という手法が特徴で、太くがっしりとしたシンプルなつくりです。東大寺大仏殿がその代表例です。

禅宗様は、禅宗寺の建築様式で、和様や大仏様が床を張るのに対し、床を張らずに土間に直接石の礎盤を置き、その上に柱を立てます。柱梁は角断面で細く、大仏様にくらべ繊細なつくりです。鎌倉時代に建てられた功山寺《こうざんじ》（山口県下関市）の仏殿が、現存する日本最古の禅宗様建築とされています。地震に弱く、現存する建物は3例のみです。

## 和様＋大仏様＋禅宗様＝折衷様

**折衷様**は、大仏様と禅宗様の地震への弱さを改善しながら、鎌倉時代以降発展しました。和様を基調に、大仏様の豪快さと禅宗様の装飾美を兼ね備えた建築様式で、それぞれの優れた技法が取り入れられています。木鼻《きばな》や肘木に大仏様の意匠を用い、柱と柱を禅宗様の意匠である海老虹梁《えびこうりょう》（S字に湾曲した梁）で結ぶなどが特徴ですが、明確なルールはなく、3つの様式が混ざっているものを折衷様とよんでいます。

マメ蔵　観心寺金堂（大阪府河内長野市）、浄土寺本堂（広島県尾道市）、鶴林寺本堂（兵庫県加古川市）などが折衷様の遺構として知られています。

## 寺院の建築様式

### 和様

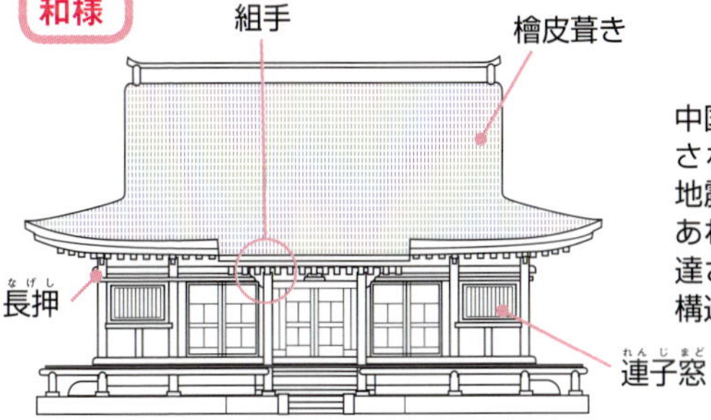
組手
檜皮葺き
長押《なげし》
連子窓《れんじまど》

中国から日本へ輸入された建築様式が、地震国である日本にあわせて、組物を発達させ、地震に強い構造となった。

### 大仏様

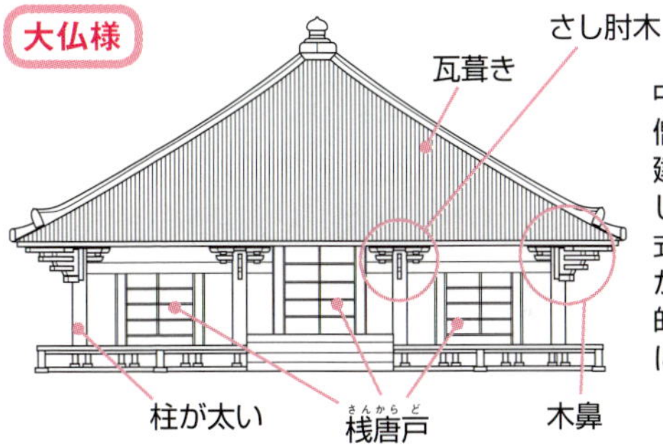
さし肘木
瓦葺き
柱が太い
桟唐戸《さんからど》
木鼻

中国で建築を学んだ僧、重源《ちょうげん》が大仏殿再建に着手する際、はじめて用いた建築様式。全体的に太くてがっしりとした男性的なつくり。構造的に地震に弱い。

### 禅宗様

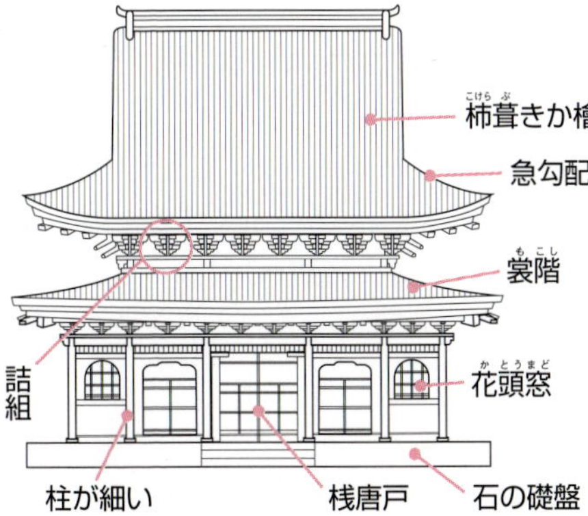
柿葺《こけらぶ》きか檜皮葺き
急勾配で軒反りが大きい
裳階《もこし》
詰組
花頭窓《かとうまど》
柱が細い
桟唐戸
石の礎盤

平安末期、禅宗がもたらされ、それと同時に伝わった様式。朱などで彩色がほどこされた、女性的な様式。

地震と建築様式

# 地震に弱かった中国伝来の建物

**大陸から伝来した寺院の建築様式は、地震に弱い構造だったため、地震国である日本では、のちに多くの建物が倒壊しました。**

## 揺れに強い和様

**和様**は、地震の多い日本で発展した建築様式です。柱と柱を**貫**《ぬき》という部材で固定し、揺れに強い構造としました。柱上部には補強のための**長押**《なげし》を打って柱と柱を水平につないだり、屋根は**肘木**とよばれる組物で支えたりと、屋根の重さを建物全体で分散して受け止めています。

## さし肘木と詰組が弱さの一因

**大仏様**と**禅宗様**は、日本にくらべて地震の少ない中国から伝来した建築様式です。東大寺大仏殿の再建に採用されたことでも知られる大仏様は、大仏殿にふさわしい、柱や梁が太くがっしりした大胆なつくりをしています。和様の場合、肘木《ひじき》は柱の上に斗《ます》とセットで接合されますが、大仏様では斗とは組まず、肘木が柱の途中にさしこむようにして組み合わされ、「**さし肘木**」とよばれます。柱に穴があくので、ひびが入りやすいという欠点があります。禅宗様は大仏様より少し遅れて中国から伝来しました。通常、組物は柱や肘木の上に置かれますが、禅宗様では梁の上に「**詰組**《つめぐみ》」とよばれる柱や肘木をともなわない組物を置くのが特徴です。詰組の下に柱がないことは、梁の折れやすさにつながります。

大仏様と禅宗様の特徴的な構造である「さし肘木」と「詰組」は、地震が多発する日本の風土には適さず、建物を弱くする一因となりました。後に多くの建物が倒壊しており、「鎌倉の大仏」で知られる高徳院の大仏殿も、地震と津波によって倒壊したため現在のような屋根のない状態になったとされています。

マメ蔵　和様に大仏様と禅宗様の長所を取り入れた折衷様は、地震に強い構造だったため、その後の寺院建築の主流となっていきました。

## 地震に強い和様のつくり

柱と梁の交わる部分を強化する肘木などの
組物が発達して、地震に強い構造となっている。
組物の上に蟇股《かえるまた》があり、屋根の重さを支えている。

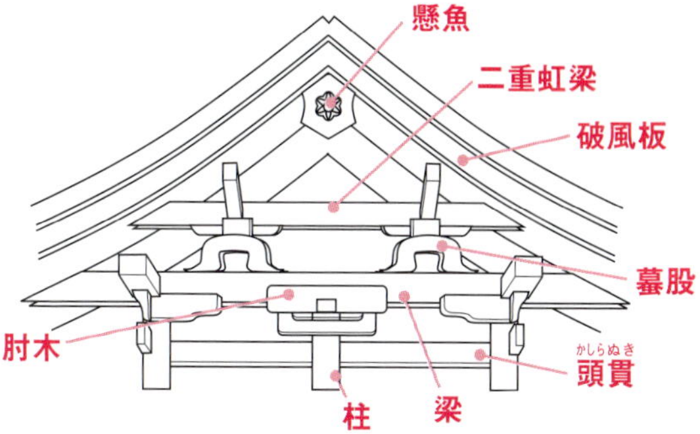
懸魚
二重虹梁
破風板
蟇股
肘木
頭貫《かしらぬき》
柱
梁

## 大仏様のさし肘木

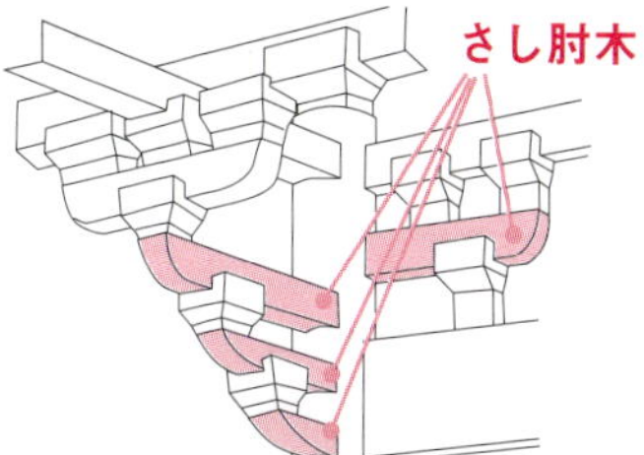
さし肘木
柱

肘木を組物の上に置かず、柱に直接差し込んでいる。柱に穴をあけてさすので、柱にひびが入りやすい。

## 禅宗様の詰組

梁の上に詰組とよばれる柱や肘木をともなわない組物を置くのが特徴。梁が折れやすい。

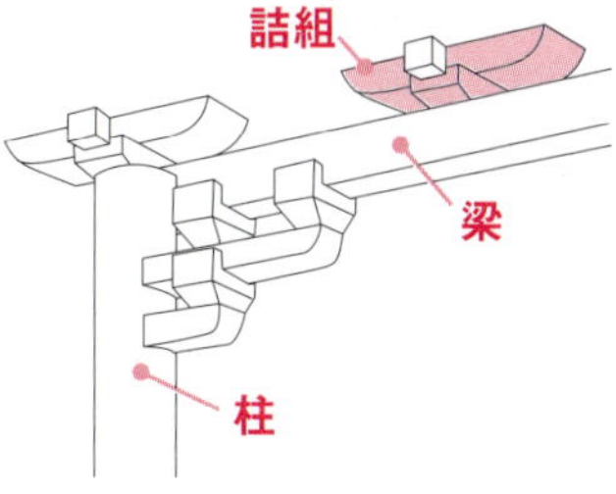
詰組
梁
柱

寺院建築の組物

# 深い軒をつくりだす組物

寺院の大きな屋根と深い軒は、組物《くみもの》という技術によって支えられています。複雑な組物は、寺院建築の大きな見どころとなります。

---

## 組物の役割

寺院の大きな屋根を支える複雑な木組のようなものを、**組物**とよびます。柱とその上の桁《けた》や梁《はり》を接合している部分で、四角い升のような形をした「**斗**《ます》」と、その上に舟の形のような「**肘木**《ひじき》」を組み合わせて梁をのせるしくみです。

もっとも古い組物は「雲斗雲肘木《くもとくもひじき》」で、法隆寺の五重塔や金堂に見ることができます。組物によって、柱に集中する屋根の荷重を全体に分散することができ、柱の頭部に直接桁や梁をのせるよりも建物の構造が強固になります。また、釘はいっさい用いません。

組物の登場以降、寺院の屋根はだんだん大きくなり、外観も壮大になっていきました。また、組物は軒下を美しく見せる意匠としての役割ももつようになります。

## 手先が多いほどえらい！

組物の斗と肘木の組み合わせ方には、建築様式や年代によってさまざまな種類があります。いくつもの斗と肘木を複雑に組み合わせ、さらに彫刻などで凝った装飾がほどこされていることも多く、寺院建築の見どころのひとつになっています。

斗と肘木を何段にも重ねて張り出させることを「**手先**《てさき》」といい、斗と肘木の組み合わせが１段なら**出組**《でぐみ》、２段なら**二手先**《ふたてさき》、３段なら**三手先**《みてさき》などとよびます。段数が増えるほど軒が深くなり、屋根が大きく見えます。

奈良時代に入り、複雑で豪華な三手先が最高の組物として寺院の塔に用いられるようになると、塔は徐々に大型化していきます。

マメ蔵　東大寺南大門の軒を支える組物は、六手先《むてさき》の豪華なタイプです。せり出す組物の強度を保つため、手先どうしを３段の通肘木《とおしひじき》で連結しています。

## 寺院建築の組物のしくみ

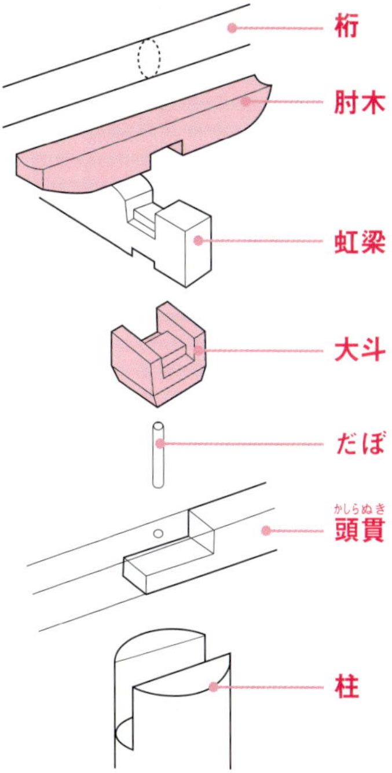
桁
肘木
虹梁
大斗
だぼ
頭貫《かしらぬき》
柱

### 大斗肘木《だいとひじき》

組手のもっとも基本的な形式。柱の上に大斗をのせ、その上に肘木をのせ、桁を支える。

### 三手先

大斗肘木の上に３つの巻斗をのせて梁を支えるしくみを三斗組《みつどぐみ》という。この三斗組で、肘木を立体的に１つ手前に飛び出させたところにのせるために用いられる組手が出組。三手先は、肘木を３つ手前に飛び出させたもので、もっとも大きな規模の寺院に用いられる。

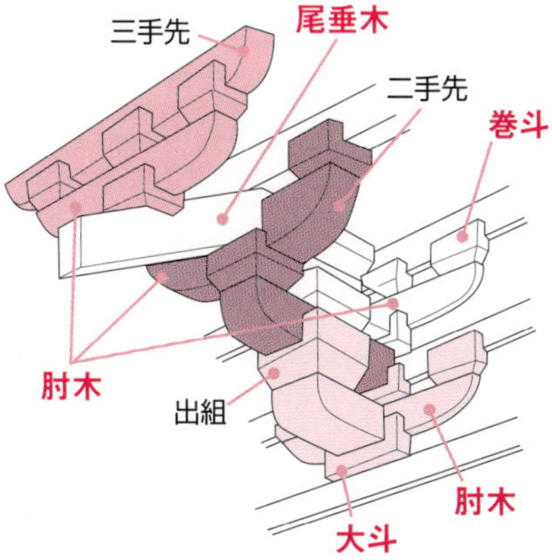
三手先
尾垂木
二手先
巻斗
肘木
出組
肘木
大斗

寺院と色

# かつて寺院は極彩色だった

こげ茶色の落ち着いた色のイメージがある寺院建築ですが、かつては建物に朱・黄・緑・藍・白・黒などが彩色され、あざやかな姿をしていました。

## はがれ落ちた色

飛鳥時代から平安時代にかけて建てられた建物を古代建築といいます。代表的な古代建築の寺院には、法隆寺、薬師寺、東大寺、唐招提寺などがあげられます。現在はどの寺院も、こげ茶色の木肌をそのまま出した落ち着いた外観となっていますが、創建当時はまったく違う外観だったようです。

日本の寺院建築は、中国の建築を手本にしてつくられています。中国では、木造建築の素材の保護と美観を目的に、耐性に優れた岩絵具《いわえのぐ》を用いて建物を塗装していました。その彩色技術が建築とともに日本にもたらされました。柱などの主材を丹（朱）で塗り、内部の天井まわりを極彩色や「**繧繝彩色《うんげんさいしき》法**」（同系色の顔料で淡色から濃色までを段階的に塗り重ねる）で塗る技法などが伝わったとされています。

したがって、日本の古代寺院も、創建当時はとても色あざやかな姿をしていました。しかし、長い年月風雨にさらされた結果、風化して絵の具がはがれ落ち、下地の漆が露出して、かつての彩りは消えてしまいました。

## 解明された色

2000～2009年にかけて、唐招提寺金堂の大修理がおこなわれました。その際の調査によって、創建当時の彩色に銅を成分とした緑、鉄を成分とした赤、鉛を成分とした橙色などの少なくとも7種類の絵の具が使われていたことや、金堂の扉には宝相華文《ほうそうげもん》という想像上の花の文様が一面に描かれていたことがわかりました。

マメ蔵　銀閣寺は、金色の金閣寺にくらべて地味ですが、建てられた当初は、2層部分に文様がほどこされ、建物全体が白亜に輝いていたようです。

## 平等院鳳凰堂内部の極彩色

平等院鳳凰堂は、だいぶ色はうすれているものの、
天井や長押下《なげしした》、母屋柱などに極彩色のなごりをとどめている。

**天井**

宝相華文様《ほうそうげもんよう》とよばれる模様。宝相華とは、極楽浄土に咲く花といわれている。

鳳凰堂内部のようす

**長押下**

宝相華文様に、うっすらと見える横縞の条帯文、白い丸の連珠文という模様が組み合わさっている。上部の鮮明な部分は、昭和の中ごろに塗りなおされたもの。

（写真提供：平等院）

寺院建築と瓦

# 寺院にしか許されなかった瓦屋根

**飛鳥時代に仏教と同時に中国から伝わった瓦屋根は、当初寺院建築にしか使うことが許されていませんでした。**

## 日本最古の瓦屋根

瓦は、聖徳太子が活躍した西暦588年に、仏教と同時に日本に伝えられました。日本初の瓦葺き建築は、蘇我馬子が氏寺《うじでら》建築のために百済《くだら》（朝鮮）から瓦職人をよび寄せて建てた法興寺《ほうこうじ》（現在の飛鳥寺）とされています。

当時中国から日本に伝わった瓦葺き技術は、現在でも用いられている「**本瓦葺《ほんがわらぶ》き**」です。小さな反りのついた四角い平瓦を並べ、その接合部に円筒を半分に切ったようなかまぼこ形の丸瓦をのせます。ちなみに現存する最古の瓦屋根の建物は、飛鳥時代に建てられた元興寺《がんごうじ》（奈良市、法興寺を前身とする）とされており、極楽坊本堂と禅室の屋根の一部に、1400年前の瓦が残っています。

## 寺院の特権だった瓦葺き

飛鳥時代、瓦屋根は寺院にしか許されず、寺院以外では宮殿の一部で使われる程度でした。強大な力をもった寺院が瓦職人を保有していたため、ほかに広まることがなかったのです。それは中世になっても続きました。

ところが、戦国時代になり、武力によって寺社の経済力や技術力が解体されると、瓦職人は城や武家建築も手がけるようになります。さらに江戸時代に入り、新たに「**桟瓦葺《さんがわらぶ》き**」という方法が考案されると、瓦屋根は一気に普及します。桟瓦葺きは、凸凹のある桟瓦を組み合わせるだけで葺くことができます。本瓦葺きにくらべて必要な瓦の種類が少なく、簡単に葺けるため、一般にも普及していきました。

マメ蔵　江戸時代後期には庶民の住居にも瓦が普及します。土が原料の瓦は、茅葺きや板葺きと違って火に強く、火事が多い江戸の長屋で奨励されました。

## 本瓦葺き

何種類もの瓦を複雑に組み合わせた
重厚感あふれるつくり。寺院などで多く見られる。

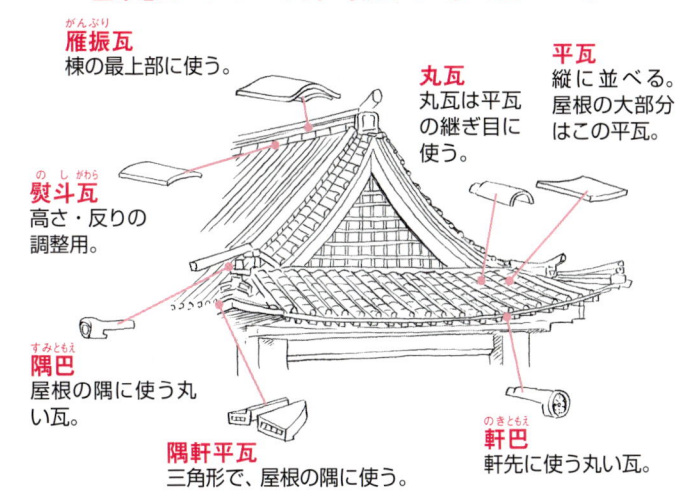

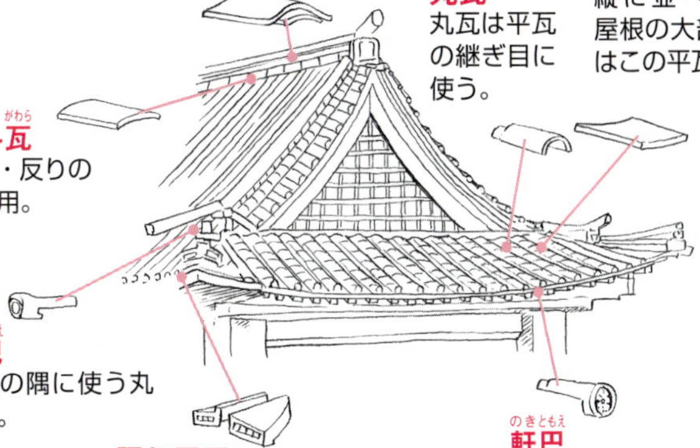
雁振《がんぶり》瓦
棟の最上部に使う。
丸瓦
丸瓦は平瓦の継ぎ目に使う。
平瓦
縦に並べる。屋根の大部分はこの平瓦。
熨《の》斗《し》瓦《がわら》
高さ・反りの調整用。
隅《すみ》巴《ともえ》
屋根の隅に使う丸い瓦。
隅軒平瓦
三角形で、屋根の隅に使う。
軒《のき》巴《ともえ》
軒先に使う丸い瓦。

## 桟瓦葺き

基本的には桟瓦を並べるだけで、本瓦葺きにくらべて
手間がかからないため、民家に普及した。

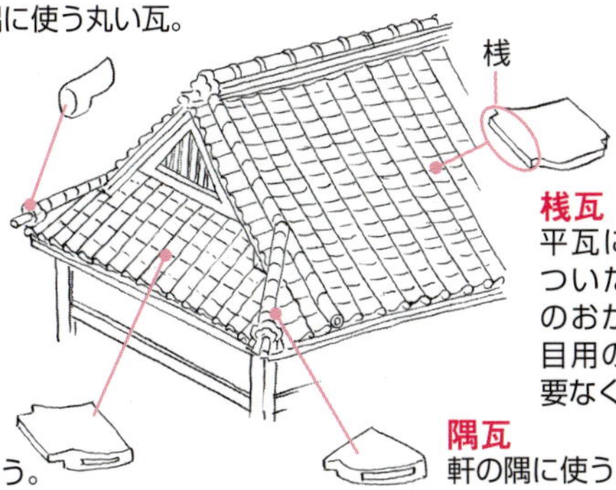
隅巴
屋根の隅に使う丸い瓦。
桟
桟瓦
平瓦に「桟」がついたもの。このおかげで継ぎ目用の丸瓦が必要なくなった。
軒瓦
軒先に使う。
隅瓦
軒の隅に使う。

大仏様と大仏殿

# 東大寺大仏殿はどのように建てられたか

奈良の大仏を安置している東大寺大仏殿は、世界最大級の木造建築です。いったいどのような構造で、どのような方法で建てられたのでしょうか。

## 焼失した大仏殿

“奈良の大仏”で有名な東大寺は、奈良時代に聖武《しょうむ》天皇によって建立されました。しかし、平安末期（1180年）に平氏の焼き討ちにあい、大半が焼失してしまいます。

現在の大仏は**三度目の再建**（1692年）によるもので、高さ14.7m、基壇《きだん》（基礎部の石壇）周りは70mです。世界最大の銅像を安置するための大仏殿も巨大で、正面幅57.5m、奥行き50.5m、棟の高さは49.1mにおよびます。

## 大仏様を採用し再建

平氏の焼き討ち後、東大寺を再建するにあたっては、鎌倉時代に中国から伝来した**大仏様**《だいぶつよう》という建築様式が採用されました。大仏様は最小限の材料で最大の建築が可能な方法です。柱を屋根までのばし、水平方向の貫《ぬき》を何段も通して柱と軸部が固められています。天井板はなく、架構はむき出しです。組物は左右に広げず前方だけにつき出し、組物と組物は通肘木《とおしひじき》でつながれています。装飾を排し、全体的に質実剛健なつくりとなっています。

それでも木材の調達にはとても苦労したと伝えられています。柱材だけでも直径1.5m、長さ30m以上の丸太が大量に必要だったと考えられています。復興を指揮した**重源上人**《ちょうげんしょうにん》は、木材を求めて山口まで出向き、巨木を奈良へ運びました。それと同時に造営のための寄付を全国から募りました。寄付に応じることで大仏と心が結ばれると信じた人々から、多くの資金援助を受けることができたといわれています。

マメ蔵　大仏様は豪放な意匠で大仏殿にはふさわしいものでしたが、日本人には好まれず、大仏殿以外ではほとんどすたれてしまいました。

# 東大寺大仏殿断面図

大仏様でつくられた東大寺大仏殿は、
全体に質実剛健な男性的なつくりとなっている。

**化粧屋根裏**
室内には天井を張らず、梁や垂木をそのまま見せている。

**さし肘木**
肘木を組物の上に置かず、柱に直接差し込む手法。

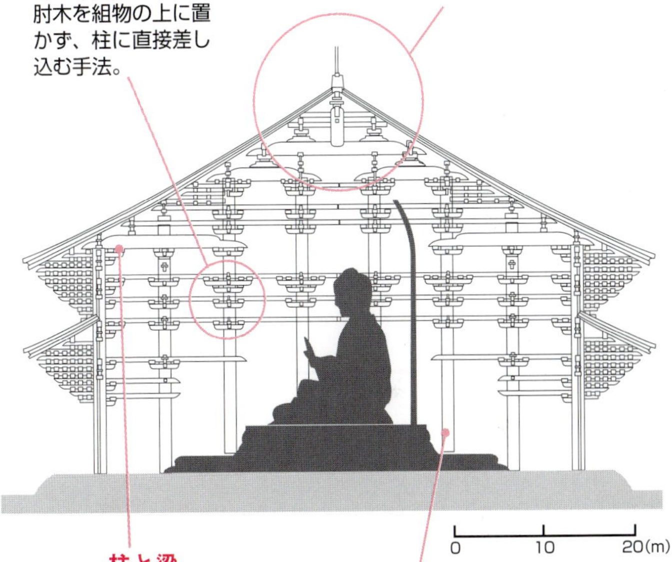


**柱と梁**
断面が四角ではなく丸い。規格化された太くてがっちりとした部材を用いている。

**部材の規格化**
部材の寸法を規格化することで量産を可能にし、作業の効率化や材料費の削減が図られた。

法隆寺の謎

# 世界最古の木造建築・法隆寺はいつ建てられた？

聖徳太子ゆかりの寺院として有名な法隆寺は、現存する世界最古の木造建築物群としてユネスコの世界文化遺産に登録されています。

## 法隆寺の中でもっとも古い木造建築は？

奈良県斑鳩《いかるが》町にある法隆寺は、別名斑鳩寺ともよばれます。聖徳宗の総本山で、聖徳太子と推古天皇によって、**607年に創建**されました。18万㎡を超える広大な敷地に、125棟の建物が建ち、そのうちの55棟が国宝や重要文化財に指定されています。

境内は西院と東院に分かれ、西院伽藍には、飛鳥時代に建立された五重塔と金堂が東西に並んで配置され、それを取り囲むように大講堂、中門、回廊などがあります。**西院伽藍**は、現存する世界最古の木造建築物群として知られています。聖徳太子一族の住居跡に建てられたと伝わる東院伽藍には、八角形の屋根をもつ奈良時代建立の夢殿《ゆめどの》（八角円堂）を中心に、絵殿《えどの》、舎利殿《しゃりでん》などが建っています。

## 火事による焼失と再建論争

もっとも古いといわれる金堂は、607年の創建と伝わっていますが、『日本書紀』には、670年に起きた火事によって法隆寺が焼失したと記されています。このことから、現在ある建物は、670年以降に再建されたものではないかという説がもち上がり、聖徳太子創建を主張する学者と、**再建説**を主張する学者との間で論争が起こりました。

最新の研究では、金堂の屋根裏に使われている木材の年輪を高精度デジタルカメラで撮影して年代測定をおこなった結果、650～670年代末に伐採された木材であることが判明しています。今の法隆寺が再建されたものであることは裏づけられましたが、詳しい再建年代はわかっておらず、いまだ謎のままです。

マメ蔵　奈良の元興寺《がんごうじ》から、法隆寺より古い582年の檜が発見され、日本初の寺院、飛鳥寺の部材を再利用したと考えられています。

## 世界最古の木造建築・法隆寺金堂

太い柱や大柄なパーツを使用して、同一規格の部材をくりかえし使用した単純なつくりとなっている。

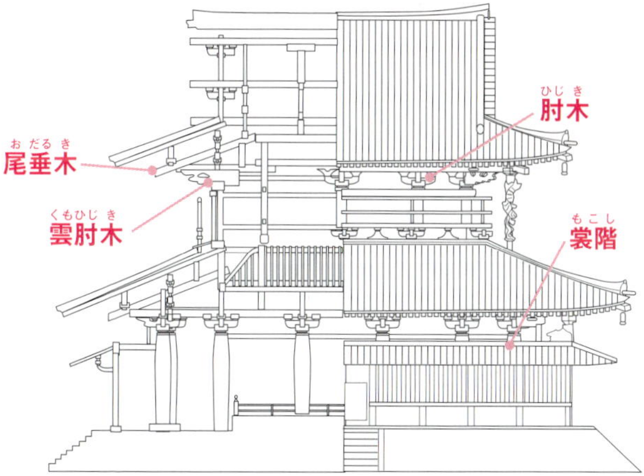


2階は使用できるような構造となっておらず、外から眺めることを目的につくられている。

## 世界に残る古い建築物

これらの建築物は、石やレンガなどを材料につくられている。

**パルテノン神殿**
（前400年代半ば、アテネ）

**コロッセオ**
（80、ローマ）

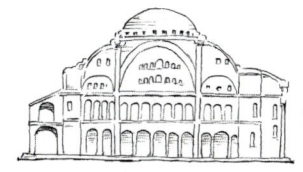

**アヤ・ソフィア**
（537、イスタンブール）

仏塔建築の不思議

# 薬師寺の東塔は三重？　六重？

仏塔建築としての特徴的な姿である、いく層にも重なる屋根には秘密があります。

## 六重に見えて実は三重

薬師寺の東塔は高さが34.1mある塔で、国宝に指定されています。薬師寺で唯一創建当時から現存するとされている建物ですが、移築説や新築説などが出ていて、建立年については定かではありません。

東塔は、一見すると屋根が六層に重なっているので六重塔のように見えますが、構造的には三重塔です。下から数えて1番目、3番目、5番目の屋根は、正確には「**裳階**《もこし》」という、軒下の壁面につけられたひさし状の構造物となっています。この裳階と各層の屋根が絶妙に重なり合うようすが、独特のリズム感と旋律的な美しさをかもし出しています。

裳階は、もともとは風雨から建物を保護するためにつけられたものでした。構造は屋根より簡素ですが、建物が実際よりも多層になり、**外観が豪華に見える**効果があることから、寺院建築で好んで用いられるようになりました。薬師寺の東塔・西塔のほか、法隆寺の金堂や五重塔、東大寺大仏殿でも目にすることができます。

## 1世紀ぶりの解体修理

東塔はこれから10年間にわたって解体修理がおこなわれます。前回は1898～1900年におこなわれましたが、それから1世紀以上が経過し、心柱《しんばしら》部分に空洞や亀裂が目立つなど劣化が進んできたため、再び解体して修理することになりました。

今回の修理にともなう調査で、建立にまつわる新しい証拠が発見されるのではないかと期待されています。

マメ蔵

塔の頂上部を相輪《そうりん》といい、その突端には火災よけの水煙《すいえん》がつけられています。東塔の水煙には、24人の天女が透かし彫りにされています。

## 薬師寺東塔

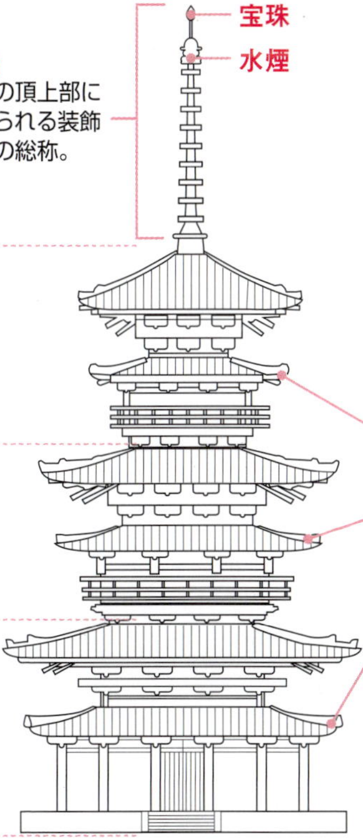
宝珠
水煙
相輪
仏塔の頂上部に
つけられる装飾
金具の総称。
3層目
2層目
1層目
裳階《もこし》

大小6つの屋根が旋律を奏でるように重なる美しい構造となっている。

**水煙**

火災よけの意味がある。飛雲が立ち上る中に天女が舞う姿が透かし彫りになった意匠。

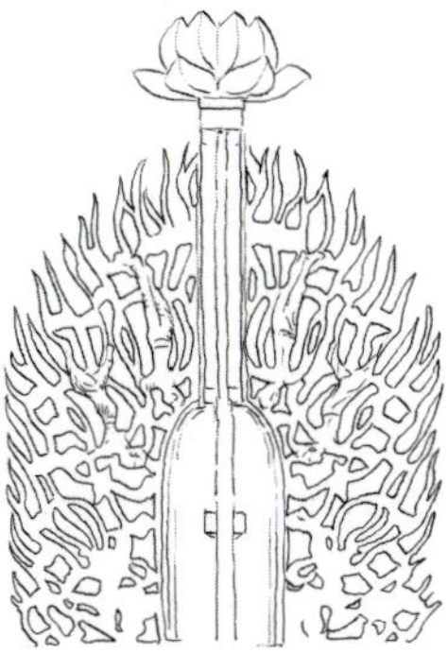

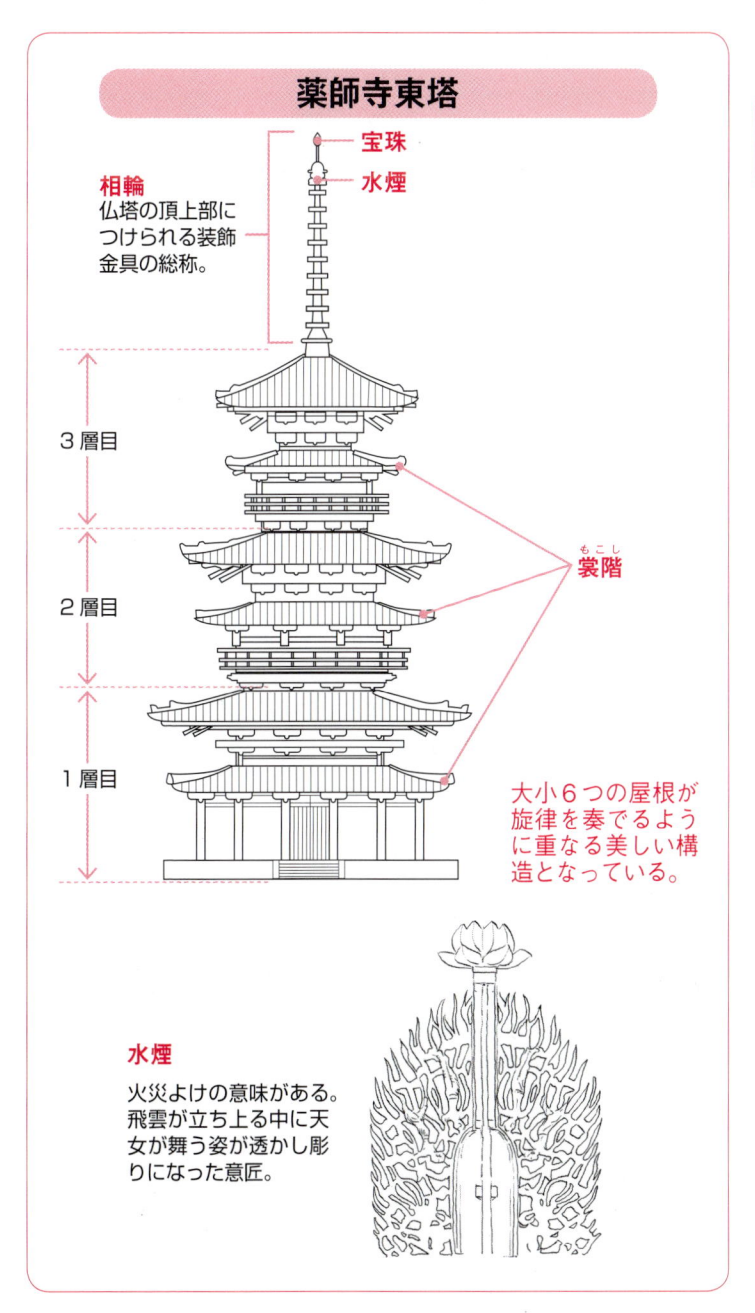

五重塔の構造

# 五重塔はなぜ地震に強いのか

五重塔は地震に強い組み上げ構造で建てられており、その建築方法は現代の超高層建築にも採用されています。

## 地震に強い組み上げ構造

五重塔をもつ寺院は、現在全国に22カ所あります。江戸時代以前に建てられた仏塔としては、東寺（教王護国寺・京都市）の五重塔がもっとも高く55mあります。かつては、これよりも多層の七重や九重の塔も存在していました。不思議なことに、木造の多層塔は高くてもとても丈夫で、火事で焼失したことはあっても、地震で倒壊したという記録はほとんど残っていません。そのため、五重塔は地震に強いということが、定説となっています。

五重塔の耐震性は、実験などで科学的にも証明されていて、その秘密は建築方法にあります。まず層ごとに軸部や軒を組み立て、それを**心柱《しんばしら》**（塔の中心を貫く太い柱）に通しながら固定することなく順番に積み上げていきます。各層は下層の屋根に上層が積み重ねられているだけで、強固に結合されていません。このような建築方法は「**組み上げ構造**」とよばれ、建物自身が揺れを吸収することができ、現代の超高層建築にも耐震構造として採用されています。

## 組手《くみて》と心柱で揺れを吸収

五重塔の各層が重なる部分に使われている部材は、一本一本が短く、それぞれ切り込みを入れられてたがいが組み合わさっています。釘を使わないため固く結合されず、**柔軟**に組み合わさっているのが特徴です。さらに、中央を貫く心柱がかんぬきのような役割をしてくれるので、地震の際には、心柱を中心に各層が**やじろべえ**のように互い違いに揺れて、塔全体が大きくたわむのをふせいでくれます。

マメ蔵　2011年に完成予定の東京スカイツリー（高さ634m）には、風対策として五重塔の組み上げ構造の技術が取り入れられています。

## 揺れを吸収する五重塔の構造

地震の際は各層がやじろべえのように
互い違いに揺れてバランスをとり、
地震の揺れのエネルギーを分散させる。

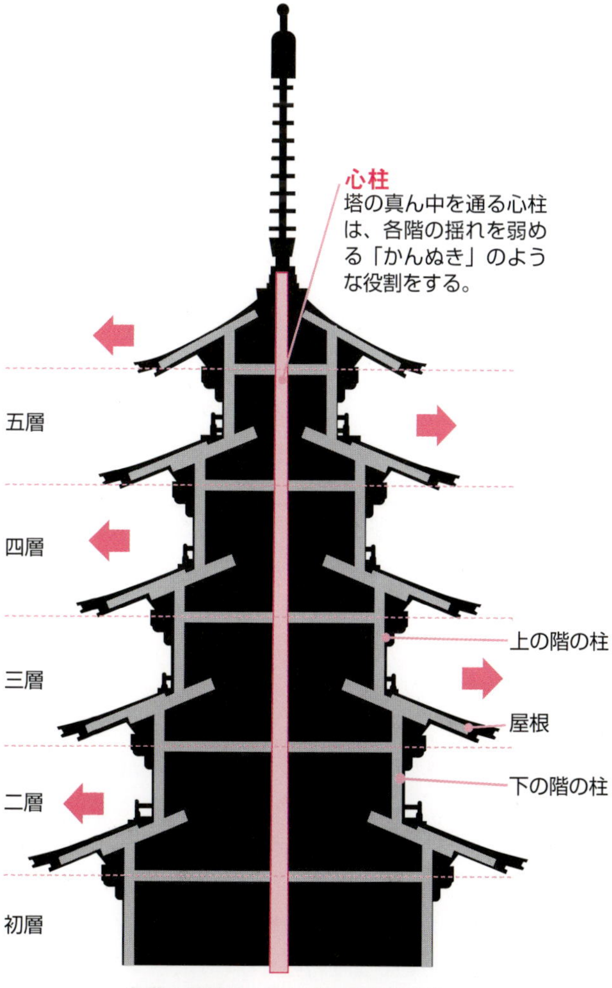
心柱
塔の真ん中を通る心柱は、各階の揺れを弱める「かんぬき」のような役割をする。
五層
四層
三層
二層
初層
上の階の柱
屋根
下の階の柱

各階の屋根は、てんびんのように自重と上階の重さのバランスをとる。

高層の塔

## もっとも高い木造建築は100m以上あった！

日本史上もっとも高い木造建築は、1399年に相国寺に建てられた七重塔だったといわれています。

---

### まぼろしの超高層塔

中世に建立された木造建築物で、現存するもっとも高い建物は、東寺の五重塔（約55m）ですが、かつてそれをはるかに上回る超高層塔が存在しました。その中でもっとも高かったとされているのは、1399年に**相国寺**《しょうこくじ》（京都市）に建てられた七重塔で、高さは109mもあったといわれています。しかしあまりの高さゆえ、落雷にあい、わずか数年で焼失したといわれています。次に高かったのは、753年に完成した**東大寺**（奈良市）の七重塔です。境内の東西に2塔あり、ともに高さは約100mだったとされていますが、いずれも兵火や火災などで焼失しました。3番目は、白河天皇が建立した**法勝寺**《ほっしょうじ》の八角九重塔です。1083年に完成し、高さは81mありました。1208年に落雷による火災で焼失、一度は再建されましたが、1342年に再び火災で焼失し、その後は再建されず、寺そのものがなくなりました。

### 法勝寺九重塔はどんな塔だった？

相国寺と東大寺の七重塔がどのようなものだったのか、今となってはくわしくはわかりませんが、法勝寺の九重塔は、京都市動物園内に「法勝寺九重塔跡」の石標が建てられていて、復元模型でその姿をしのぶことができます。法勝寺九重塔は、相輪の高さだけでも20mを超えていたとされています。**八角形の屋根**が9つ連なった構造ですが、最下層に裳階《もこし》がつけられているため、一見すると十重のようにも見え、とても重量感にあふれています。各層は円形に近い八角形をしていて、どの角度から眺めても同じように見えるのが特徴でした。

マメ蔵　奈良県桜井市の談山《たんざん》神社には十三重塔が建っています。高さは約16mとそれほど高くはありませんが、木造塔ではもっとも多層です。

## 仏塔の高さくらべ

五重塔で現存するのは東寺と法隆寺のみ。
離れた場所からでも拝むことができるように高層化した。
かつて存在した高層塔は、
これらの倍近く高かったことがわかる。

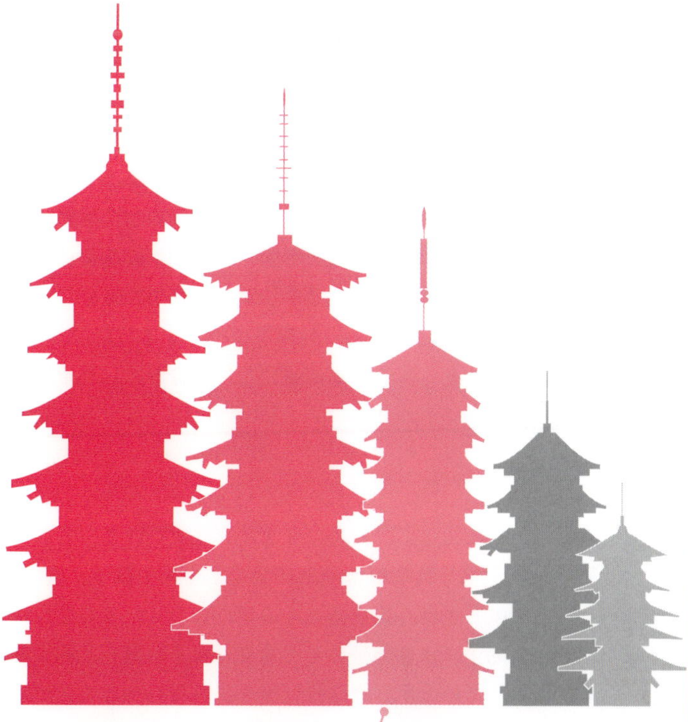

| 相国寺 | 東大寺 | 法勝寺 | 東寺 | 法隆寺 |
|---|---|---|---|---|
| 七重塔 | 七重塔 | 九重塔 | 五重塔 | 五重塔 |
| 約 109m | 約 100m | 約 81 m | 約 55 m | 約 31.5 m |

法勝寺の基礎部分の発掘が進み、
基壇の広さが、東寺五重塔の 2 倍
以上あることがわかった。

動物彫刻の意味

# 動物をかたどった彫刻はなんのため？

寺院建築では、龍や獅子などをかたどった彫刻の飾りをよく目にします。動物がモチーフとなっている装飾にはいったいどのような意味があるのでしょうか。

## 寺院建築の装飾はいつから？

寺院建築の装飾としてもっとも古いものは、法隆寺金堂の壁画とされています。彫刻で建物を飾るようになった正確な時期は定かではありませんが、鎌倉時代以降に**木鼻**《きばな》（柱や梁から突き出た端の部分）や**蟇股**《かえるまた》、**手挟**《たばさみ》（ともに組物の一部）が現れ、そこに装飾がほどこされるようになりました。最初は波形や雲形といった抽象的な模様でしたが、しだいに動物や花鳥といった装飾的な彫刻がほどこされるようになります。このような寺院・神社建築にほどこされた彫刻装飾を、宮彫《みやぼり》とよびます。安土桃山時代に入ると、装飾を専門とする宮彫師が現れ、きらびやかな彩色も加えられて豪華絢爛になっていきました。その代表的な例が日光東照宮です。

## 宮彫のデザインの意味

動物や人物、鳥や植物など、宮彫のデザインは建物によってさまざまです。動物でよく見られるのは神話に登場する**龍**や**獅子**、**亀**です。龍は仏様を守る霊獣とされ、雲や雷雲との組み合わせが多く見られます。獅子は魔よけです。仏様の坐《すわ》るところを「獅子の坐」と称するように、聖域を保護しています。亀は松竹梅と組み合わせることが多く、長寿の願いがこめられています。また水辺にすむ動物なので、火よけの意味もあります。

**鳳凰**や**十二支**もよく見られるデザインです。鳳凰は理想の世界に現れる鳥とされていて、天下泰平の願いがこめられています。十二支は方位との関係が深く、それぞれの方位に合わせて蟇股などに彫られます。

マメ蔵　日光東照宮には一流の宮彫師の技が集結しています。その細部にわたる彫刻美は、「日光を見ずして結構と言うなかれ」という格言を生みました。

## 動物モチーフの寺院装飾あれこれ

### 獏《ばく》の木鼻

鉄や銅を食料とする獏は、そうした材料でつくられる武器を必要としない世界でしか生きられないとして、平和のシンボルといわれる。日光東照宮では龍・唐獅子についで数多く見られる。

### 龍の木鼻

龍は権力や武力を示す力強いモチーフ。

### 十二支の描かれた蟇股

日光東照宮五重塔に描かれた虎の蟇股。十二支は、それぞれの方位に合わせて、建物の周囲に配され、聖域を守る。

金閣寺のルーツ

# 金閣寺はもともとはお寺ではない

京都観光の際にははずせない金閣寺。それと対比される銀閣寺。この２つの寺院は、将軍の別荘として建てられました。

## 政治の要所だった金閣

金閣寺という名で親しまれていますが、正式には鹿苑寺《ろくおんじ》といい、金色の建物は仏像が安置されている**舎利殿《しゃりでん》**です。もとは鎌倉時代に建立された西園寺《さいおんじ》というお寺でしたが、鎌倉幕府滅亡後、荒れ果てていたのを室町幕府第三代将軍**足利義満**が譲り受け、1397年に「北山殿」とよばれる別荘に建て替えました。4万坪の敷地につくられた北山殿は、御所に匹敵するほど大規模なもので、義満は鏡湖池《きょうこち》に臨む舎利殿（金閣）に住み、ここで政治をおこなっていたそうです。義満の死後、北山殿は金閣のみ残して解体されました。

金閣は3階建の建物で、1階は寝殿造、2階は書院造、3階は禅宗様と、異なる建築様式となっています。また、1階は白木でつくられていますが、2、3階は漆地に金箔が貼られており、その金色に輝く姿から、金閣とよばれています。残念ながら、放火による火災で1950年に焼失し、現在の建物は復元・再建されたものです。

## 金閣を模した銀閣

金閣寺と並び京都を代表する寺院である銀閣寺は、正式には**慈照寺《じしょうじ》**といいます。義満の孫である足利義政によって1490年に「東山殿」として造営されました。祖父がつくった北山殿を参考にしており、銀閣とよばれている2階建の建物は観音像が安置されている**観音殿**です。下層は書院造、上層が禅宗様の仏堂となっています。茶の湯を好んだ義政が別荘とするはずでしたが、完成を見ずしてこの世を去った義政の菩提を弔うため、寺に改められました。

マメ蔵　金閣寺が放火によって焼失した事件は、日本中に衝撃をあたえました。この事件をきっかけに、多くの神社仏閣に消火設備が備えられるようになりました。

## 鹿苑寺（金閣寺）全体鳥瞰図

広大な敷地にさまざまな建物が並んでいた優雅な別荘だったが、当時の姿をとどめているのは金閣と庭園のみ。

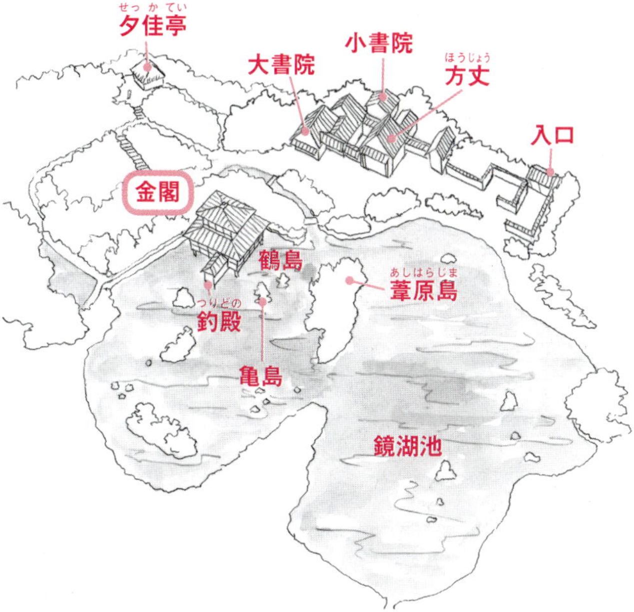
夕佳亭《せっかてい》
小書院
大書院
方丈《ほうじょう》
入口
金閣
鶴島
葦原島《あしはらじま》
釣殿《つりどの》
亀島
鏡湖池

### 金閣寺1階部分平面図

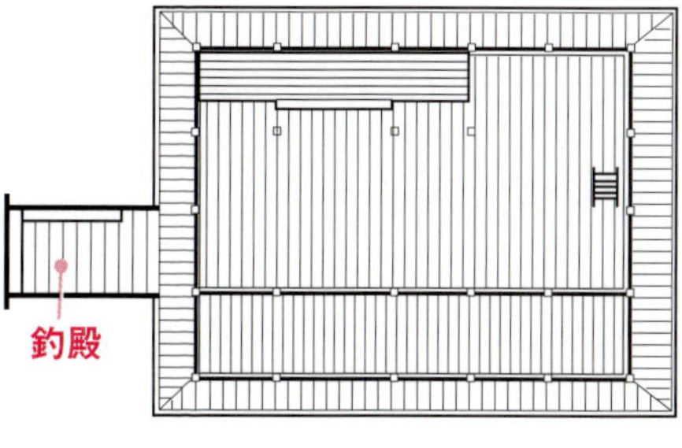
釣殿

1階は寝殿造を模してつくられており、鏡湖池に張り出すように釣殿がもうけられている。

不思議な寺院①懸造の寺院

# 崖につくられた寺院

崖の斜面に張り出して建てられている寺院建築を懸造《かけづくり》といいます。なぜ足場の悪い危険な場所にわざわざ建物を建てたのでしょうか？

## 崖に張り出した懸造

山や崖に張り出してつくられた建造物を**懸造**、または崖造《がけづくり》といいます。寺院建築によく見られる建築方法で、清水寺《きよみずでら》本堂（京都市）や三《さん》仏寺《ぶつじ》投入堂《なげいれどう》（鳥取県）などが有名です。ほかに長谷寺（奈良県桜井市）や石山寺（滋賀県大津市）も本堂が懸造となっています。

清水寺本堂は、舞台とよばれる建物の前部分が山の斜面にせり出すようになっていて、139本の柱で支えられています。せり出した部分で舞楽《ぶがく》などが奉納されるため、「清水の舞台」とよばれて親しまれています。いっぽうの三仏寺は、鳥取県のほぼ中央に位置する三徳山《みとくさん》に境内があり、奥院の投入堂は断崖絶壁のくぼみに建てられています。この投入堂に参拝しようとして滑落死した人もいるほど危険な場所にあるため、参拝は堂を見上げる付近でおこないます。

## なぜ崖に建てたのか

懸造は、**観音様**をまつっている寺院に多いのが特徴です。華厳経典《けごんきょうてん》に「普陀落山《ふだらくさん》に観音菩薩が住まう」とあることから、岩山を観音菩薩の浄土である普陀落山に見立て、その上に仏堂がつくられるようになったといわれています。

懸造は、崖の下から柱を立てて板を張り、その上に建物を建てます。柱は**貫**《ぬき》で水平につなぎ、柱と貫は釘を使わず、くさびで結合されていますが、固く固定されてはいません。弱い揺れにはくさびが強く締まって建物を守り、強風や地震などの強い衝撃があった場合は、くさびが抜け落ち、柱と貫が揺れを吸収して建物を守ります。

マメ蔵　千葉県にある笠森寺観音堂は、朝立山《あさだてやま》の頂上の地盤に柱を立ち上げて仏堂を建てた「四方《しほう》懸造」とよばれる珍しいつくりをしています。

## 三仏寺投入堂

標高470 mの断崖絶壁に建立されており、
役行者《えんのぎょうじゃ》が修験道の行場として開いたとされている。

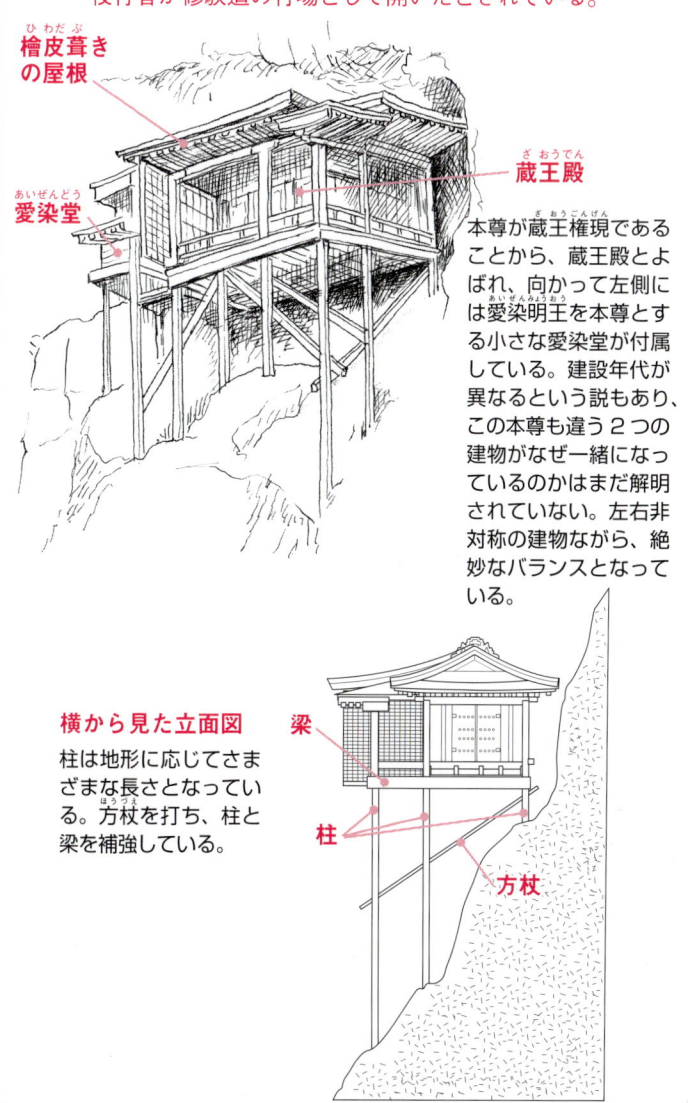

檜皮葺《ひわだぶ》きの屋根
蔵王殿《ざおうでん》
愛染堂《あいぜんどう》

本尊が蔵王権現《ざおうごんげん》であることから、蔵王殿とよばれ、向かって左側には愛染明王《あいぜんみょうおう》を本尊とする小さな愛染堂が付属している。建設年代が異なるという説もあり、この本尊も違う2つの建物がなぜ一緒になっているのかはまだ解明されていない。左右非対称の建物ながら、絶妙なバランスとなっている。

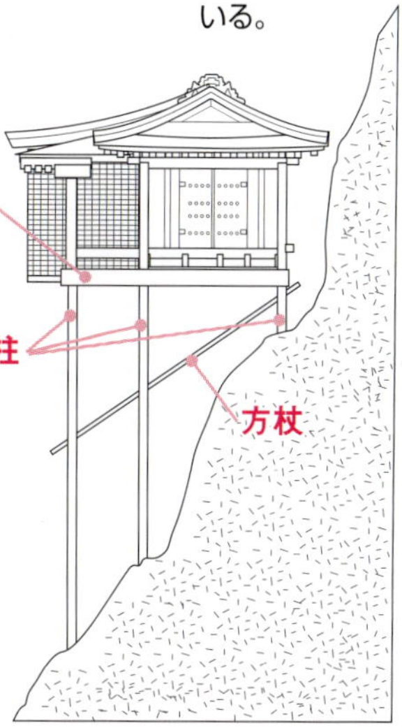
梁
柱
方杖

**横から見た立面図**

柱は地形に応じてさまざまな長さとなっている。方杖《ほうづえ》を打ち、柱と梁を補強している。

不思議な寺院②らせん構造の寺院

# 1カ所で100カ寺巡礼ができる便利なお堂

巻貝のサザエのような構造をしている仏堂であるさざえ堂は、順路に沿って進んでいくだけで百カ寺の観音様が拝観できる便利なお堂です。

## サザエのようなお堂

**さざえ堂**とは、建物の内部がらせん構造になっている仏堂で、その姿が巻貝のサザエに似ていることから、「さざえ堂」とよばれています。安永年間に江戸本所の五百羅漢寺《ごひゃくらかんじ》に最初に建てられて一大ブームとなり、江戸時代後期に東北や関東の寺院に多く見られるようになりました。

現存するさざえ堂のなかでもっとも代表的な建物は、福島県の会津さざえ堂です。正式名称を「円通三匝堂《えんつうさんそうどう》」といい、1796年に正宗寺の仏堂として建立されました。六角形の屋根をもつ3階建の建物で、このさざえ堂の内部は珍しい二重らせん構造をしています。

入口から入ると時計回りで最上階まで上がることができます。最上階までの回廊には、階段や太鼓橋、スロープなどがもうけられ、まるで迷路のような複雑なつくりになっています。帰りは逆時計回りで出口まで下りることができます。同じ場所を二度と通ることがないので、途中でほかの参拝者とすれちがうことはありません。

## ひとつのお堂で100カ寺めぐり

さざえ堂には**観音札所（西国、坂東、秩父）の100観音**が納められています。回廊に沿って上っていくと、100体の観音様を1体ずつ順番に拝観できるようになっているため、1カ所のお堂を参詣しただけで、西国三十三番、坂東三十三番、秩父三十四番の100カ寺を参詣したのと同じ功徳《くどく》が得られるという、とても便利なしくみです。

創建当時は、簡単にご利益を得られると人々が殺到しました。現在でもその人気は健在です。

マメ蔵　群馬県太田市の曹源寺さざえ堂は、会津さざえ堂、埼玉県児玉町の成身院とともに日本三さざえ堂といわれています。

## さざえ堂の構造

上りと下りが別々のらせん構造のため、
人がすれ違うことがない。

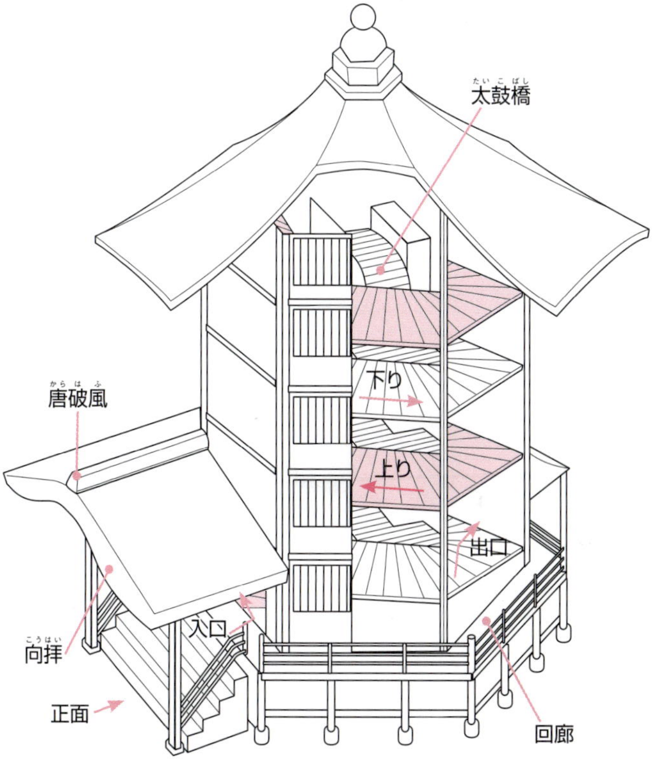


スロープを上っていくと、頂上の太鼓橋に達する。これを渡り、下りていくと、正面裏側の出口に通じる。建物内を3度廻るため、三匝堂とよばれている。

コラム 3

## 金閣寺の金色の輝きの秘密

金閣寺は 1950 年の放火によって焼失したため、現在の建物は 1955 年に再建されたものです。再建にあたっては、10cm 角の金箔 10 万枚、合計 2 キロの金が用いられました。その後、年月の経過とともに風化が進み、表面の金箔がはがれて下地の黒漆が顔を出すなど、いたみが生じてきたため、1986 年から修復工事が始まりました。以前の金箔をすべてはがして漆を塗り替え、新しい金箔が貼り直されることになりました。

静電気が起きない金箔用竹箸で金箔をつかんでのせ、乾燥したら、やわらかい毛筆で金箔の重なり部分を払って仕上げる。
（写真提供：永楽屋）

一般的に、金箔工芸には0.1ミクロン（1万分の 1mm）の金箔を使用しますが、金閣寺の修復では、特別に従来の 5 倍の厚さにあたる 0.5 ミクロンの金箔が 2 枚重ねて貼りつけられています。厚くしたのは、野外で風雨にさらされてもはがれにくく、紫外線にあたっても劣化しにくくするためです。

当初金閣寺の金色は 3 層部分だけでしたが、修復では 2 層部分にも金箔が貼られたため、金箔は全部で 20 万枚、合計 20 キロの金が使用されました。漆は国産の「浄法寺漆」約 1.5 トンが使われ、総工事費は約 7 億 4000 万円に及んだそうです。

金色の輝きを保つため、月に 1 度、水をふくませた綿で汚れをふき落とし、曇りを取るメンテナンスがされています。

第**4**章

# 寝殿造・書院造を知る
## —貴族・武士の住む家

貴族の住まいである寝殿造ですが
畳や襖などのルーツがここにあります。
武士の格式をアピールする書院造では、
床の間や豪華な襖絵などを解説します。

寝殿造の特徴

# 貴族の住まい寝殿造

**寝殿造《しんでんづくり》は、平安時代に完成した貴族の住宅に見られる建築様式です。寝殿を中心にいくつかの建物が左右対称に並んで建っているのが特徴です。**

## 寝殿造の建物配置

平安時代の貴族の住まいを**寝殿造**といいます。敷地の広さや建物の数は主人の身分によって違いますが、おおむね、一町（120m 四方）の敷地に庭園に面して南向きに寝殿が建てられていました。

主人が寝起きする寝殿は、檜皮葺《ひわだぶ》きの屋根からなる木造の高床式家屋で、ここは行事や儀礼をおこなう場でもありました。その寝殿を囲むように、妻子や侍女、家臣などが住む**対屋《たいのや》**が東・西・北側に建てられ、寝殿とそれぞれの対屋は**渡廊《わたろう》（渡殿《わたどの》）**とよばれる廊下で結ばれていました。また、東西の対屋から南側にも渡廊がのび、その先に池に臨む**釣殿《つりどの》**や**泉殿《いずみどの》**がもうけられていました。釣殿は夏場に涼をとるためや遊宴のための建物で、泉殿は月見や雪見のための建物です。

敷地の四方には築地塀《ついじべい》が築かれ、東西にそれぞれ門がもうけられていました。池と庭をコの字形に取り囲むように、さまざまな建物群が配され、いずれも渡廊でつながっているのが寝殿造の特徴です。

## 水の流れで涼を取りこむ

寝殿正面の庭園には、中島や橋をもうけた池がつくられていました。渡廊の下や庭園に**遣水《やりみず》**（浅いせせらぎ）をめぐらせて水音を楽しんだり、マツムシやスズムシなどを放って、涼しそうに鳴く音色を愛でたとされています。当時の貴族たちは、住まいのすぐ近くに池をつくることで、暑い夏を快適にすごす工夫をしていたのです。

水の流れは涼感を生み出す重要な要素であったため、狭い敷地の場合でも遣水だけはつくられたとされています。

マメ蔵　寝殿造の庭園では遣水に盃を浮かべ、盃が流れすぎるまでに歌を詠むという、「曲水《ごくすい》の宴」が催されました。平安貴族の優雅な遊びです。

## 典型的な寝殿造

周囲に塀をめぐらした敷地の中央に寝殿を建て、
その南に面した前庭を取り囲むように、
コの字形に建物が配置されている。

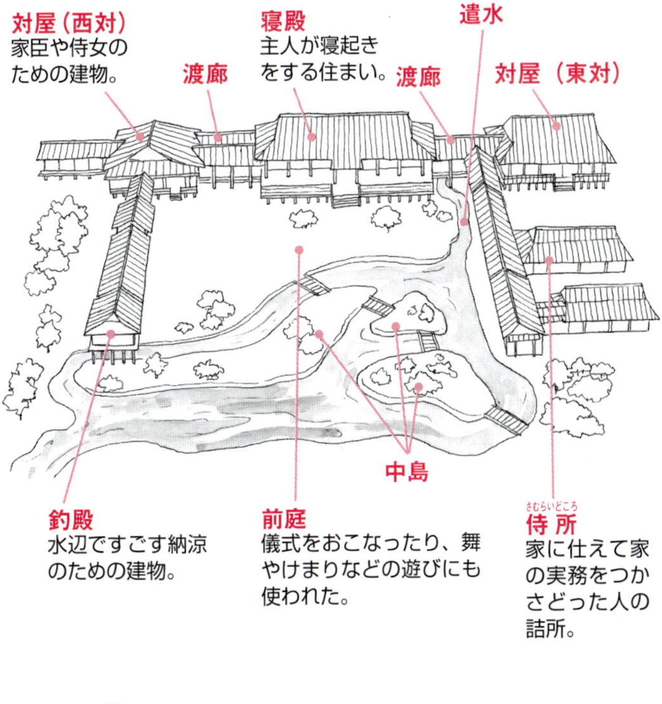
対屋（西対）
家臣や侍女のための建物。
渡廊
寝殿
主人が寝起きをする住まい。
渡廊
遣水
対屋（東対）
中島
釣殿
水辺ですごす納涼のための建物。
前庭
儀式をおこなったり、舞やけまりなどの遊びにも使われた。
侍所《さむらいどころ》
家に仕えて家の実務をつかさどった人の詰所。

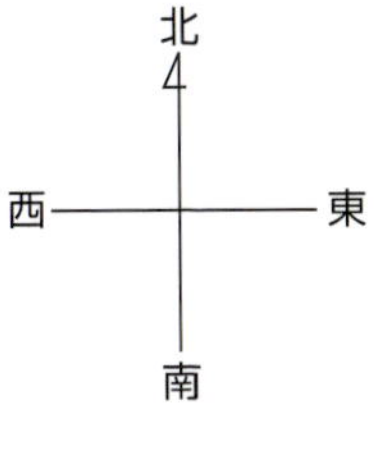
北
西
東
南

寝殿造の構造

# 寝殿は大きなワンルーム

**寝殿造の建物には壁がほとんどありません。寝殿や対屋はひとつの大きなワンルームのようなつくりになっていました。**

## 壁がない寝殿造

寝殿や対屋《たいのや》など寝殿造の建物には、室内を間仕切る固定の壁がありませんでした。なかには「**塗籠**《ぬりごめ》」とよばれる厚く塗った壁でおおわれた寝室を備えている寝殿もありましたが、ほとんどの場合、大きなワンルームのようなつくりになっていました。

また、室内には天井板がなく、床は板敷きのままでした。建物の外側を囲う壁もなく、内と外を隔てているのは、**蔀戸**《しとみど》という跳ね上げ式の建具だけでした。蔀戸は開け放つと開放的で、夏は涼しくすごせましたが、開閉の調節ができないため冬は寒風が吹きこみ、とても寒かったようです。

平安時代の女性の儀式用の着物である十二単《じゅうにひとえ》は、おしゃれということだけでなく、防寒着でもあったのです。

## 場面に合わせて室内を変化

間仕切りの壁がない寝殿造の建物は、場面や用途に合わせてフレキシブルに室内を使い分けられるという特徴がありました。

平安時代の人々は、この広いスペースに**几帳**《きちょう》や**屏風**、**衝立**《ついたて》といった可動式の調度を配置したり、御簾《みす》や壁代《かべしろ》などカーテンのようなものをつけたりしました。また、主人が座る位置に円座や**置畳**《おきだたみ》を敷くなどして区別し、広い空間を上手に仕切って生活していたようです。

主人がふだん寝起きする場所も、調度や家具を替えるだけで、接客の場や儀礼・饗宴《きょうえん》をとりおこなう空間へと、簡単に模様替えさせることができました。

**マメ蔵** 平安時代の建築遺構は残っていませんが、『源氏物語絵巻』などに寝殿の暮らしが描かれており、当時の様子を垣間見ることができます。

# 寝殿の構造とさまざまな調度

広いワンルームのようなつくりの室内を、
几帳や屏風、御簾など、簡単に動かせる調度を
利用して仕切った。

**置畳**
寝殿は板敷きなので、座るための敷物としての畳を使った。

**屏風**
部屋を仕切る、折りたためる小さな襖のようなもの。

**帳台《ちょうだい》**
貴人が寝所としていた場所。畳を敷いた台の周りを布でおおったもの。

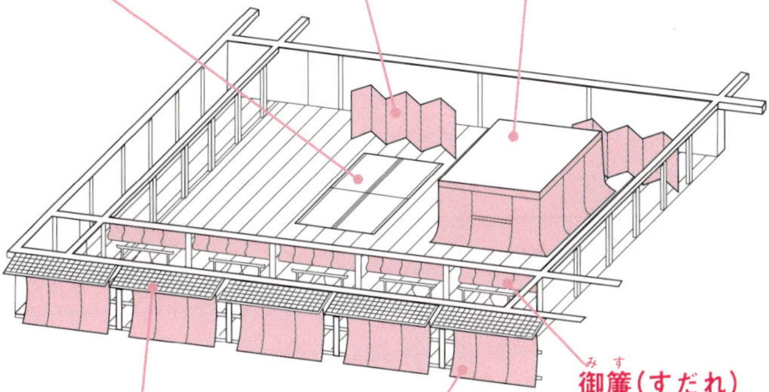

**蔀《しとみ》戸《ど》**
外からの光や風雨をふせぐ。上部にせり出して開く格子戸。

**几《き》帳《ちょう》**
2本のT字型の柱に布を下げたもの。間仕切りの役目をする。

**御《み》簾《す》（すだれ）**
細かく割った竹を編んだ間仕切りで、柱の間などに垂らして使う。風を通しつつ強い日差しをさえぎり、目隠しの役割をする。

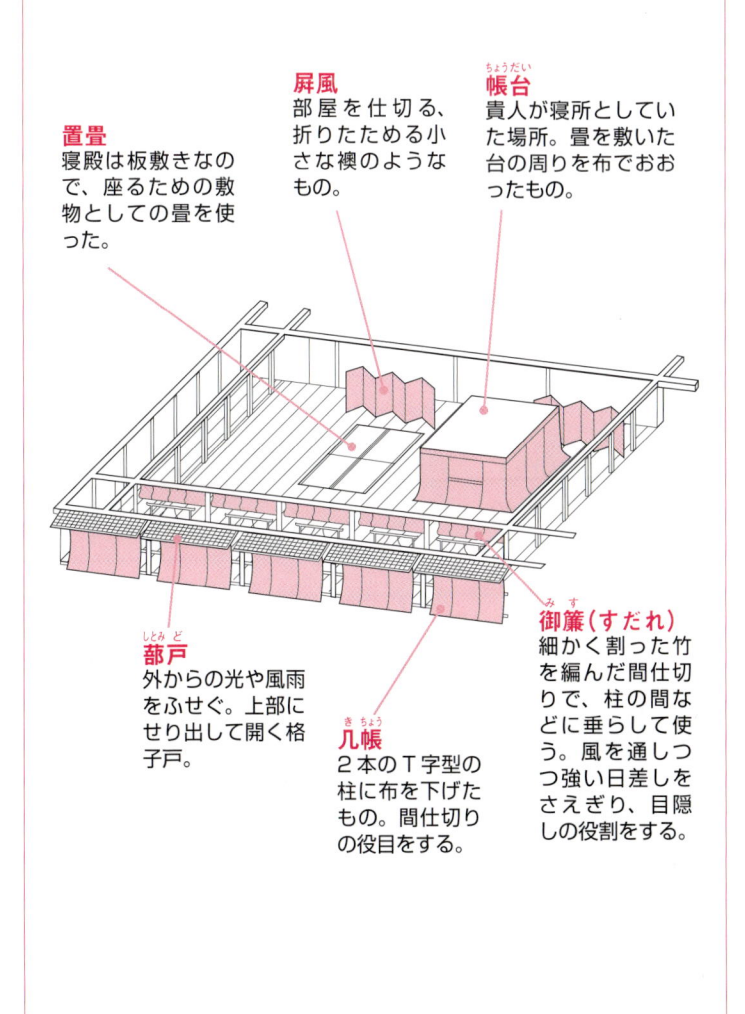

襖のルーツ

# 襖は日本建築独特の間仕切り

**日本建築の室内を間仕切るのに欠かせない建具である襖は、寝殿造で使われていた調度から発展して生まれました。**

## 襖の原型は障子

平安時代の寝殿の奥には、「**帳台**《ちょうだい》」とよばれる主人の寝所があります。帳台はもともと、帷帳《いちょう》や几帳《きちょう》など布状のものを下げて仕切ることで、まわりと区別した空間をつくり出していましたが、しだいに寒さや風や人の視線などをさえぎるために、障子が用いられるようになります。

はじめは、台脚に障子を立てた、衝立《ついたて》のようなものを設置していました。その後、柱の間にはめこんだ**副障子**（押障子ともいう）が生まれ、のちに柱と柱の間を引き違いに開け閉めすることができる**鴨居**《かもい》**障子**が使われるようになります。この引き違いに動く障子が、現在の襖の原型といわれています。

このようにして襖は、寝殿造で使われた調度から発展して、日本独自の建具として誕生しました。

## 室内装飾も兼ねた襖

基本的に襖は、襖芯（骨組）・襖紙（上貼り）・引手・縁の４つの部位から成り立っています。もともとは、板状の衝立の両面に着物のはぎれなどを貼りつけたものでしたが、開け閉めをスムーズにするため、格子状の桟を組んで両面に絹などを貼ることによって軽量化を図りました。

その後、上貼りに、紙、板などが用いられるようになると、表面に**大和絵**《やまとえ》や**名所絵**、**水墨画**などさまざまな絵が描かれるようになります。本来は防寒や仕切りの役割から誕生した襖でしたが、障壁画の要素が加わることで、しだいに室内装飾の役目も担っていくようになります。

マメ蔵　襖の紙と紙の間には空気の層があります。この空気の層がクッションとなって、夏の暑いときは室内を涼しくし、冬の寒いときは暖かく保ってくれます。

## 襖への変遷

取り外しのきく動く仕切りが発展していった。

### 帳台

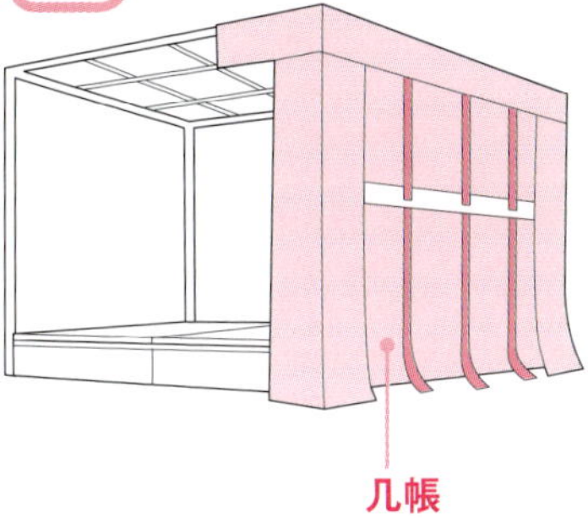


布状の几帳で、寝所とまわりを区別していた。

### 衝立《ついたて》障子

台脚に障子を立てたもの。部屋と部屋ではなく、部屋に立てて、室内を仕切ったり、目隠しとして用いられた。

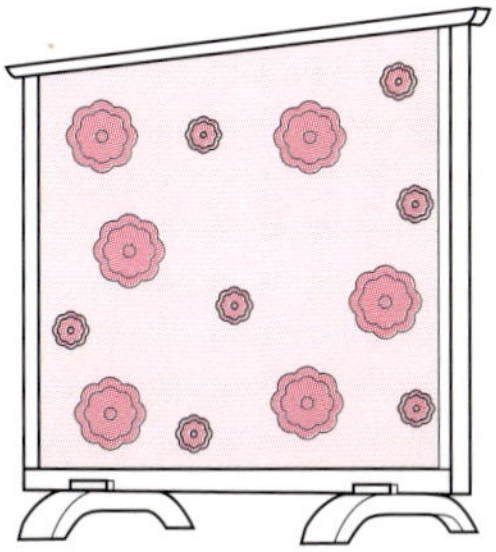

### 襖

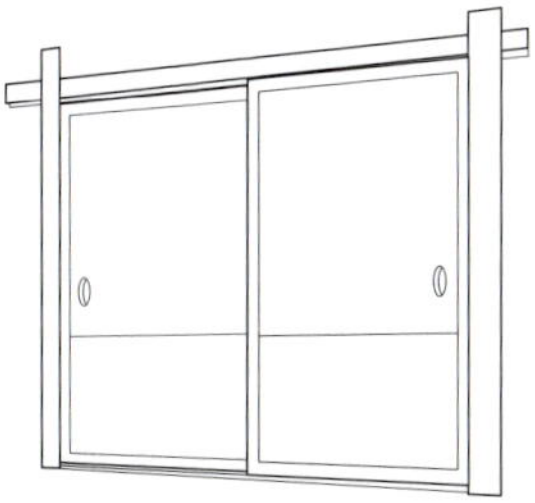

柱にはめこんだ副障子から発展し、現在の引き違いに動く襖となった。

### 襖の構造

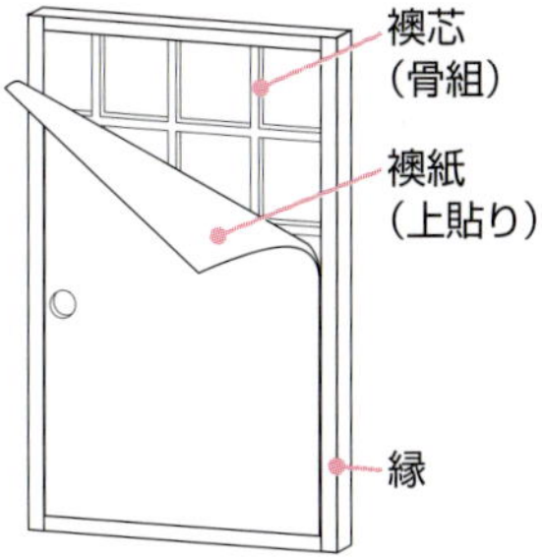

寝殿造と畳

# 畳は貴族の権力の象徴

**寝殿造の床は板張りだったため、置畳を敷いて座具や寝具としました。置畳は、使う人の身分によって大きさや縁の色が異なりました。**

---

## 座布団がわりだった置畳

中国伝来のものが多いなかで、襖と同様に畳も日本独自のものです。古くは、『古事記』に「管畳」、「皮畳」、「絹畳」といった記述で畳が登場しています。当時はまだ**畳床**（土台、中身）はなく、ムシロやコモなどを重ねただけの簡単な敷物でした。現在の畳のような姿になったのは、平安時代に入ってからで、寝殿造の板床に畳を置いて、座具（座布団）や寝具（寝床）として使われるようになりました。

畳は**権力の象徴**でもありました。天皇が使用する場合は、厚みのある繧繝縁《うんげんべり》の畳を２枚重ねるなど、使う人の身分によって、畳の大きさや厚み、縁の柄や色が異なっていました。

部屋全体に畳が敷きつめられるようになるのは、鎌倉時代から室町時代にかけてです。当時はまだ貴族や武士など身分の高い者の住まいにかぎられ、庶民が畳を使用できるようになるのは、江戸時代以降のことです。

## 畳のすぐれた性能

畳はイグサでつくられている表面の畳表と、芯の部分に当たる畳床を重ねたものに畳縁を縫いつけてつくられています。畳床は、基本的には、稲藁が原料となっています。

畳というのはとてもすぐれた床材で、畳床の中にふくまれた空気によって、高い**断熱性**と**保温性**をもち、室内の湿気を吸収する能力もあります。また、**クッション性**が高く、寝転ぶのに心地よく、転んだ際の衝撃を和らげてくれます。

マメ蔵　現在の畳のサイズは京間、江戸間、中京間、団地間など地域によって異なります。

## 畳の構造

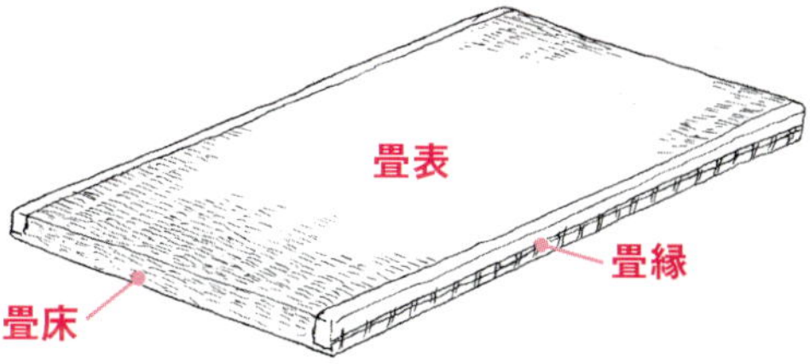


## 身分で異なる畳の縁

畳の縁を見ればその人の身分がわかるので、さまざまな図柄などを気にしてみると面白い。たとえば『源氏物語絵巻』では女三の宮（第三皇女）が座している畳は繧繝縁、臣下が座る畳は高麗縁となっている。

身分高い

**繧繝縁《うんげんべり》**
天皇・三后《さんこう》・上皇

**大紋高麗縁《だいもんこうらいべり》**
親王・摂関・大臣

**小紋《こもん》高麗縁**
**（九条紋）**
公家

**紫縁**
殿上人《てんじょうびと》

**黄縁**
地下《じげ》

**縁なし**
無位

低い

寝殿造と塗籠

# 寝殿の中にあった密室

寝殿造の建物の中に、土壁で囲われた「塗籠《ぬりごめ》」とよばれる密室がありました。

## 塗籠の役割

**塗籠**は寝殿造の母屋の中につくられた部屋です。厚い土壁で囲われており、両開きの妻戸が1カ所あるだけで窓もなく、扉を閉めると真っ暗になる**密室**のような部屋でした。

この塗籠は寝殿の中でもっとも神聖な場所とされており、先祖伝来の宝物や貴重品、仏像や位牌などが櫃《ひつ》や厨子《ずし》に納められて置かれていました。いわば金庫のようなものだったようです。土壁で塗り固められているため頑丈で火に強く、1016年に起こった京の大火で藤原道長の京極土御門殿《きょうごくつちみかどどの》が焼失した際も、塗籠の中の宝物だけは焼け残ったと伝えられています。

また塗籠は、主人の寝室としても使われていました。ただし、開口部がなく通気性が非常に悪かったため、夏は暑すぎて塗籠では寝ることができなかったようです。

夫婦となった男女が最初に共寝《ともね》の儀式をおこなう場所も、主人が臨終を迎える場所も、神聖な塗籠とされていました。

## もののけから逃れる部屋

平安時代の人々は、生霊や死霊といった**もののけ**の存在を信じていました。病気を患ったり、産後の衰弱がひどくなると、もののけが体にとり憑いて苦しめているものと考え、これらをとりはらうために、熱心に祈禱《きとう》をおこないました。もののけを避けるため、密室の塗籠にとじこもることもあったようです。『今昔物語集』には、塗籠にまつわる神秘的な話がいくつか記されています。

マメ蔵 天皇の住まいだった清涼殿《せいりょうでん》（京都御所）の夜御殿《よるのおとど》（塗籠）には、御帳《みちょう》台《だい》（寝台）のかたわらに皇位の象徴である三種の神器が置かれています。

## 寝殿の中の塗籠

土壁でおおわれた塗籠の内部に入れるのは、
主人や身分の高い者にかぎられていたため、
内部の様子は正確には伝わっていない。

**塗籠**
寝殿造の母屋につくられた。宝物の収納や、主人の寝所にあてていたが、しだいに神聖さが薄れ、物置きとしても使われていった。

**昼《ひ》の御座《おまし》**
主人の昼の間の部屋。奥に帳台があり、前に置畳を敷き、座をととのえた。屛風などの調度品によって室内は仕切られた。

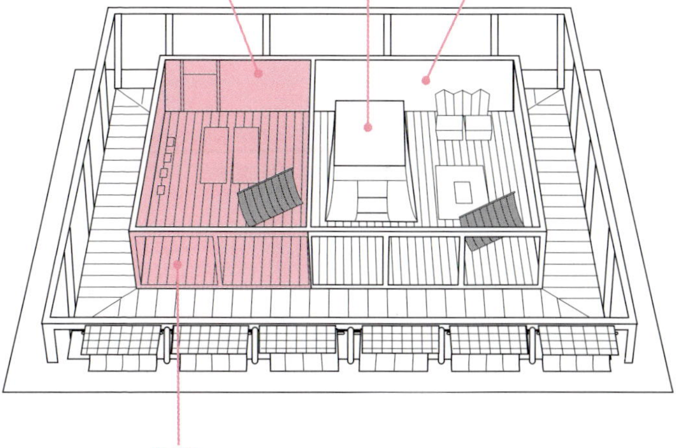


**土壁**
塗籠は厚い土壁で囲われており、1カ所しかない扉である妻戸を閉めると真っ暗で、通気性も悪かった。

寝殿造と窓

# 調節がしづらかった寝殿造の窓

**寝殿造の建物で窓の役目をしていた蔀《しとみ》戸《ど》は、現代の窓とくらべると、少し不便な建具でした。**

## 閉めると暗く、開けると寒い

**蔀戸**とは、平安時代の寝殿造の建物の外側の柱と柱の間にはめられていた建具で、現代でいうところの窓のようなものです。木を細かく格子状に組んだものに板が張られており、水平に跳ね上げて開くしくみになっています。真ん中で上下2つに分かれ、上部の戸だけを開く構造のものは**半《は》蔀《じとみ》**、半蔀よりさらに小さいサイズのものは**小《こ》半蔀《はじとみ》**といいます。

蔀戸は、開放すると室内に日光や風を取り入れることができ、窓のなかった当時としては画期的な建具でした。しかし、板状で重たく開け閉めが面倒で、上にしか開けなかったため、実際は、雨戸やシャッターに近いものでした。

閉めた状態では室内は真っ暗で、採光のために開け放すと風雨や寒さをふせぐことができなかったようです。

## 窓の誕生と発展

蔀戸の不便さを改善するかのように、鎌倉時代以降、窓は大きく進化していきます。細く切った竹や木を美しく並べた**連《れん》子《じ》窓《まど》**、上枠を花形や火炎形にかたどった**花《か》頭《とう》（火灯）窓**、満月のように丸く切り取った**丸窓**、2枚の連子窓を重ねた**無《む》双窓《そうまど》**など、さまざまな形の窓が誕生します。障子紙を貼った光の透過性の高い窓も登場し、閉めていても光を取り入れることができるようになりました。さらに、引き違いのスライドタイプが考えられると、細かい開け閉めが可能となり、室内の温度調節や換気も、窓によってできるようになっていきました。

マメ蔵　窓の語源は「間戸」からきています。もともとは、柱と柱の間をふさぐ戸だったことから、間戸→窓とよばれるようになりました。

## 蔀戸の構造

現代でいうところの雨戸のような役目をする格子戸。
上下に分かれていて上半分を吊金具《つりかなぐ》にかけて開く。

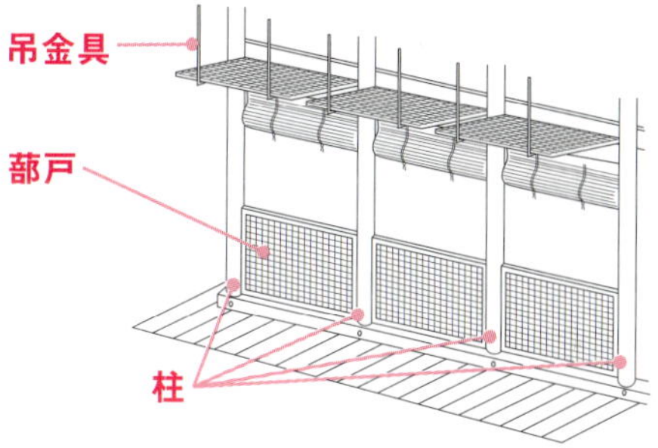


## いろいろな窓

### 連子窓

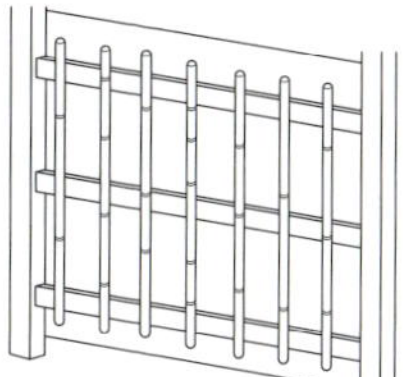

細く切った木や竹を縦や横に一定間隔に並べて打ちつけた窓。

### 花頭窓

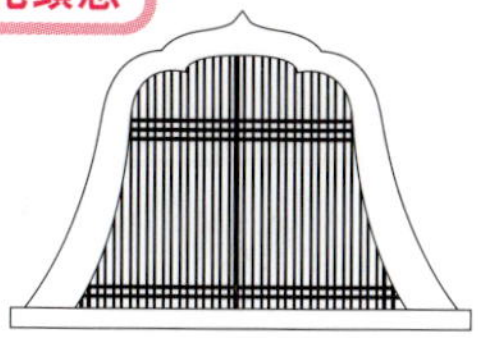

上枠が花形や火炎形にかたどられている。禅宗様の窓として用いられ、そのデザイン性からさまざまな建築に取り入れられた。

### 丸窓

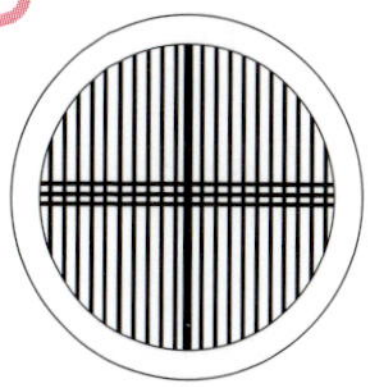

丸窓はデザイン性が高く、外の景色を切り取るような視覚効果をもたらす。

### 無双窓

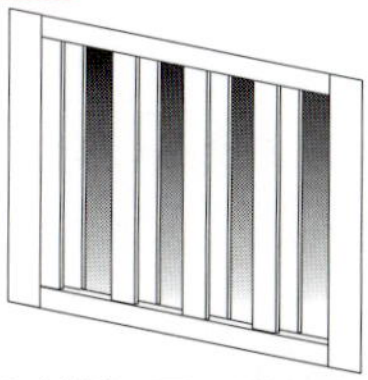

内側と外側に同じ形の連子（細い木などを一定の間隔で並べたもの）をつくり、左右に移動させてすき間をつくる二重窓。

寝殿造の遺構

# 厳島神社は寝殿造のよい見本

まるで海上に浮かぶように建ち並ぶ厳島《いつくしま》神社は、平安時代の寝殿造を今に伝えてくれる好例です。

## 平安時代の建築を伝える

厳島神社は、広島県の厳島（宮島）にあります。日本三景のひとつに数えられるこの島は、古代より島そのものが信仰の対象とされてきました。厳島が禁足地で建物を建てることができなかったため、弓状に広がる御笠浜《みかさはま》を敷地としました。そのため入江に潮が満ちてくると、建物がまるで海の上に浮かんでいるように見えます。潮の干満によって刻々と姿を変える独創的な建造物は世界でも類がなく、ユネスコの世界文化遺産に登録されています。厳島神社の社殿の多くは、平安時代末期に時の権力者だった平清盛によって造営されました。平安貴族の住宅様式である**寝殿造**を神社建築に巧みに取り入れたつくりになっていて、中央に本殿《ほんでん》・幣殿《へいでん》・拝殿《はいでん》・祓殿《はらえどの》が並び建ち、その東西に回廊によって結ばれた社殿が配されています。

寝殿造のほとんどが移築や改築によってその姿を変えてしまったなかにあって、厳島神社は寝殿造の貴重な遺構とされています。

## 厳島神社のみどころ

厳島神社の社殿をつなぐ回廊の総延長は約275mあります。中央に位置する本殿は切妻両流造《きりづまりょうながれづくり》となっており、檜皮葺《ひわだぶ》きの屋根に瓦が積まれています。寝殿造の中庭にあたる部分である本殿の前面には**平舞台**が開かれ、その先端に火焼前《ひたさき》とよばれる突き出た箇所がもうけられています。目の前に広がる瀬戸内海は、寝殿の前庭の池に見立てられています。ここから約224m先の海上に、朱塗りの**大鳥居**があり、干潮時には歩いて渡ることができます。

マメ蔵　大鳥居は樹齢500～600年の楠《くすのき》でできていますが、根元は海底に埋まっていません。上部に玉石が約7t詰められていて、その重みで立っています。

## 厳島神社と寝殿造の比較

寝殿造と比較すると、厳島神社の本殿・幣殿・拝殿などの本社が寝殿造の寝殿にあたり、池や釣殿にあたる部分もあり、全体が寝殿造に見立てられていることがわかる。

### 厳島神社

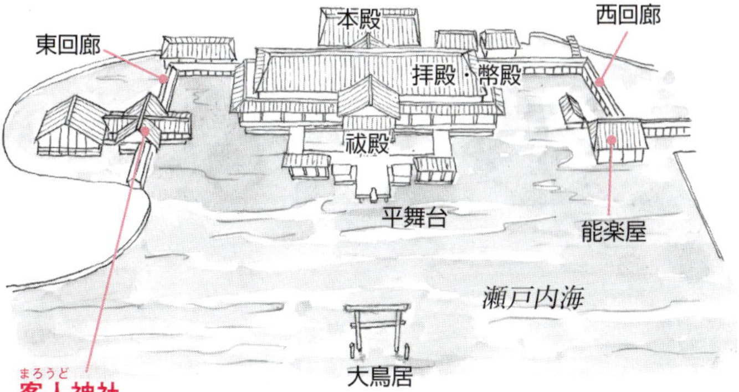
本殿
東回廊
西回廊
拝殿・幣殿
祓殿
平舞台
能楽屋
瀬戸内海
大鳥居

**客人《まろうど》神社**
寝殿造の釣殿に見立てられる。

### 寝殿造

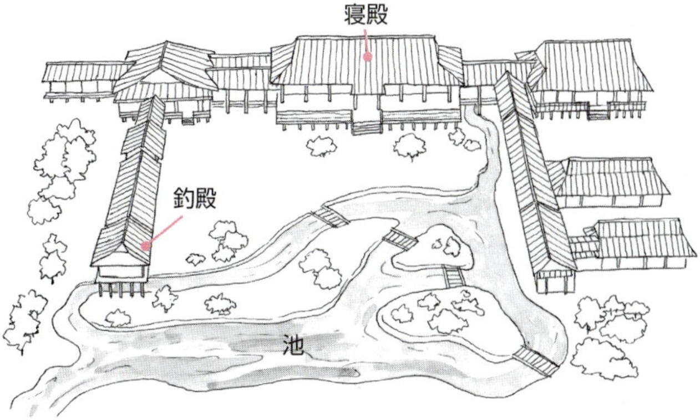
寝殿
釣殿
池

寝殿造については
（→ 107ページ）

寝殿造とトイレ

# 平安貴族のトイレ事情

**寝殿造にはトイレがありませんでした。平安貴族たちは、建物の一角を屏風などで仕切り、そこで用を足していました。**

## トイレがなかった寝殿造

福井県の鳥浜貝塚から発掘された糞石《ふんせき》（糞の化石）や杭の跡から、縄文時代の日本人は、川や湖などに杭を打って桟橋をつくり、その上で用を足し、排便は川の水に流していたと考えられています。したがって、トイレを意味する「厠《かわや》」は、川の上にかけ渡した「川屋」が語源だといわれています。仏教寺院には、禅僧が利用するトイレがありました。東のトイレは東司《とうす》、西は西浄《せいじょう》、南は登司《とうす》、北は雪隠《せっちん》など、設置されている場所によってそれぞれ名前がつけられていましたが、寝殿造には、トイレとよべる定まった場所はありませんでした。寝殿に暮らす貴族たちは、屏風や几帳《きちょう》で空間を仕切り、**樋箱**《ひばこ》（清箱《しのはこ》ともいう）というおまるのような箱に用を足していました。

## 移動可能なポータブルトイレ

トイレ用に屏風で仕切られた寝殿造の中の空間を**樋殿**《ひどの》といいます。樋殿の場所は決められてはおらず、渡廊《わたろう》（建物どうしを結ぶ廊下）など、任意の場所にもうけられていました。ここに排泄用の樋箱を置いて、目隠しのための几帳や御簾《みす》、壁代《かべしろ》がかけられました。樋箱は大便用の便器で、持ち運びが可能なおまるのようなものです。ほかに、女性の小便用の虎子《こし》、男性の小便用の尿筒《しとづつ》などもありました。

用がすむと、**樋清童**《ひすましのわらわ》とよばれるトイレ掃除係が、樋箱にたまった排便を捨てに行ったそうです。

室町時代になると、書院造の畳の間の一角に樋箱がはめ込まれ、トイレは部屋の中に固定されるようになります。

マメ蔵　庶民は、屋敷裏や町の隅の空き地などに定められた共同便所を利用しました。排便の際には、便がくっつかないように高下駄を履いて用を足しました。

## 奈良～平安時代にもあった水洗トイレ

奈良時代の貴族、藤原麻呂邸にあった水洗トイレ。

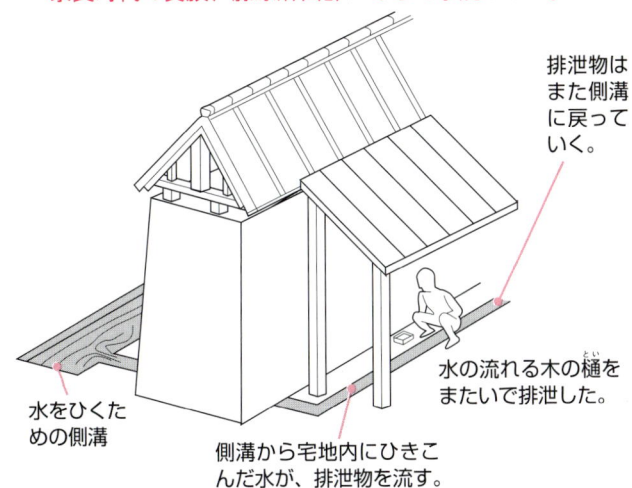

排泄物はまた側溝に戻っていく。
水の流れる木の樋《とい》をまたいで排泄した。
水をひくための側溝
側溝から宅地内にひきこんだ水が、排泄物を流す。

## 樋箱

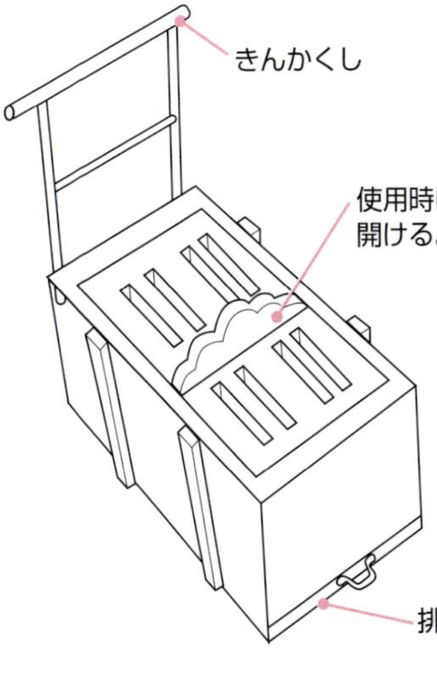
きんかくし
使用時は上部のふたを開ける。
しゃがみ式のおまるのようなつくり。きんかくしを後ろにして、十《じゅう》二《に》単《ひとえ》のすそをまくってきんかくしにかけて用を足す。
排便後は箱を引き出して捨てる。

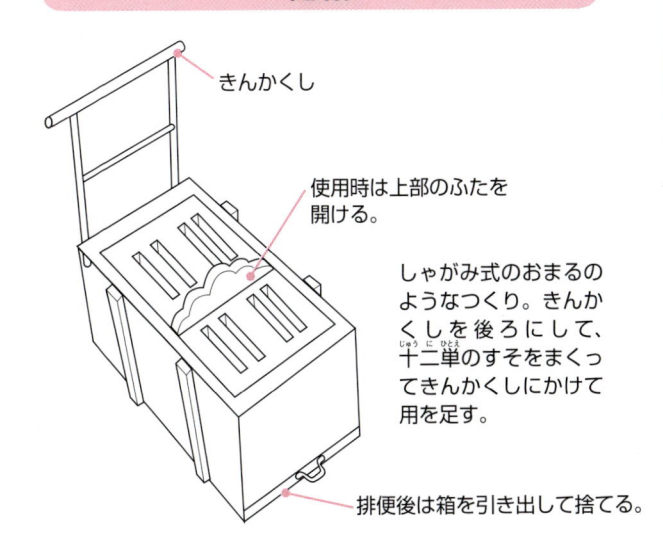

武家社会と書院造

# 「和」の原点となる書院造

書院造は室町時代の武士の住まいに見られる建築様式です。床の間などがもうけられ、のちの和風住宅の原点となります。

## 寝殿造から書院造へ

平安時代に貴族の住まいとして成立した寝殿造は、鎌倉時代以降、武家社会の発展にともない、**武士の住居**としてアレンジされていきます。本来、武士の住居は質素なものでしたが、室町幕府を開いた足利氏は宮廷生活へのあこがれから寝殿造の色合いが強いものを好み、そこに寺院の住居の意匠であった、床・棚・書院などが取り入れられ、初期の書院造である**主殿造**《しゅでんづくり》が誕生します。

「書院」とはもともと禅僧の住居のことで、僧が寝起きしたり、経を読んだりする寝室兼書斎のような部屋でしたが、武士の住宅に取り入れられて、書院造の語源となりました。やがて近世に入ると、床の間や違棚《ちがいだな》、付書院《つけしょいん》などが一定のルールに従って配列され、武家の**対面儀式**の部屋となる**書院造**が完成します。

## 対面儀式を演出するさまざまな造作

書院造は寝殿造と違って、襖や障子などで仕切られ、各部屋は細分化されています。床は畳敷きとなり、天井も付けられました。

もっとも重要な場所である書院は、壁や襖、天井が絵で飾られ、欄《らん》間《ま》には美しい彫刻がほどこされています。また、主人の座を威厳のあるものにするため、その背後に掛軸《かけじく》や生花《いけばな》などを飾る床の間や、上下2段の**違棚**があり、縁側沿いには出窓状に張り出した**付書院**（文机《ふづくえ》）がもうけられています。

このような書院造の構造や意匠は、木工具の発達や軸組構造技術の発展など、建築技術の進歩によって可能となりました。

マメ蔵　宴席などで、「上座」「下座」を決めることがありますが、これは書院内において床の間との位置関係で身分を序列化をしていた席次のなごりです。

## 書院造の構成

床の間、違棚、付書院、帳台構《ちょうだいがまえ》などが配置される。
床の間や襖、障子、畳敷きなど、書院造の特徴は
現代の和風建築の重要な要素でもある。

付書院
正面に明かり窓のついた文机。
違棚
書物や文具を飾るための段違いの棚。
押板《おしいた》・床の間
押板は床の間の前身。軸物の絵をかけたり、花を生けるようになっていく。
帳台構
畳より一段高い敷居を置き、鴨居《かもい》を長押《なげし》より低く取りつけた襖。
畳
畳が部屋の床全体を占めるようになった。

書院造の特徴

# 座敷飾りのディテール

**床の間、違棚《ちがいだな》、付書院《つけしょいん》、帳台構《ちょうだいがまえ》、これら４つの座敷飾りを備えていることが、書院造の特徴とされています。**

## 書院造に欠かせない座敷飾り

**座敷飾り**とは、書院や客間などの座敷に備えられた飾りつけのことをいいます。書院造から生まれたスタイルで、なかでも代表的なものが、床の間、違棚、付書院、帳台構です。これらが一定の配列でひとつの部屋にもうけられます。

## 床の間、違棚、付書院

**床の間**は、座敷の正面上座に床板をもうけてつくられます。畳面と床面の高さをそろえた「踏込床《ふみこみどこ》」、畳より床板を一段高くした「本床《ほんどこ》」や「蹴《け》込床《こみどこ》」、可動式の「置き床」、「吊り床」など、さまざまな種類があります。床の間には、置物や生けた花などを配したり、壁に書画や掛軸などをかけたりして飾りつけます。

**違棚**は床の間のすぐ脇につくられます。左右２段の板を互い違いにした棚で、床の間に近いほうの板が上段となります。上段には筆や香炉など、下段には書物、壺、硯箱などが置かれます。筆が転がり落ちないように、上段の端には「筆返《ふでがえ》し」がつけられています。

**付書院**は、たんに書院とよばれることもあります。床の間脇の縁側沿いにもうけられる出窓のような開口部で、小障子がはめられ、机がつくりつけられています。かつて貴族や僧侶の居室につくられた文《ふ》机《づくえ》を原型としていて、もともとは読書をする場所、今でいうところの書斎机として利用されていました。外側に張り出してもうけるタイプが基本ですが、張り出さずに壁面内に納める平書院とよばれるタイプもあります。

マメ蔵　座敷飾りは、江戸時代に入ると、庄屋などの一部の庶民の住宅にも取り入れられ、明治時代には一般家庭の客間にも床の間がつくられるようになります。

## 床の間のいろいろ

### 本床

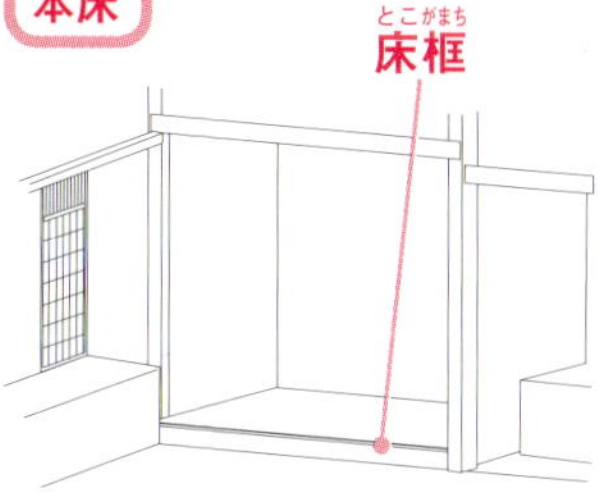


畳よりも一段高い床框を使用した正式の床のこと。

### 踏込床

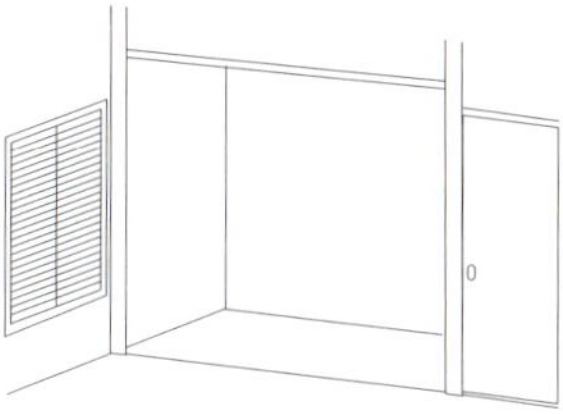

床面と畳面を同じ高さにしたもので、本床を簡略化したもの。

### 置き床

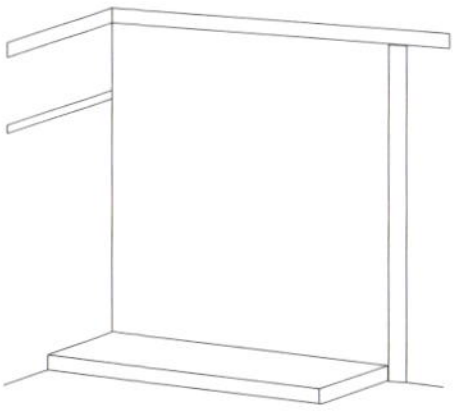

簡単に持ち運びでき、部屋の隅に置いて床の間とするもの。

### 吊り床

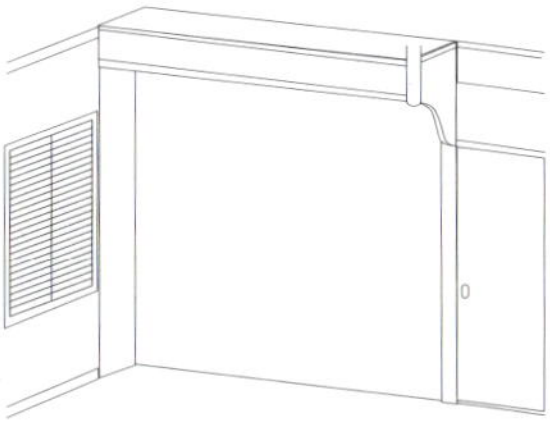

壁面を床に見立てて天井から吊り床を下げる。置き床と併用することが多い。

## 違棚の構造

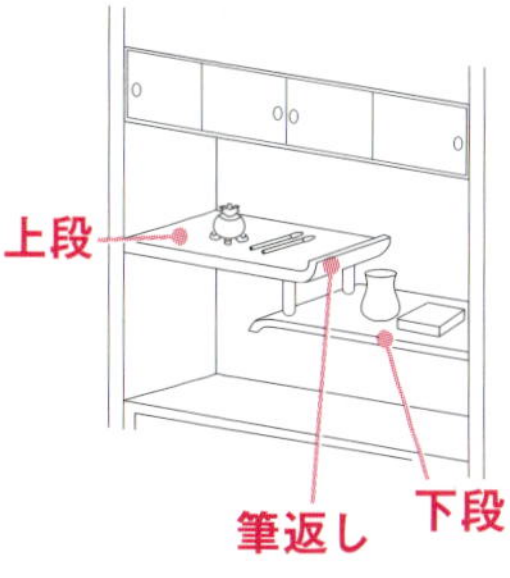


## 付書院の構造

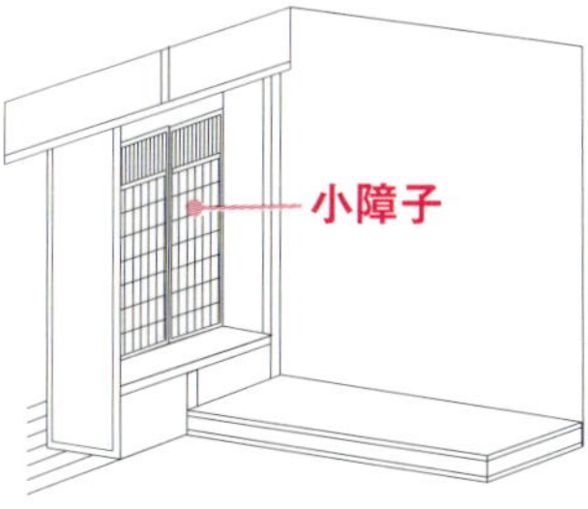

書院造と天井

# 豪華絢爛こそが書院造の天井

豪華な絵や格子細工で飾られた書院造の天井は、座る者の身分によって意匠が異なり、武家階級の序列を表しました。

## 天井の基本構造

書院造の天井は**棹縁《さおぶち》天井**が基本となっており、格式の高い部屋には、特別に格子状に仕切られた**格天井《ごうてんじょう》**がもうけられていました。棹縁天井とは、壁の端に沿って回り縁を取り付け、その回り縁に一定間隔で棹縁を通した上に、天井板が置かれた構造の天井のことです。天井が垂れ下ってこないように、吊り木で固定されています。

格天井は、この棹縁天井を応用した天井です。格縁《ごうぶち》を縦横に組むことによって天井面に正方形の区画が生まれるため、棹縁天井よりも重厚で豪華に仕上がります。

## 天井が表現する格式

書院造では、天井の仕様によって格式が表されました。たとえば、格天井の周囲の部分を一段高く持ち上げた**折上格天井《おりあげごうてんじょう》**の下には、位の高い武士が座り、それよりもっと位の高い将軍は、折上格天井をさらに持ち上げた二重折上格天井の下に座りました。

二条城二の丸御殿大広間に実際の遺構を見ることができます。将軍の座る位置に二重折上格天井、その下手は折上格天井、さらに下手は格天井となっていて、天井高が徐々に低くなっています。

また、絵や彩色で豪華に飾られた天井も書院造では見られます。天井の格縁の間に張られる板を鏡板とよびます。書院造ではこの鏡板に金箔を貼ったり、絵を描いたりして空間を演出しました。格縁を黒漆で塗ることで鏡板一枚一枚を額縁におさめた絵のように見立てるなど、趣向を凝らした装飾がほどこされました。

マメ蔵　書院造の格天井に描かれた天井絵は、四季の花をモチーフにしたものが多く残されています。

## さまざまな天井の形

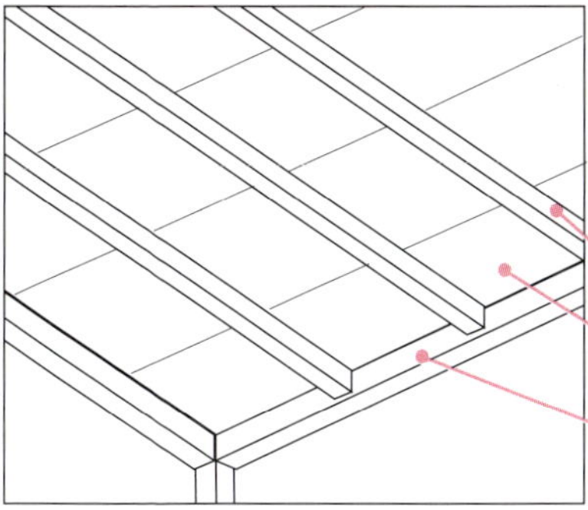


**棹縁天井**

棹縁に天井板を並べて張った天井。

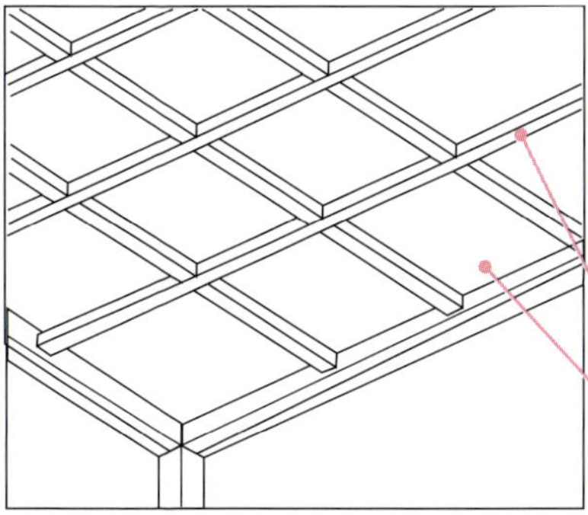


**格天井**

棹縁天井の棹を格子状に組んだもの。

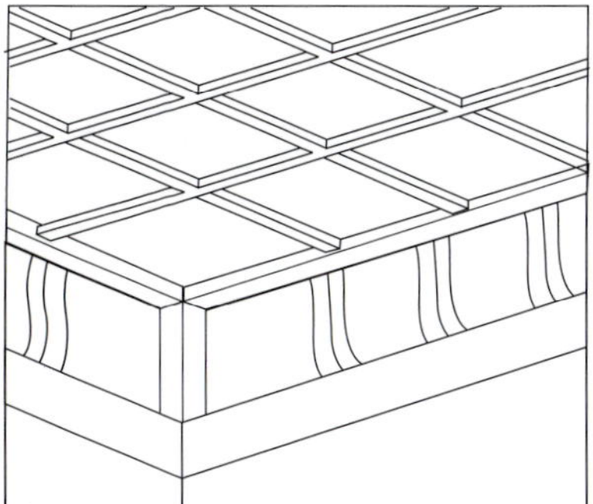

**折上格天井**

格天井が二段になっており、曲面や斜面でつないだもの。

書院造と引き戸

# 画期的な建具「引き戸」の登場

引き違いに開閉する引き戸は、平安時代に書院造の建具として誕生しました。

## 開閉しやすくスペースいらず

寝殿造の建物では、外部との隔てに、**蔀戸**《しとみど》（水平に跳ね上げて開く戸）や**妻戸**《つまど》（ドアのように両開きに開く戸）を扉として用いていました。しかし、これらはいったん開け放ってしまうと雨風がしのげませんでした。書院造の建物では、こうした経験を踏まえ、**引き違い式の引き戸**が誕生します。引き戸とは、上に鴨居《かもい》、下に敷居《しきい》をつくり、そこに板戸をはめ込んで横にスライドさせて開閉する戸のことです。開く幅を調節できますし、ドアのような開け閉めのための前後スペースも必要ありません。それまでの戸と違って非常に便利だったため、外部との隔てだけでなく、室内の間仕切りにも、引き戸が活用されるようになっていきました。

## 引き戸の種類

引き戸にはさまざまな種類があり、戸板の構造や材料によって名前がつけられています。

板唐戸《いたからど》（板扉ともいう）とは、１枚または数枚の板を縦に継ぎ合わせたものです。桟唐戸《さんからど》は、框《かまち》（周囲の枠）の中に縦横に桟を組み、その間に薄板がはめられています。舞良戸《まいらど》は、框の間に板を入れ、そこに桟（横板）が等間隔に打たれていて、遣戸《やりど》ともよばれます。

帯戸《おびど》は戸の中央に帯のように一本の横桟が入っています。格子戸《こうしど》は、格子状の戸で、鎧戸《よろいど》は横板を掛け重ねた戸です。ほかにも、框の中に杉の一枚板を入れた杉戸や、竹や葦でつくる涼しげな簾戸《すど》などさまざまな種類があります。

マメ蔵 引き戸を構成する２枚の戸の配置は決まっていて、右の戸は手前、左の戸は奥側にするのが一般的です。

## 引き戸の構造

上部に鴨居、下部に敷居とよばれる溝をつくり、
戸をスライドさせる。

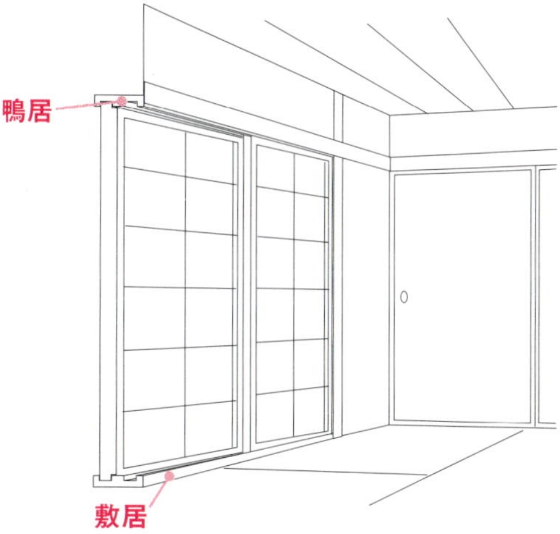


## 引き戸の種類

### 桟唐戸

上下左右に枠を組み、縦横に骨組をつくって間に薄い板や連子などを入れたもの。

### 舞良戸

細い桟を一定間隔で板戸に平行につけたもの。

### 杉戸

杉の一枚板。絵画が描かれることが多い。

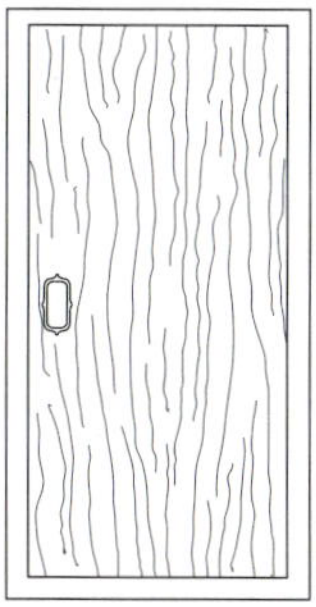

襖絵

# 襖は空間を演出するインテリア

貴族や権力者の間では、襖に絵を描いた「襖絵」が流行します。宮廷には専属の絵師もいて、豪華な襖絵がいくつも描かれました。

## 視覚芸術へと発展した襖

襖は平安時代の寝殿造における**襖障子**が原型とされています。最初は衝立《ついたて》のようなものでしたが、平安中期に柱と柱の間をスライドさせる引き戸方式の間仕切り建具に進化します。鎌倉・室町時代に書院造への移行が進むと、部屋の格式や用途に応じて、襖の表面に大和絵や水墨画などが描かれるようになりました。さらに安土桃山時代から江戸時代にかけて書院造が完成されると、権力者たちはお抱えの絵師を囲い、絢爛豪華な**襖絵**でその力を誇示するようになります。

襖絵は屏風絵《びょうぶえ》から始まった室内装飾ですが、屏風絵のような単体の存在ではなく、**空間と一体**となったものとして発展します。連続する何枚もの襖で壮大なパノラマ絵を表現したり、襖を開けると次の間で絵が展開していくなど、空間を演出する視覚芸術としての意味がとても強くなりました。

## 金碧障壁画は権力の象徴

金箔を貼った地に群青《ぐんじょう》、緑青《ろくしょう》、白緑《びゃくろく》、朱《しゅ》、濃墨《のうぼく》などを用いて描かれる障壁画《しょうへきが》を**金碧障壁画**《きんぺきしょうへきが》といいます。将軍家の御用絵師をつとめた狩野《かのう》派《は》の絵師が生み出した画法で、障壁画の最高峰とされています。書院形式の座敷や城郭建築などに描かれることが多く、装飾的な目的だけでなく、地位・権力を誇示する象徴としても利用されました。

二条城二の丸御殿大広間には、襖や壁、小壁などにすき間なく金碧障壁画が描かれ、将軍が諸大名と接見する場にふさわしい空間となっています。

マメ蔵　京都市にある毘沙門堂《びしゃもんどう》には、「動く襖絵」とよばれる襖絵があります。逆遠近法の手法で描かれており、角度を変えると絵が動いて見えます。

# 二条城の障壁画

二条城は1601年に徳川家康が京都御所の守護などのための宿泊所として造営し、三代将軍家光により1626年に完成した。豊臣秀吉の残した遺構と家康の時代の建築、家光の時代の絵画・彫刻などが合わさり、絢爛豪華な室内装飾を見ることができる。

## 二条城 勅使《ちょくし》の間《ま》下段 檜図

勅使の間は、将軍が朝廷からの使者（勅使）を迎えた対面所。15世紀にイタリアで生まれた遠近法が早くも取り入れられている。

## 二条城 四の間・松鷹

二条城障壁画の最大の見どころ。松にとまったするどい目つきの大鷹は徳川将軍を表しているとも。四の間は、将軍上洛の際に武器をおさめた場所といわれる。

欄間

# 機能と室内演出を兼ねた欄間

**欄間《らんま》は採光や通風の役割のほか、格子や障子、透かし彫りなどがほどこされ、室内を演出する建具ともなっています。**

## 欄間のルーツ

**欄間《らんま》**は、鴨居と天井の間の壁にある開口部のことで、部屋と廊下、部屋と部屋の間などにもうけられます。室内に明かりを取り込んだり、風通しや換気をよくするために取りつけられた建具です。部屋を彩る室内装飾の役割も兼ね備えています。格子組の欄間や透かし彫りをほどこした欄間、障子を入れた欄間などさまざまなタイプがあります。

ルーツは定かではありませんが、平安時代中期の寺院建築に、すでに格子の欄間があったとされています。その後、寝殿造から書院造に代わり、時代が室町時代から戦国時代を経て安土桃山時代に入ると、デザイン性が加わった豪華な欄間が続々と登場し、障壁画や座敷飾りなどとともに、**室内を演出する建具**として欠かせないものとなっていきます。

## バリエーションに富んだ欄間

欄間は、取りつける場所によって名前がつけられています。部屋と部屋との間に取りつける欄間は、**間越《まご》し欄間**（間仕切り欄間ともいう）とよびます。**明かり欄間**は、光や風を取り入れることを主な目的としているため、部屋と縁側の間に取りつけられます。**書院欄間**は床の間脇の付書院上部、**縁側欄間**は縁側と外部との間に取りつけられます。

また形状によって、柱間いっぱいにもうける通し欄間、開口部の周囲を塗り回して仕上げる塗《ぬ》り回《まわ》し欄間などがあります。

さらに、意匠によっても種類はさまざまで、彫刻欄間、透《す》かし欄間、埋込《うめこみ》欄間、組子《くみこ》欄間、節抜《よぬき》欄間、筬《おさ》欄間、竹の節欄間など、それぞれ適した場所にはめられます。

マメ蔵　江戸時代、欄間は民家にも普及します。木材取引の中心だった大坂では、彫刻や透かし彫り、組子の技が光る「大坂欄間」というブランドが誕生しました。

## 欄間の位置

**明かり欄間**
部屋と縁側の間につける。

**書院欄間**
床の間の付書院につける。

**間越し欄間**
部屋と部屋の境目につける。

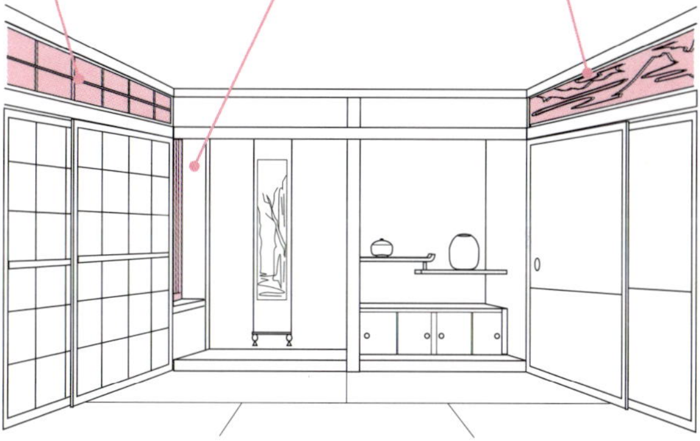

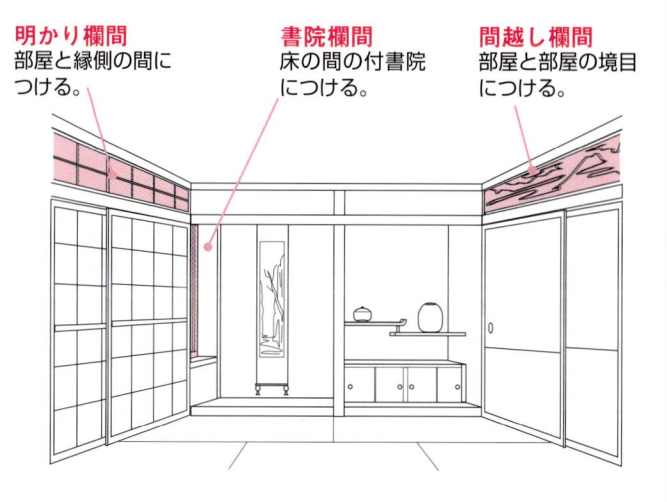

## 欄間のデザインいろいろ

組子を単純に組んだものから、
格子の中に意匠を入れたり、彫刻をほどこすなど、
時代を経るにしたがってデザイン性が高まっていく。

**組子欄間**

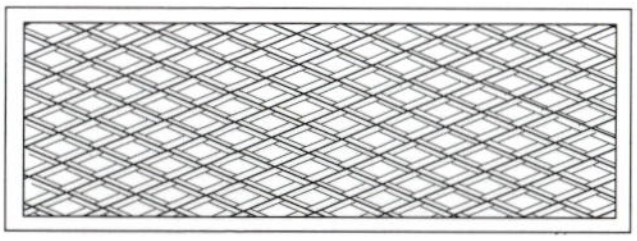

組子を緻密な模様に組んだもの。

**筬欄間**

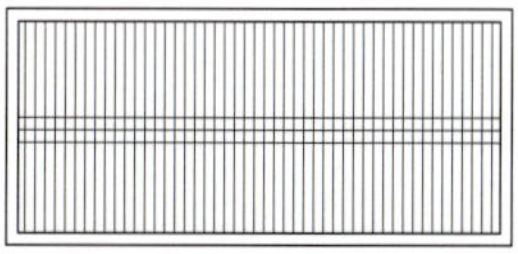

組子を縦に細かく組んだもの。

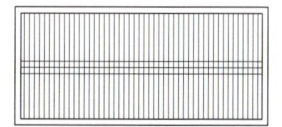

**彫刻欄間**

厚板に彫刻をほどこしたもの。

**透かし欄間**

さまざまな模様をくり抜いたもの。

式台と玄関

# 玄関の段差は身分の差だった

日本の住宅では、玄関の土間と床との間に、段差をもうけます。これは書院造の式台にルーツがあります。

## 玄関のルーツ

玄関の上がり框《がまち》の一段低くなっている板床を「**式台《しきだい》**」といいます。土間と床との段差が大きい場合に、中間に横板をつけて上がりやすくしているものですが、これは書院造の式台がルーツです。書院造の武家屋敷では、門を入ると遠侍《とおさぶらい》（警備の詰所、大名や勅使《ちょくし》の控えの間）があり、次に式台、大広間、書院と建物が続いていきます。式台は公式のお客を迎える入口専用の部屋のことです。参上した大名らはここで老中職とあいさつを交わしたり、将軍への献上品を取り次いでもらったりしました。現代でいうところの、玄関ホールのような場所で、玄関のルーツです。この式台の入口に段差がもうけられていました。来客は乗ってきた駕籠《かご》をそこに横付けし、段差を利用して式台に上がりました。この段差があることによって、地面に降りて足元を汚すことなく、直接建物へ出入りすることができたのです。

## 式台に見る身分差

幕藩体制下では、武家や公家などをのぞいて、式台をそなえた家を建てることは許されていませんでした。**式台は身分の高いことの証**で、玄関の段差がそのまま、身分の差を表していたのです。また式台を使用するのは、藩主や藩の役人など、身分の高い人を迎える場合のみと決められていました。さらに式台の間においても、階級によって来客の座る場所が定められていました。

式台はその後、貴族、寺院、町村役人、地主、豪商などの屋敷にも広まり、近世の社会的地位の象徴となっていきました。

マメ蔵　二条城二の丸御殿の式台は、来客を迎える「式台の間」と「老中の間」からなり、式台の間には狩野探幽《かのうたんゆう》作の襖絵が飾られています。

## 式台から玄関へ

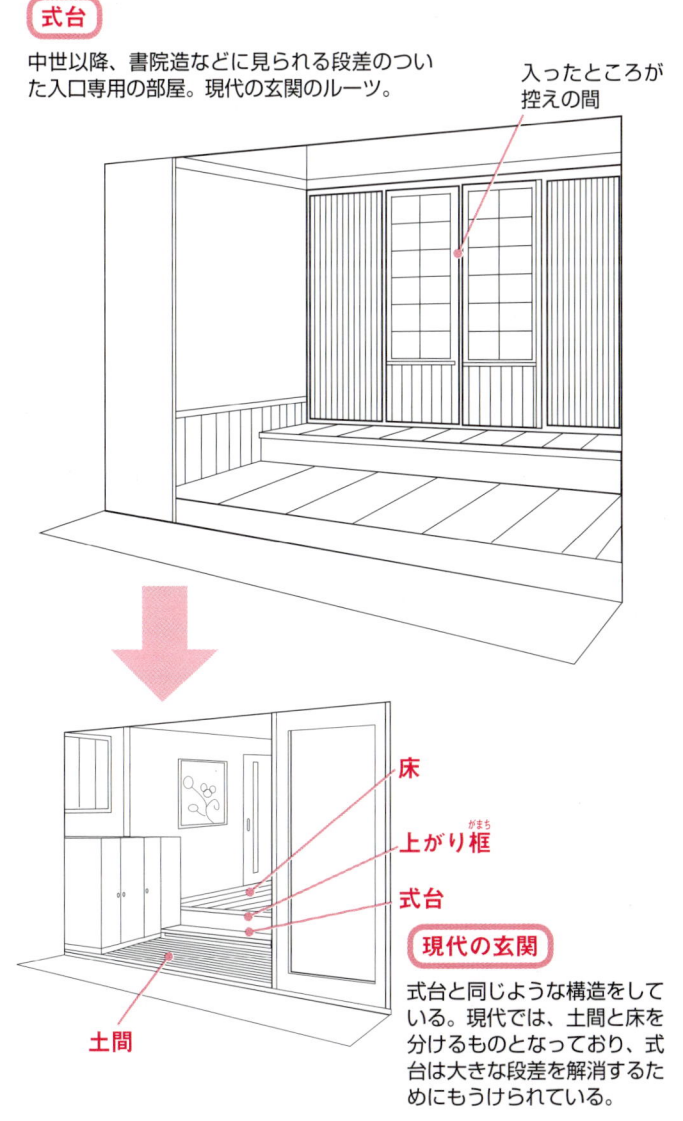

### 式台

中世以降、書院造などに見られる段差のついた入口専用の部屋。現代の玄関のルーツ。

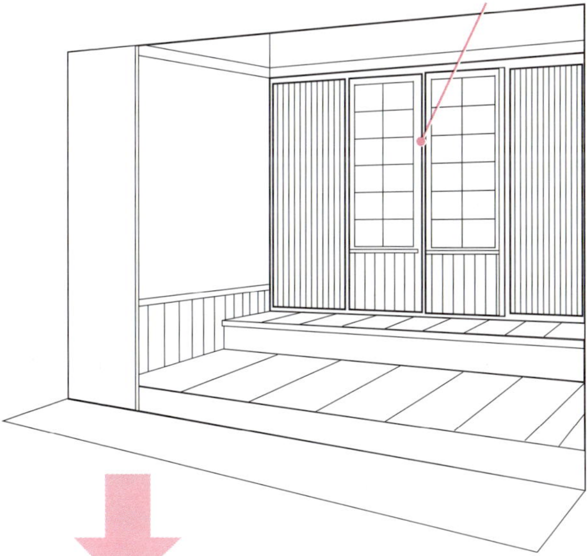


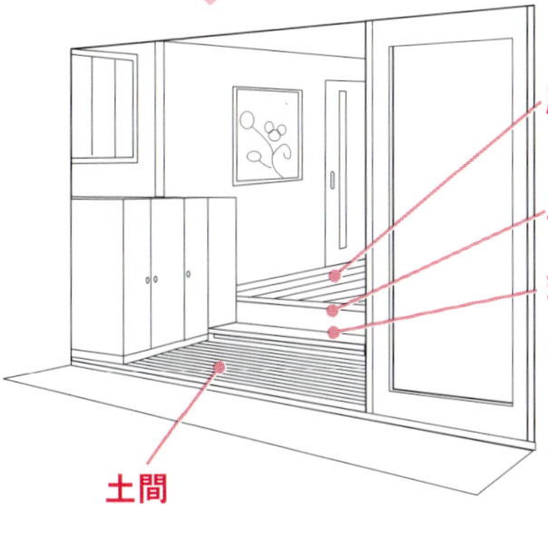


### 現代の玄関

式台と同じような構造をしている。現代では、土間と床を分けるものとなっており、式台は大きな段差を解消するためにもうけられている。

コラム 4

# 正しい障壁画の見方

障壁画は、壁や床の間に飾られる絵画や掛軸のように単体で見るのではなく、建築空間と一体で見ます。つまり、室内に足を踏み入れる開口部からの眺め、室内空間の奥行きや高さなどもふくめて、総合的に鑑賞するということです。

また、一面だけでなく、天井・壁・襖の三面でひとつの絵が構成されていたり、連続した物語性をもった複数の絵が、一の間・二の間・三の間と続いて配されている場合もありますので、全体像を把握することが大事です。

有名なところでは、二条城黒書院一の間と二の間の壁面は、絵が連続して展開しています。さらに、障壁画を描いた絵師は、空間的な配置だけでなく、建物の建築様式、室内の使用目的、外に広がる庭園、太陽や月の光の陰影、風、四季折々の植物など、さまざまなことを考慮して画題や構図を決めていました。

たとえば、遠侍《とおさぶらい》（城へ参上した大名らの控え室）の障壁画には、主人の権威を示す虎や豹のような眼光鋭い動物が描かれ、大名らを威嚇しています。また老中の間には、落雁《らくがん》図や雪中《せっちゅう》図など、年配の老中や家老にふさわしい、晩秋〜冬の落ち着いた情景が多く描かれました。

このように、背景や使用目的、見せる側の意図などもふくめて鑑賞していくと、障壁画の世界の深さが感じられ、いっそう楽しくなっていきます。

独立した絵画作品としてではなく、インテリア全体としてとらえることがポイント。室内の奥行き、高さなど、空間すべてがひとつの作品であるととらえたい。

第5章

# 数寄屋造・茶室を知る
## —茶の湯の建築

書院造から格式や様式を排し、
つくり手の自由な発想でつくられているのが数寄屋造です。
数寄屋造の究極の姿ともいわれる二畳茶室など、
洗練された建築美を見ていきます。

数寄屋造の特徴

# 自由な発想を盛り込んだ数寄屋造

数寄屋造は、書院造を基礎としていて、室内のいたるところに自由な発想がちりばめられた建築様式です。

## 「好き」に任せてつくった家

数寄屋造は、書院造を基礎にしていることから、正式には**数寄屋風書院造**といいますが、床の間・違棚《ちがいだな》・付書院《つけしょいん》、帳台構《ちょうだいがまえ》の座敷飾り、格《ごう》天井《てんじょう》といった、書院造の決まりごとにはとらわれず、主人の好みに合わせて自由にアレンジされています。

数寄屋造は、格式ばった意匠や豪華な装飾を嫌った茶人たちに好まれ、安土桃山時代に**茶室**の建築様式に発展し、江戸時代以降は、茶室から住宅へとその幅を広げていきました。

ちなみに、「数寄」の語源は、和歌や茶の湯、生花など風流を好む「**好き**」からきており、数寄屋は「好きに任せてつくった家」を意味しています。

## 洗練されたデザインの数寄屋造

数寄屋造と書院造の違いは、その内部に見ることができます。書院造では座敷飾りのほか、段差をつけた折上格《おりあげごう》天井、面取りした角柱などが用いられます。壁は貼付壁で、和紙などが貼られ、障壁画が描かれました。

いっぽうの数寄屋造は、**棹縁《さおぶち》天井**が一般的で、床柱には皮と丸みを残した柱を用い、壁も**土壁**が多く、全体的に素朴な印象の空間といえます。床の間も小さく質素で、豪華に飾りつける書院造にくらべると数寄屋造は一見シンプルですが、**面皮柱《めんかわばしら》**（皮付きの柱）で味わいを出すなど、細部にまで工夫が凝らされた洗練されたデザインになっています。

マメ蔵 千利休《せんのりきゅう》が好んだ妙喜庵《みょうきあん》の待庵《たいあん》（京都市）は、現存する最古の茶室で、数寄屋造の究極の姿といわれています。

## 権威をアピールする空間から個人の趣味空間へ

### 書院造の例

**二条城二の丸御殿・大広間**

書院造は武家の対面儀式のために発展したものであるため、やや堅苦しい印象。

**釘隠《くぎかくし》**
豪華なものが多い。

**天井**
格天井には絵が描かれる。

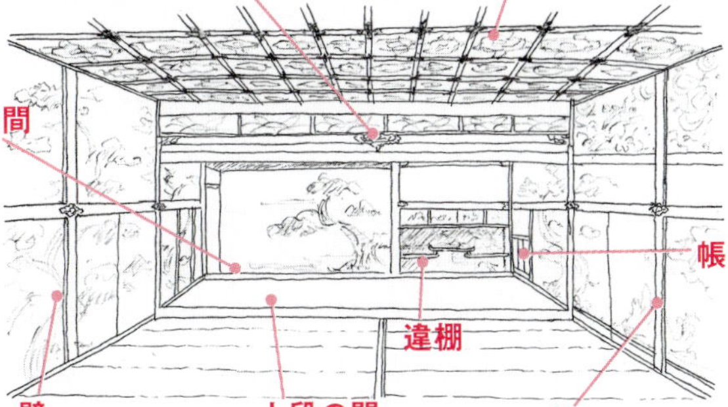

**床の間**

**帳台構**

**違棚**

**壁**
金箔に松や鶴の豪華な絵。

**上段の間**
身分の高い人が座る。身分による段差。

**柱**
面取りした太い角柱。

### 数寄屋造の例

**伏見稲荷大社御茶屋・一の間**

数寄屋造はつくり手の自由な感性でつくられ、ルールはとくにない。

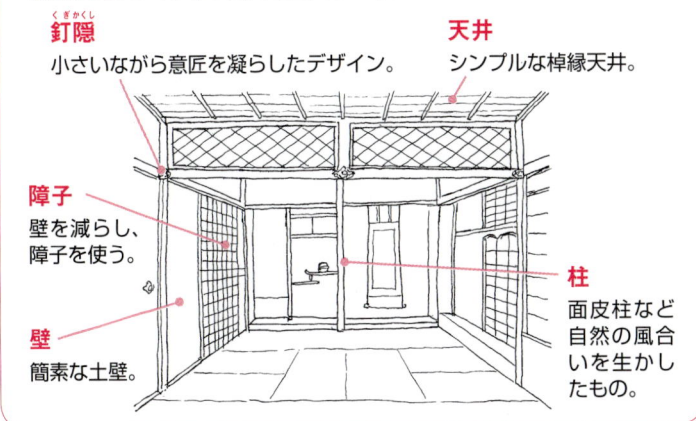

**釘隠《くぎかくし》**
小さいながら意匠を凝らしたデザイン。

**天井**
シンプルな棹縁天井。

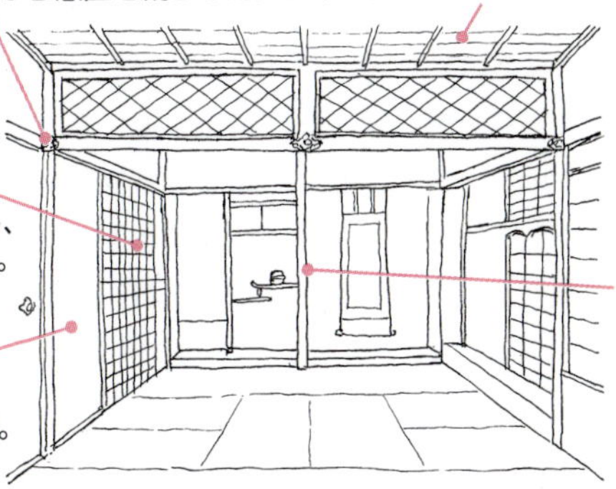

**障子**
壁を減らし、障子を使う。

**壁**
簡素な土壁。

**柱**
面皮柱など自然の風合いを生かしたもの。

数寄屋造と柱

# 柱にもランクがある

数寄屋造では自然の素材を生かした建材が用いられています。そのなかでもとくに注目したいのが、表情豊かな柱材です。

## 木の風合いを生かす

数寄屋造の建物では、丸太そのものや、丸太の曲面を生かした**丸柱**、四隅の樹皮は残しつつ、四面を手斧《ちょうな》で削って美しい木目を浮き上がらせた**面皮柱**《めんかわばしら》などが柱材として使われます。木肌の風合いや自然のままの姿を残しておくことで、室内は落ち着いた雰囲気となります。

ほかに、樹皮をはがし表面を砂やシュロで磨いてツヤを出した磨《みがき》丸太や、表面に波状のしわ模様がある絞《しぼり》丸太、絞丸太のしわがさらに厚みを増してこぶ状に盛り上がった出絞《でしぼり》丸太、天然のカビを付着させて磨き、ロウでかためた錆《さび》丸太、樹皮をつけたままの皮付《かわつき》丸太などが用いられます。

## 受け継がれる銘木

表情豊かな丸太は、選りすぐった木材を材料としています。なかでも代表的なものが、京都の北山地方を産地とする北山杉を材料とする**北山丸太**で、銘木として知られます。

歴史は古く、応永年間（1394～1428）ごろから植林されていて、室町時代中期以降、茶室や数寄屋造の建材として重用され、朝廷の御用木となりました。

北山丸太は北山杉の皮をはぎ、ひび割れが起こらないように時間をかけて乾燥させたのち、木肌を磨いて仕上げます。桂離宮や修学院離宮の茶室も、北山丸太を使用してつくられています。北山杉の**天然出絞丸太**は床柱の最高級品とされていて、1本100万円以上するものもあります。

マメ蔵　柾目《まさめ》（→31ページ）が美しい吉野杉、木目模様が均一な秋田杉、樹齢が1000年を超える屋久杉なども銘木とされています。

## 数寄屋造で用いられる柱

数寄屋造では、床柱に丸太の木肌の
風合いを生かした柱が使われることが多い。

**面皮柱**

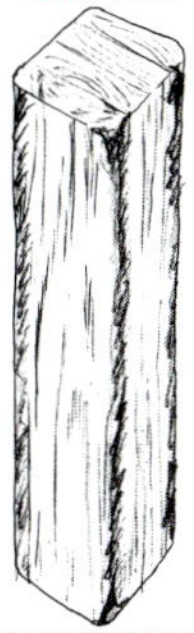

四隅に樹皮を残した、美しい木目が特徴の柱。

**面皮柱を使った室内**

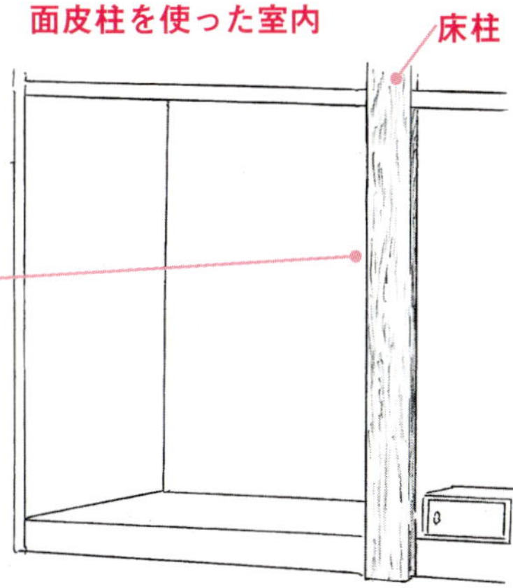


## 北山丸太いろいろ

北山丸太は、木肌の光沢や模様（絞り）を楽しむもので、
構造材として利用されるよりも意匠材として使われる。

**北山磨丸太**

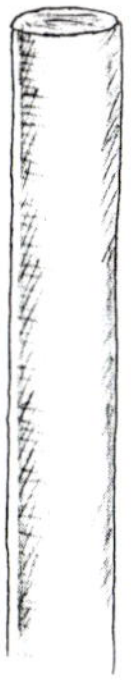

表面をツルツルに磨き上げたシワのない丸太。

**北山天然出絞丸太**

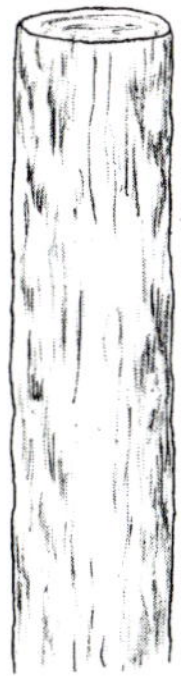

自然に木肌にしわが入った希少なもの。

**錆丸太**

黒褐色のカビを生やし乾燥させてつくる。斑点状の錆のような味わいが特徴。

数寄屋造と天井

# センスが光る数寄屋造の天井

身分によって形状が格式化されていた書院造の天井と違い、数寄屋造の天井は、形も仕上げも自由です。

## 天井の形状

書院造の天井は、重厚に仕上げられる格《ごう》天井や座る者の身分によって段差がつけられた折上格《おりあげごう》天井でしたが、数寄屋造の天井にはこれといった決まりごとはなく、**平天井**や**傾斜天井**（勾配天井ともいう）、**掛込《かけこみ》天井**、**舟底天井**など、好みに合わせてさまざまな形状が用いられています。平天井とは水平になっている天井のことで、傾斜天井は屋根の勾配に合わせて斜めに傾斜している天井です。この両方を組み合わせると掛込天井になり、室内空間を広く感じさせる効果が生まれます。これは狭い数寄屋造の茶室にもっとも多く見られる天井となっています。舟底天井とは、中央部が両端より高くなっていて、舟底を逆さにしたような形に見えることから名付けられました。細かな形状の違いで、屋形天井や拝《おがみ》天井とよんで区別する場合もあります。

## シンプルで洗練されたデザイン

数寄屋造の天井はシンプルに仕上げることが一般的です。板を棹で押さえただけの「**棹縁《さおぶち》天井**」（→126ページ）や、板を張らずに屋根裏の梁や垂木をそのままむき出しにする「**化粧屋根裏天井**」、さらには、棹縁天井の表面をアレンジし模様をつけた**網代《あじろ》天井**などが多く見られます。

網代とは葦《あし》や杉、竹、檜の薄板を編んだもののことで、網代天井はこれを天井の下地板に貼り付けます。このように数寄屋造では、素材をうまく活用することで、独自のデザインや意匠を生みだし、シンプルながらもセンスが光る天井となりました。

マメ蔵　網代天井は、編み方によってさまざまな模様になります。その技法は、天井のほか、網代戸、網代塀、網代垣など、幅広く応用されています。

## 天井の形状いろいろ

### 平天井

天井面が水平になっているもの。

### 傾斜（勾配）天井

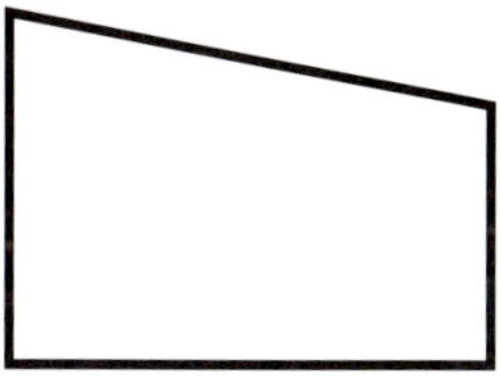

屋根に沿って勾配がついたもの。

### 舟底天井

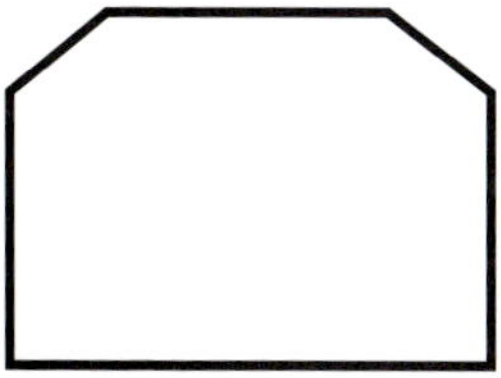

中央部が両端より高くなっており
舟底を逆さにしたような形。

### 掛込天井

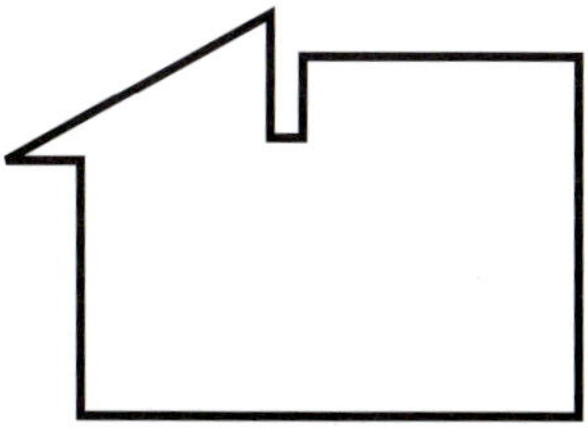

外部にあるひさしが室内に入り、屋根裏を見せているもの。
茶室に多い。

## 天井の仕上げ

### 棹縁天井

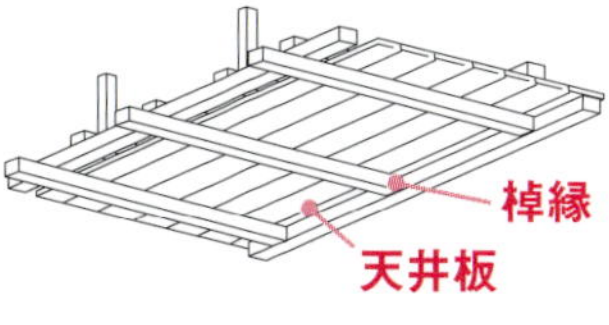


一定の間隔で棹縁を並べ、
上に天井板を張ったもの。

### 網代天井

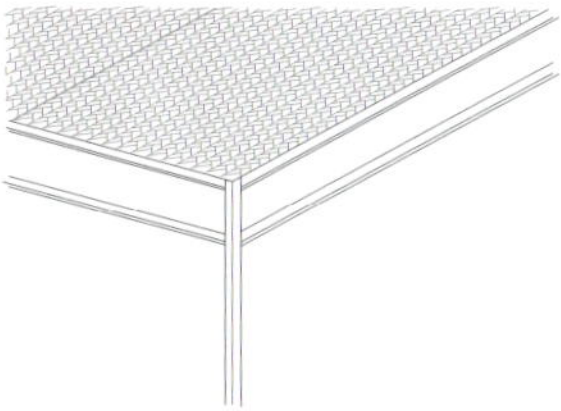

杉や竹の皮などを使って
模様に編んだもの。

数寄屋造と化粧金具

# 技が凝らされた化粧金具

数寄屋造では、建物を装飾する化粧金具の美しさが際立っています。引手や釘隠といった細かなものにまで、工芸の技が凝らされました。

## 引手と釘隠

　**引手**とは、襖や障子を開け閉めする際に手をかける実用性の高い金具です。**釘隠**《くぎかくし》は釘の頂部を隠して見た目をよくするための金具で、釘覆いともいいます。柱や釣《つ》り束《づか》と長押《なげし》が交差する部分に打ちとめた釘の頭などにかぶせます。いずれも歴史はかなり古く、『源氏物語絵巻』にも登場しています。

　引手と釘隠は、木・鉄・銅などを材料に、円形や楕円形でシンプルにつくられた黒くて丸い形状がほとんどでしたが、建築様式の移り変わりとともにしだいに装飾性が加わっていきます。安土桃山時代に入ると、豪華な意匠などがほどこされ、室内を彩る**化粧金具**として、数寄屋造の随所に取り入れられていきました。

## 室内を彩るさまざまな意匠

　数寄屋造の建物に飾られている引手や釘隠は、**山・花・葉・果実・動物・昆虫**などをモチーフに、さまざまなデザインにかたどられたり、彫刻がほどこされています。材料も金属のほか陶器や七宝などが用いられ、さらにその陶器に色付けして緻密な絵を描くなど、細かい部分にまで技が凝らされているのが特徴です。京都市にある曼殊院《まんしゅいん》の富士の間には、富士山をかたどった七宝焼の釘隠がつけられていて、山にかかる雲が瑠璃色で美しく表現されています。富士山をモチーフとしていることから、この部屋は富士の間と名付けられました。

　このようにして実用品から芸術品に進化を遂げた引手や釘隠は、数寄屋造を飾る重要なアクセントになっていきました。

マメ蔵　曼殊院の富士の間の釘隠は、よく見るとひとつひとつの雲の位置が少しずつ異なる、凝ったつくりになっています。

## 引手と釘隠の位置

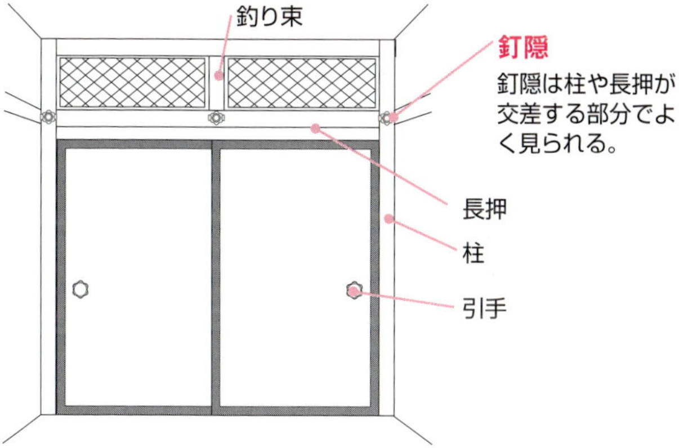

釣り束
釘隠
釘隠は柱や長押が交差する部分でよく見られる。
長押
柱
引手


## 桂離宮に見られる引手

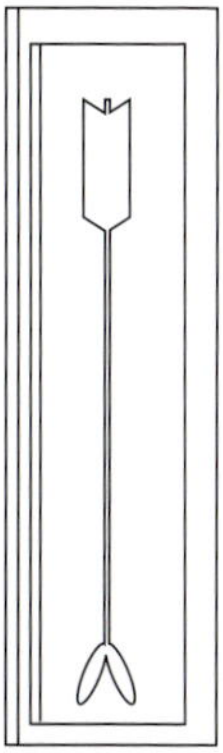
杉戸に彫り込まれた矢形の引手。

襖には櫂《かい》形の引手。

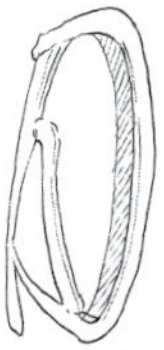
月の字形の引手。

## 凝った意匠の釘隠

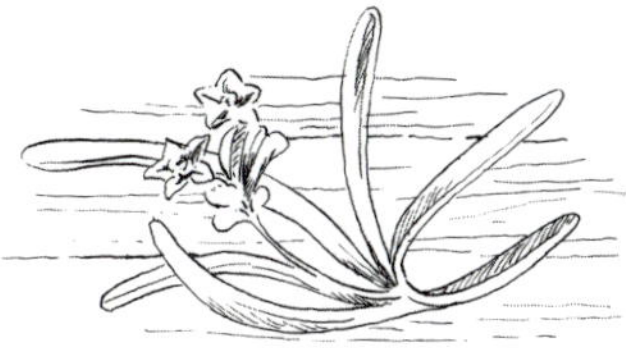
桂離宮の水仙形の釘隠。

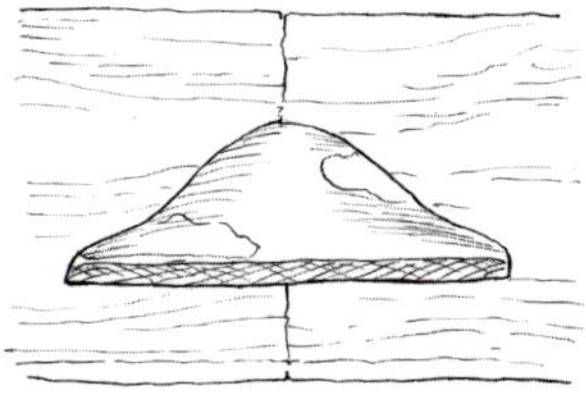
曼殊院の富士形の釘隠。

桂離宮探訪①

# 日本の美とたたえられる桂離宮

桂離宮は、17 世紀に建てられた皇族の別荘です。回遊式庭園に書院建築と茶室が配されていて、意匠を凝らした庭園美と建築美が満喫できます。

## 日本美のシンボル

桂離宮《かつらりきゅう》（京都市西京区）は、江戸時代初期の 1615 年、旧桂宮家《かつらのみやけ》（八条宮家）の別荘として造営されました。離宮とは、別荘のことをいいます。八条宮家初代の智仁《としひと》親王によって基礎が築かれ、2 代目の智忠《としただ》親王に引き継がれ完成しました。約 7ha の広大な敷地の中央に池があり、中島《なかじま》、築山《つきやま》、洲浜《すはま》、天橋立《あまのはしだて》などを配した**池泉回遊式庭園**が広がっています。池の北西側に古書院《こしょいん》、中書院《ちゅうしょいん》、新御殿《しんごてん》の 3 つからなる書院群が並び建ち、さらに 4 棟の茶亭が点在しています。同年代に建てられた豪華絢爛な日光東照宮とくらべられることが多く、桂離宮の技巧的でありながら風雅な庭園建築は「**日本美のシンボル**」とたたえられています。

## 月と風と光を取り入れる

桂離宮が建つ桂の地は、古くから**観月**の名所として知られてきました。桂という名も、中国の故事に出てくる「月桂」（月に生えている木）からきています。そのため古書院の先に**月見台**をもうけたり、池に映る月を眺めるための**月波楼**《げっぱろう》（茶亭）が建てられています。

メインパレスである書院群は、すべて東南の方角に向いています。東南は月の出の方位であり、また、蒸し暑い京都では、東南の風向きがもっとも多いため、この方位が過ごしやすいのです。さらに、採光のために、古書院、中書院、新御殿は少しずつずらして建てられています。建物の近くには池があり、その水の気化熱を利用して涼をとるという工夫もされており、避暑のための別荘であることがわかります。

マメ蔵　庭園の池には、近くの桂川から水が引かれました。初代智仁、二代智忠親王の時代には、桂川から直接池に舟をこぎ入れることができたそうです。

## 桂離宮　配置図

広大な庭園の中に、観月、風向き、採光などが考えられ、書院建築群と茶室などが絶妙に配置されている。

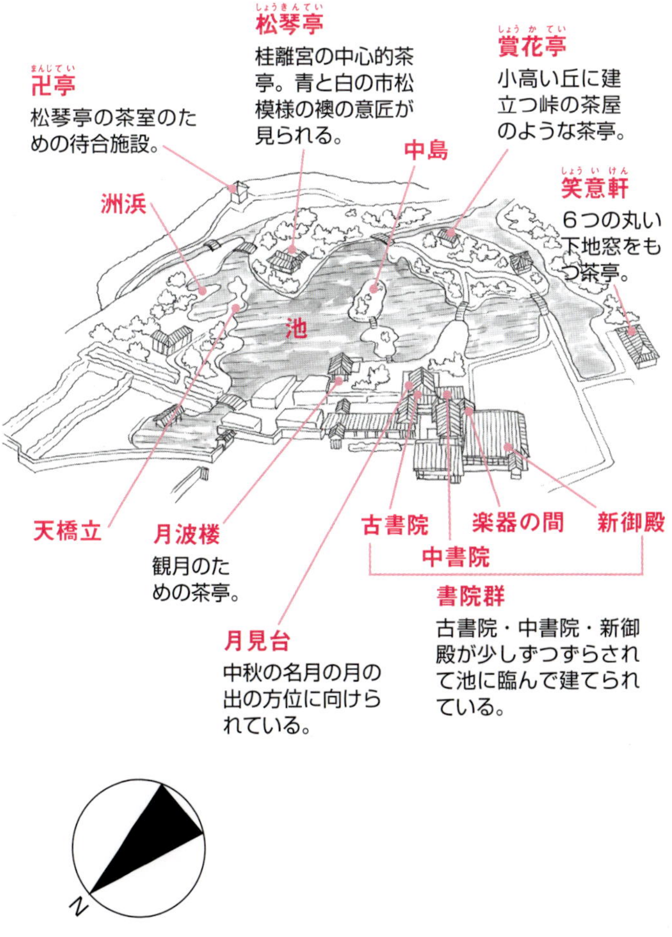
松琴亭《しょうきんてい》
桂離宮の中心的茶亭。青と白の市松模様の襖の意匠が見られる。
賞花亭《しょうかてい》
小高い丘に建つ峠の茶屋のような茶亭。
卍亭《まんじてい》
松琴亭の茶室のための待合施設。
中島
洲浜
笑意軒《しょういけん》
6つの丸い下地窓をもつ茶亭。
池
天橋立
月波楼
観月のための茶亭。
古書院
楽器の間
新御殿
中書院
書院群
古書院・中書院・新御殿が少しずつずらされて池に臨んで建てられている。
月見台
中秋の名月の月の出の方位に向けられている。
N

桂離宮探訪②

# 斬新なデザインをとり入れた桂離宮

桂離宮は、その技巧的で洗練された美が高く評価されていますが、いっぽうで、複雑な美や、モダンな美もとり入れられています。

## 技巧的な美しさ

桂離宮の中心的建築である書院群「古書院」「中書院」「新御殿」は、それぞれ建築年代が異なり、古い順にこうよばれています。書院造を基調とし、一部に数寄屋風がとり入れられています。茶室は「松琴《しょうきん》亭《てい》」「賞花亭《しょうかてい》」「笑意軒《しょういけん》」「月波楼《げっぱろう》」の４棟があり、それぞれ異なったたたずまいをしています。

これらの建築の内部の意匠の特徴は、簡素ななかに**技巧的な意匠**がとり入れられていることです。柱や丸太には面皮柱など多種多様な材が用いられ、床の間や違棚などには定型がありません。欄間や釘隠、襖の引手などには多彩なデザインが用いられています。

## 斬新なデザイン

たいへん凝ったつくりをしているものに新御殿上段の間の床の間にもうけられた「**桂棚**《かつらだな》」があります。古書院や中書院の違棚《ちがいだな》とは異なり、紫檀《したん》や黒檀《こくたん》、唐桑樺《からくわかば》など、外来の銘木がふんだんに使われています。違棚などが複雑に組み合わされていて、その緻密さは、簡素な桂離宮の中でひときわ異彩をはなっています。

茶亭・茶室では、斬新なデザインを見ることができます。松琴亭は、茅葺きの入母屋造の主屋に柿葺《こけらぶ》きの茶室がつながった、桂離宮で唯一の茶室で、遠州（→ 158ページ）好みの八窓席《はっそうせき》（8つの窓）で囲まれています。正面のひさしの下に、名産の瓜をかたどった可愛らしい窓が開けられ、床の間の貼付壁《はりつけかべ》や襖には、大胆な白と青の**市松模様の壁紙**が貼られています。

マメ蔵　日本建築に関する数々の書を著し、日本建築を評価したドイツ人建築家ブルーノ・タウトは、桂離宮を「泣きたくなるほど美しい」と絶賛しました。

## 桂棚の意匠

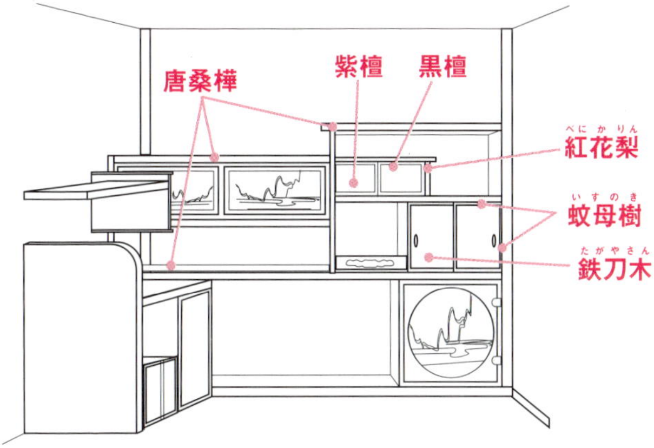
唐桑樺
紫檀
黒檀
紅花梨《べにかりん》
蚊母樹《いすのき》
鉄刀木《たがやさん》

多くの銘木を使用しており、その装飾性を酷評されたこともある。

## 松琴亭の大胆な意匠

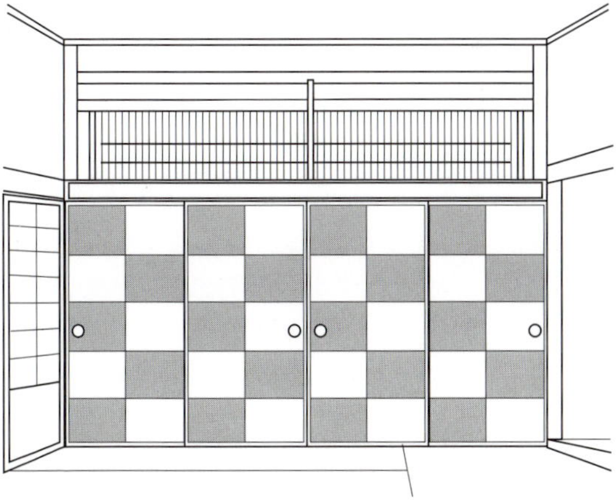

一の間と二の間に見られる、大胆な市松模様の襖。青と白の和紙（加賀奉書）が貼られている。

草庵風茶室

# 究極の数寄屋造　草庵風茶室

公家や武士の趣味であった茶の湯から権力を排除し精神性を高めるため、千利休により素朴で質素なつくりの草庵風《そうあんふう》茶室がつくられました。

---

## 書院造の中の茶室

**茶の湯**は、公家や禅宗の僧侶、武士らによって、屋敷内における茶室でおこなわれました。主人が茶を点てて客に提供することを楽しみながら、手に入れた珍しい茶道具を鑑賞したり、高価な茶器をくらべあったりするような華やかなものになりがちでした。

## 様式にとらわれない草庵風茶室

茶の湯は、室町時代の禅僧である村田珠光《むらたじゅこう》と、その弟子である茶人・**武野紹鷗**《たけのじょうおう》によって、茶道という精神的な作法にまで高められました。その後、紹鷗の弟子である**千利休**により、精神性を追求するわび茶（質素な茶）が完成され、わび茶を楽しむ場として**草庵風茶室**がつくられます。草庵とは、草葺きの小さな家のことです。

利休は、茶室の壁を土壁とし、丸太そのものや面皮付きの木材を柱に使い、天井には葦《あし》や木賊《とくさ》、窓には竹を用いるなど、自然素材を多用し、茶室をまるで田舎の民家のように仕上げます。

また、武士の権威を示す床の間を縮小し、花の一輪ざしを重視するなど、豪華絢爛をよしとした書院造からの影響を否定していきます。過去の建築様式にとらわれない自由な発想の草庵風茶室には、「茶道の本質は高価な道具や格式にあるのではなく、人の心のなかにある」という「**懐石**」（何ももてなすものがないときに、石を温めてもてなす心）がこめられていました。

こうして茶室は素朴さと質素さを追求した空間へと変貌をとげ、究極の数寄屋造といえる空間となりました。

マメ蔵　利休は、豊臣秀吉の依頼で、草庵風茶室とは正反対の金箔の茶室もつくっています。運搬可能な黄金茶室は、各所に運ばれ権力誇示に利用されました。

## 妙喜庵《みょうきあん》・待庵《たいあん》の室内

千利休が好んだ茶室として日本最古のもの。
わずか二畳の極小空間に「わび」の美を表現している。

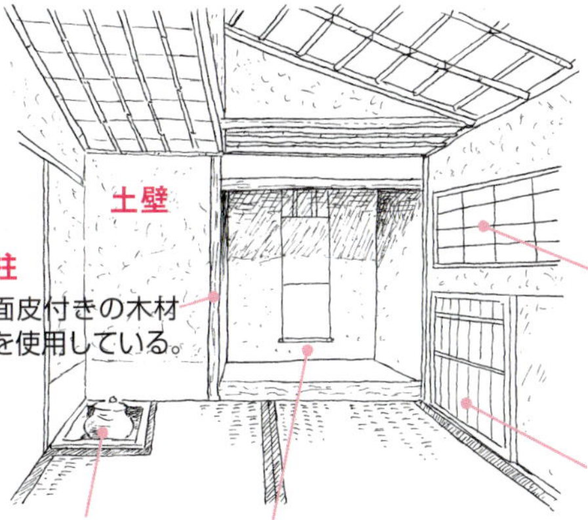
天井
棹縁の平天井や、化粧屋根裏の掛込天井などが組み合わさり、竹が多用されている。
土壁
柱
面皮付きの木材を使用している。
下地窓《したじまど》
壁土を塗り残し、下地が見えている窓。
にじり口
茶室にあがる際に用いる70cm×60cm前後の小さな出入口。
茶釜
床の間
違棚などはなく、掛軸をかけている。

## 今日庵《こんにちあん》・又隠《ゆういん》の外観と室内

千利休の孫の千宗旦《せんのそうたん》による四畳半の茶室。
建物の東南に採光のためのひさしの突上窓《つきあげまど》があるが薄暗く、利休好みの「わび」の造形。

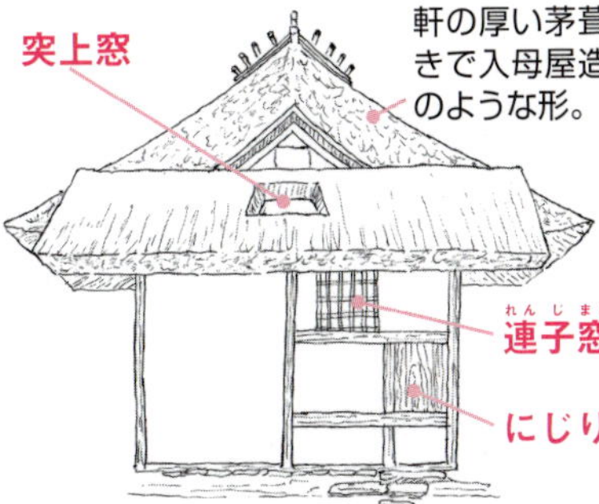
屋根
軒の厚い茅葺きで入母屋造のような形。
突上窓
連子窓《れんじまど》
にじり口

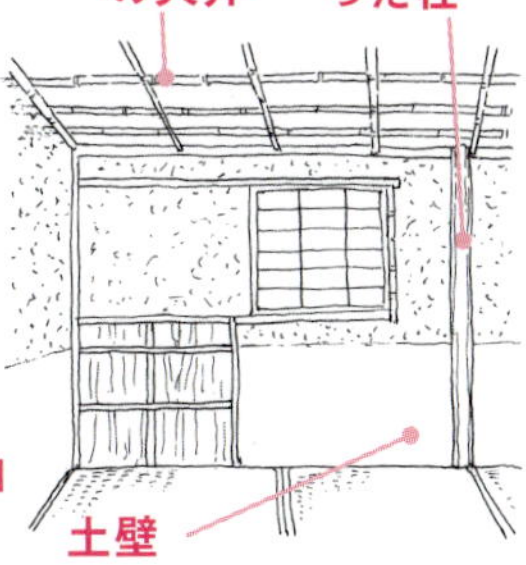
竹素材の天井
丸太を使った柱
土壁
質素な印象。

茶室の間取り

# せまさを求めた茶室

草庵風茶室は、質素であることに加え、せまさが追求されました。極小の空間で、お客との濃密な空間をつくり出しました。

---

## 茶室の基本は四畳半

茶室の元祖は、室町幕府第八代将軍足利義政が慈照寺《じしょうじ》（京都市、1489年建立。愛称は銀閣寺）の東求堂《とうぐどう》につくらせた**四畳半**の同仁斎《どうじんさい》といわれる書院です。当時の同仁斎は、違棚、付書院、板戸や明《あかり》障子などがもうけられた四畳半の座敷でした。本来は将軍義政の書斎でしたが、この書院座敷を利用して客にお茶を提供したことから、茶室の元祖とされています。

それ以来、茶室の広さは、義政の同仁斎をもとに四畳半が基本とされました。四畳半以上は広間とよばれ、それよりせまい茶室は小間《こま》と区別されました。

## わずか二畳の空間

四畳半の茶室が主流のなか、**千利休**は、**二畳**の茶室をつくります。京都市にある国宝・**妙喜庵**《みょうきあん》の**待庵**《たいあん》がその代表作で、利休が好んだ現存する日本最古で最小の茶室建造物でもあります。

豊臣秀吉は1582年、山崎城《やまざきじょう》を造営した際、利休に命じて城下に茶室をつくらせました。それが待庵です。茶席は秀吉のために一畳、利休のために一畳の計二畳からなり、次の間と勝手の間をふくめても、全体の広さは四畳半ほどしかありません。

このようなせまい空間に土壁や竹などの素材を使い、限界まで装飾を排して「**わび**」たつくりは、一説には天下人になる直前でおごり高ぶっていた秀吉を戒める意味がこめられていたのではないかとされています。

マメ蔵　利休自身「四畳半が茶の方式の根本」と言い、待庵をつくった以後も北野大茶湯《きたのおおちゃのゆ》や聚楽第《じゅらくだい》で四畳半茶室をつくっています。

## 四畳半茶室の基本形

茶室はこの四畳半の形を基本として
つくられているものが多い。

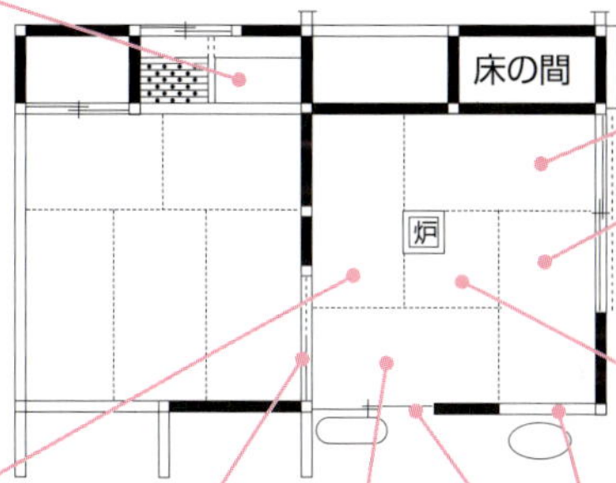
水屋《みずや》
茶会等の準備や後始末をしたり、茶事の道具類を置く場所。
貴人畳《きにんだたみ》
床の間の前にある上座で、主客が座る。
床の間
炉
客畳
主客以外の客が座る。
炉畳
炉が切ってある畳。
点前畳《てまえだたみ》
主人がお点前をする場所の畳。
茶道口《さどうぐち》
主人がお点前のために出入りする。
踏込畳《ふみこみだたみ》
茶道口の前の畳。
にじり口
貴人口《きにんぐち》
とくに身分の高い客のための出入口。

## 二畳茶室の例

千利休が手がけた妙喜庵・待庵の間取り。

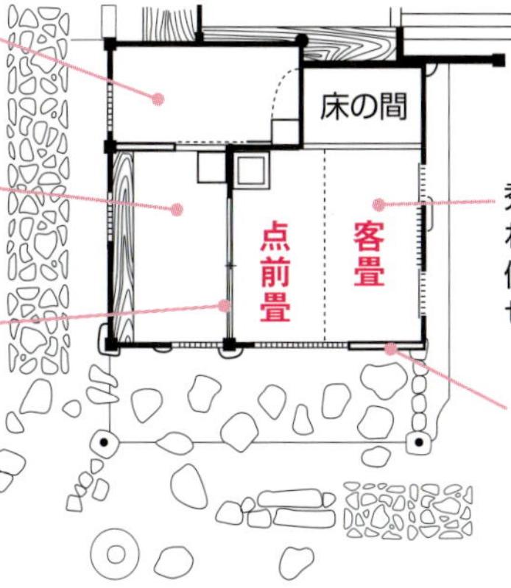
勝手の間（台所）
次の間
わずか一畳の控えの部屋。
茶道口
床の間
点前畳
客畳
秀吉と利休がそれぞれ一畳ずつ使う、きわめてせまい空間。
にじり口

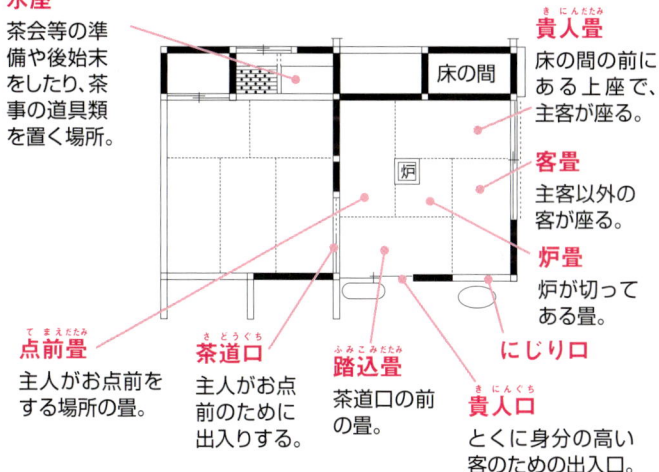

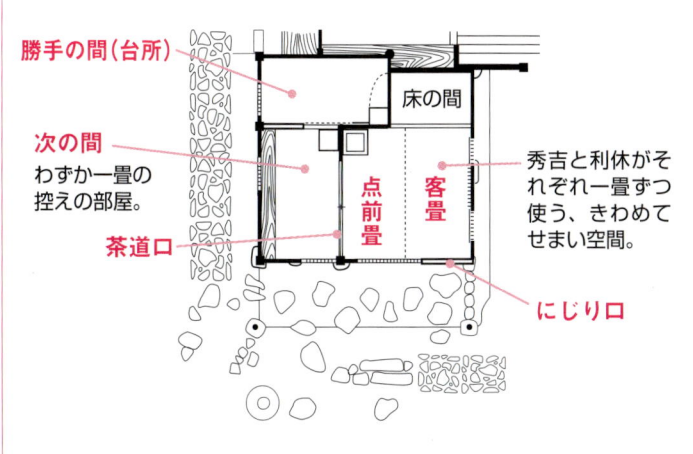

茶室の出入口

# 別世界への入口「にじり口」

**にじり口とよばれる茶室の入口は大人一人が通れるほどのスペースです。にじり口を通ることで、日常から離れた別世界へといざなわれます。**

## かがんで入るにじり口

茶室の出入口を**にじり口**といいます。千利休によって考案された2尺2寸（約66㎝）四方の小さな開口部で、立ったままでは出入りすることができません。入るときは膝を折り、正座をするような体勢で頭をかがめます。出るときも、まず頭を外に出して足をおろします。

「にじる」とは両手をついて膝で進む動きのことで、出入りの際にこの格好になることから名づけられました。

## 小さな入口の秘密

もともと茶室は、外の世界（日常）から隔絶された別世界としてつくられました。にじり口は**外との結界**であり、ここを通る行為には、俗世のけがれを落とすという意味がこめられました。開口部を小さくしたのにも理由があり、日常の身分や地位の高低に関係なく、誰であれ頭を下げて敬いの気持ちをもって茶室に入らせるためです。

また、武士が刀を差したまま入れないようにする目的もありました。刀は外にもうけられた**刀掛**《かたなかけ》に置かれました。さらに、にじり口を低い位置にもうけることによって、茶室に入った瞬間にせまさを感じさせない演出になっています。

にじり口以外に**貴人口**《きにんぐち》や**茶道口**《さどうぐち》、**給仕口**《きゅうじぐち》をもうける場合もあります。貴人口は身分の高い人の出入口で、二枚障子になっており、立ったまま出入りすることができます。茶道口と給仕口は主人側の出入口で、点前や給仕のために使います。茶具などが持ち運びできる寸法につくられていて、アーチ型の火灯口《かとうぐち》にするのが一般的です。

マメ蔵　にじり口は、朝鮮の民家の入口にヒントを得て考案したのではないかと考えられています。

## にじり口のようす

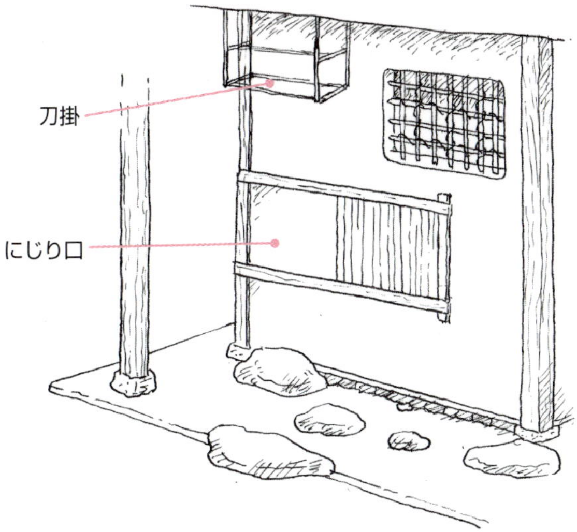
刀掛
にじり口

## 貴人口のようす

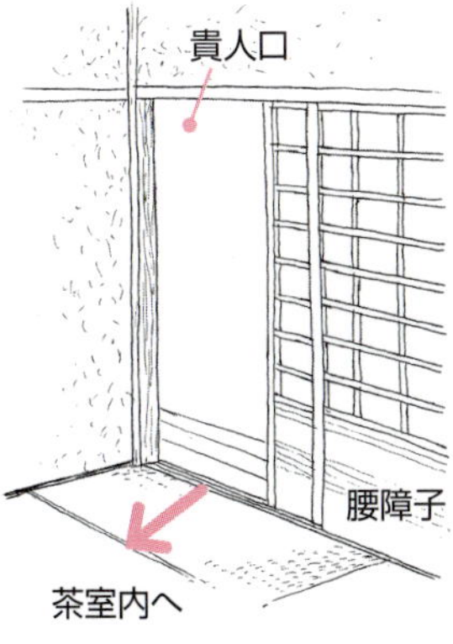
貴人口
腰障子
茶室内へ

## 茶道口のようす

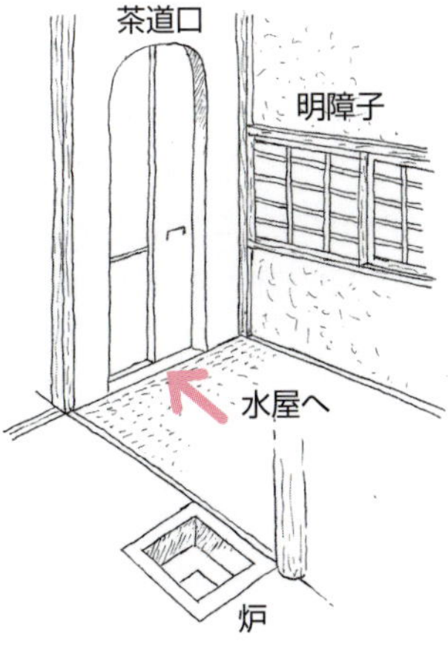
茶道口
明障子
水屋へ
炉

茶室の窓・利休編

# 茶室は窓がおもしろい！　①

**茶室の窓は、室内に入る光を味わうために、さまざまな工夫がされています。**

## うす明かりの空間

**千利休**は光を茶道を乱すものと考え、茶室に入る光を嫌いました。それまで使われていた障子をやめ、茶室の周りを土壁でおおい、必要に応じて最小限の大きさの窓を開けるという手法をとりました。それによって、昼間でもうす暗い、うす明かりの状態をつくり出し、茶道に奥行きのある陰影をつくり出しました。

利休以後に活躍する織田有楽斎《おだうらくさい》、古田織部《ふるたおりべ》、小堀遠州《こぼりえんしゅう》といった茶人たちは、利休とは逆に室内を明るくするため、茶室の窓を大きくするとともに、さらに多くの窓をもうけました。

## 利休の考案したさまざまな窓

利休が完成させた**草庵風茶室**は、**格子窓**、太さのちがう竹を格子状にした**連子窓《れんじまど》**、壁土を塗り残して下地の竹材を見せた**下地窓《したじまど》**、上部からの明かり採りと換気機能をあわせもつ**突上窓《つきあげまど》**など、さまざまな形態の窓が特徴です。これらすべては、利休が考案したものといわれています。利休はこれらの小さな窓によって、格子越しにあわい光を採りこみうす明かりの状態をつくり出し、厚い土壁でおおわれた茶室を、よりいっそう趣ある空間に演出しました。

利休の遺構とされている国宝の**妙喜庵《みょうきあん》・待庵《たいあん》**（京都市）は、最初に窓がつけられた茶室で、半立ちになったときだけ外が見える連子窓と座ったときだけ外が見える下地窓という、立ち振るまいに応じて用いる最小限の窓をもうけました。招かれたお客は、茶の湯とともに、座敷に映し出される光や影の形を楽しんだにちがいありません。

マメ蔵　窓の四隅の断面に丸みをつけてやわらかく仕上げることを「蛤刃《はまぐりば》」といいます。貝の口のように丸く塗り回すことからこうよばれています。

# 妙喜庵・待庵に見る茶室の窓

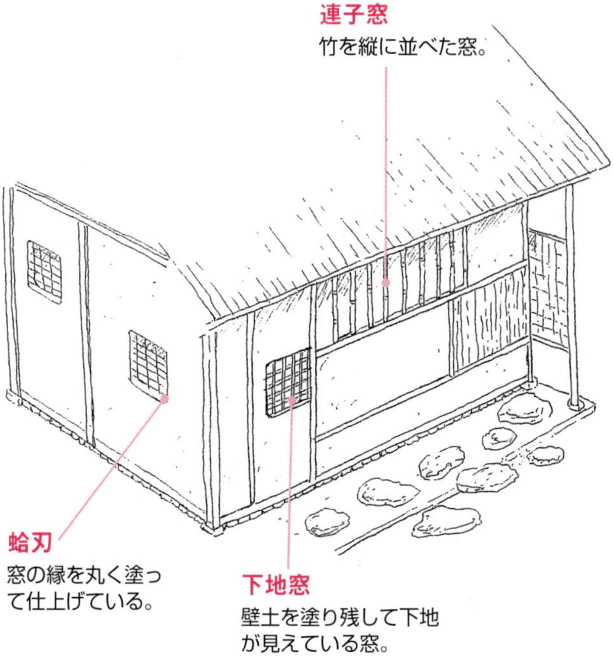
連子窓
竹を縦に並べた窓。
蛤刃
窓の縁を丸く塗って仕上げている。
下地窓
壁土を塗り残して下地が見えている窓。

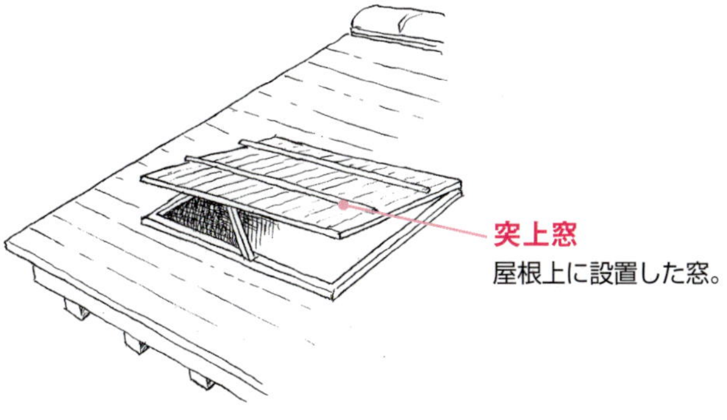
突上窓
屋根上に設置した窓。

茶室の窓・遠州編

# 茶室は窓がおもしろい！ ②

**江戸時代初期に活躍した大名茶人・小堀遠州《こぼりえんしゅう》は、たくさんの窓をもうけ、光のつくる美しさを演出しました。**

## きれいさびの小堀遠州

利休には七哲とよばれる弟子があり、その一人である戦国大名・古《ふる》田《た》織部《おりべ》などに茶の湯が受け継がれていくと、草庵風茶室の簡素美から大名にふさわしい「**書院風茶室**」へと変化していきます。織部の志向を伝える茶室として燕庵《えんあん》が知られ、たくさんの窓が機能を考えてもうけられています。

**小堀遠州**は、古田織部の弟子として、織部の創作的な茶の湯を受け継いだ茶人です。遠州の茶の湯は「**きれいさび**」とよばれ、新しい時代のスタイルとして流行しました。きれいさびとは、簡素な美しさを表現した利休のわびを基盤に、王朝文化のきらびやかさが加えられた茶の湯です。光の妙を楽しむ茶室で、明るい色や舶来の茶具を用いるなど、均整のとれた美しさが特徴です。

## 遠州がつくった８つの窓

遠州は、窓を多くもうけることによって、せまい茶室から圧迫感をなくし、ぱっと華やぐような美しさを加えました。もっとも好んだのは**八窓席《はっそうのせき》**（八窓庵《はっそうあん》ともいう）です。八窓席とは８つの窓がある茶室のことで、京都市にある金地院《こんちいん》八窓席や曼殊院《まんしゅいん》八窓軒が、代表的な八窓席の茶室です。

このほか遠州は、連子窓の上に下地窓をつけて、２つの窓をワンセットでもうけることも得意としました。大きさや形の違う窓を配置することによって、明かりをとり入れるだけでなく、座敷に投影される影が茶室に彩りを添えました。

マメ蔵 枯山水《かれさんすい》の庭として知られる龍安寺《りょうあんじ》の石庭は、遠州作ではないかと推測されています。

## 曼殊院八窓軒

壁面の下地窓、連子窓、掛込《かけこみ》天井の突上窓など
合わせて８個の窓をもつところからこの名がついた。
（修築などを経て、現在は窓の数が減っている）

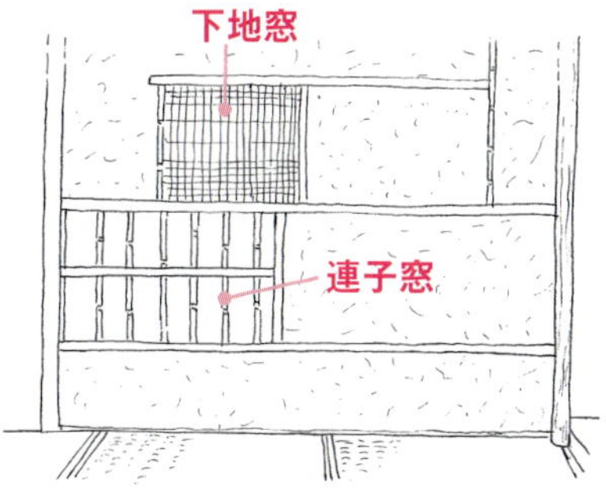


連子窓と下地窓がセットになっているのが「遠州好み」。

茶室と土壁

# バリエーション豊富な土壁

茶室には壁の材料に土が使われました。色や感触、匂いなど、土のもつしっとりとした味わいが、茶の湯の空間を演出しました。

## 茶室の中はすべて土壁

**草庵風茶室**《そうあんふう》の特徴のひとつが**土壁**です。茶人・武野紹鷗《たけのじょうおう》は茶室の壁を、それまでの**貼付壁**《はりつけかべ》（紙や布を貼った壁）から土壁にし、簡素さを表現しました。ただし神聖な床の間だけは、それまでの慣例にしたがって貼付壁のままでした。後を引き継いだ千利休が、「荒壁ニ掛物オモシロシ」（大切な掛物も土壁にかけてよい）と主張し、床の間の壁を土壁に改めた例があります。

## 土壁の種類

土壁は材料となる土の種類や工法、仕上げ方によってそれぞれ名前がつけられています。温かみのある独特な風合いを出すため藁スサや聚楽《じゅらく》土、漆喰、紅殻《ベンガラ》、錆など、さまざまな材料が用いられています。

**荒壁**とは粘土質の荒い土に細かく切ったスサ（藁のくず）を混ぜたものを、下地の木舞《こまい》（縦横に組んだ竹）に塗り付けたものです。本来は下塗り段階のものですが、草庵風茶室の場合は、このままで完成です。スサを混ぜることによって、壁の亀裂をふせぐと同時に、表面に藁模様が浮き上がるので、**スサ壁**ともよばれます。利休作の待庵が代表例とされています。**聚楽壁**は、秀吉が建てた聚楽第付近から産出される土を用いたもので、これを荒壁に塗ると、黄褐色の中に黒点や錆が現れ、趣のある壁になります。漆喰は消石灰《しょうせっかい》ににがりを入れ、スサを加えて練ったもので、白く仕上がります。**紅殻壁**は漆喰に赤褐色の酸化鉄（紅殻）を混ぜます。錆壁は鉄粉などを混ぜたもので、全体的にほの暗い仕上がりとなります。

マメ蔵 茶室の土壁の下部には「腰張《こしばり》」とよばれる紙や布が張られました。腰張は壁の土のはがれや色落ちを防ぐとともに、着物を汚さない工夫でもありました。

## 土壁の構造

竹で骨組をつくり、
そこに壁土を何度も塗り込んで仕上げていく。

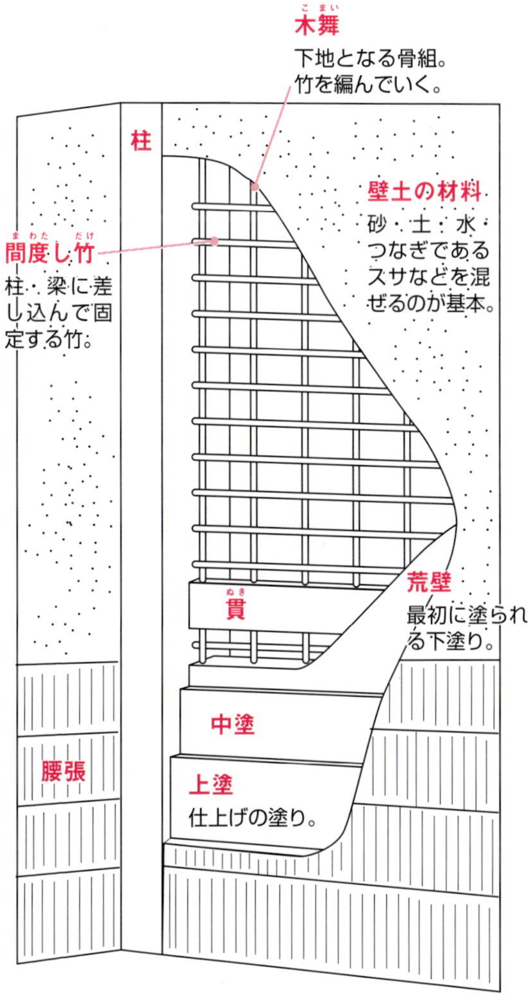
木舞《こまい》
下地となる骨組。竹を編んでいく。
柱
壁土の材料
砂・土・水・つなぎであるスサなどを混ぜるのが基本。
間度《まわた》し竹《だけ》
柱・梁に差し込んで固定する竹。
荒壁
最初に塗られる下塗り。
貫《ぬき》
中塗
腰張
上塗
仕上げの塗り。

茶室の露地

# 茶の湯の世界へといざなう露地

**茶の湯の空間は、茶室と露地から成り立っています。露地は茶室へといざなうアプローチで、茶会の気分を盛りあげる空間です。**

## 日常から離れるための通路

茶の湯の空間は、茶室の建物と外にもうけられた**露地**《ろじ》とよばれる庭から成り立っており、露地までふくめて茶室と称することもあります。露地は、たんに茶室の中から眺めて楽しむものではなく、茶室へと通じる間合いの空間です。茶の湯の世界へいざなう大切なアプローチであるとともに、世俗から隔離するための結界でもあります。招かれた客は、露地をめぐることで一切の日常を断ちます。

千利休は露地を「浮世の外の道」と教え、**露地門**（露地の入口）を入るときから茶の湯は始まる、と説きました。

## 茶室へいざなうさまざまなしかけ

露地は内露地と外露地に区分され、分け隔てるための**中潜**《なかくぐり》という門があります。この中潜を境として、茶室に近いほうを内露地、遠いほうを外露地といいます。足元には歩きやすい歩幅に合わせた間隔で**飛**《とび》**石**《いし》が置かれていて、飛石をひとつひとつ踏んでいけば、自然と茶室へ行き着けるようになっています。

露地には**寄付**《よりつき》、**腰掛待合**《こしかけまちあい》、雪隠《せっちん》、**つくばい**などが設置されています。寄付は茶席に招かれたお客が待ち合わせる場所で、ここで着物を整えます。腰掛待合は、客が主人の出迎えを待つ場所です。雪隠はトイレのことで、外露地に下腹《したばら》雪隠、内露地に砂《すな》雪隠がもうけられます。

さらに茶室の近くにつくばいが用意されています。これは、客が茶室に入る前に手を清める手水鉢《ちょうずばち》です。また、夜の茶会の際は、露地の明かりとして石灯籠が用いられます。

マメ蔵　露地の途中、分岐路の飛石の上にこぶし大の丸石を縄で縛って置いてあることがあります。これは「ここより先ご遠慮ください」という、通行止めの目印です。

## 茶室までの道のり

今日庵《こんにちあん》・又隠《ゆういん》(→151ページ)の露地。

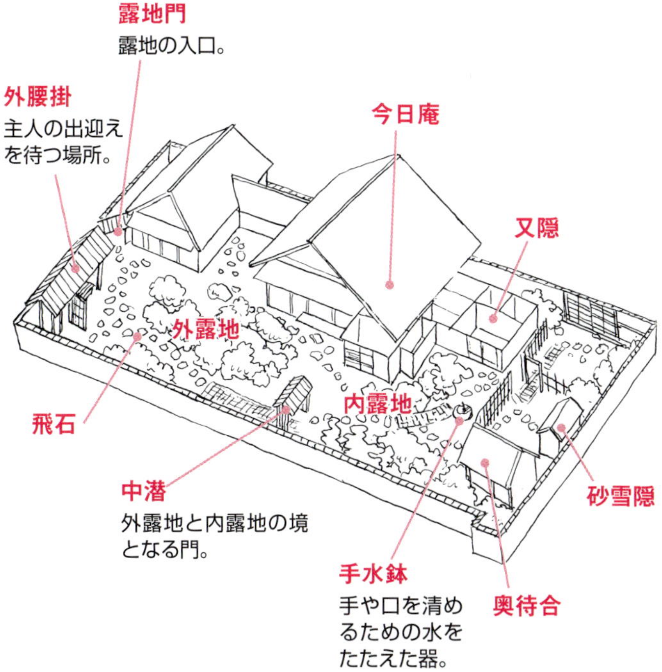
露地門
露地の入口。
外腰掛
主人の出迎えを待つ場所。
今日庵
又隠
外露地
飛石
内露地
中潜
外露地と内露地の境となる門。
砂雪隠
手水鉢
手や口を清めるための水をたたえた器。
奥待合

千利休が人為を感じさせない自然の趣のある露地を好んだのにくらべ、古田織部《ふるたおりべ》や小堀遠州《こぼりえんしゅう》は鑑賞を重視し、大ぶりの飛石を好むなど、作意が強く表れた露地をつくった。

コラム 5

## 秀吉と利休

戦国時代の茶人・千利休（1522 ～ 1591 年）は、もともとは織田信長の茶頭《さどう》（茶道の師匠）でしたが、本能寺の変で信長が討たれた後、豊臣秀吉に仕えます。

1585 年、秀吉の関白就任を記念して催された「禁裏茶《きんりちゃ》会《かい》」をとり仕切った利休の名は、“天下一の茶聖《ちゃせい》”として全国に知れわたります。京都の北野天満宮境内において秀吉が主催した、出身や身分をこえた大規模な茶会「北野《きたの》大茶湯《おおちゃのゆ》」の演出も、利休によるものでした。

こうして利休は、茶聖の名を不動のものとするとともに、秀吉から絶大な信頼を得ます。そしてしだいに、茶の湯の範疇をこえ、秀吉の側近として力をつけていきます。秀吉は利休を使って茶の湯を政治的に利用し、いっぽうの利休も、わび茶を世間に広めるため秀吉を利用しました。

しかし 1591 年、利休はとつぜん秀吉の逆鱗《げきりん》に触れ、切腹を命じられます。何が秀吉の怒りをかったのかは定かではありません。

黄金の茶室をつくらせた派手好みの秀吉に対して、わび茶をめざした利休が秀吉に批判的だったのは事実です。たびたび反発する利休の態度に、秀吉の怒りが頂点に達したのかもしれません。

秀吉から切腹をいい渡された利休は、聚楽第にあった利休屋敷で自害し、70 歳の生涯に幕を閉じました。

写真提供：京都府大山崎町

第6章

# 民家・町家を知る
## ―庶民の住む家

寒い地方の住まい、暑い地方の住まい……
風土とともに発展してきた民家には、さまざまな形があります。
都市の住まいである町家や、防火対策から発展した土蔵造など、
かぎられた環境で快適に暮らすための知恵に迫ります。

日本の民家の原点

# 日本最初の竪穴式住居は閉鎖的だった

縄文時代の日本人は竪穴式住居に住んでいました。日本の住まいの原点とはいったいどのようなものだったのでしょうか。

## 古代の住まい

日本最古の住まいである**竪穴式住居**は、旧石器時代後期からつくられ始めました。それまでの人々は、洞窟や岩陰で雨風をしのいで暮らしていました。季節や天候で変わる自然環境を生き抜くため、さまざまに試行錯誤をくり返しながら生まれたのが、地面に穴を掘ってつくる竪穴式住居でした。旧石器時代に誕生した竪穴式住居は、縄文時代以降盛んにつくられるようになります。弥生時代の集落遺跡からは、**伏屋《ふせや》式**と**壁立《かべたて》式**の竪穴式住居跡が見つかっています。伏屋式とは地面に屋根を伏せたような形で、壁立式は壁をもつ住居です。一般の住居は伏屋式で、壁立式は集落を取りまとめていた首長クラスの大型住居だったと考えられています。その後、竪穴式住居は、庶民の住まいとして定着しましたが、飛鳥時代以降になると、徐々に平地に建てる掘《ほっ》立柱《たてばしら》式の住居へと移行していきます。地域によっては、竪穴式住居が平安時代までつくられていました。

## 竪穴式住居の構造

竪穴式住居は、名前のとおり地面に数m大の円形や方形の竪穴を掘り下げてつくります。土の温度は一年を通して18度前後と一定しているので、穴を掘ることで暑さや寒さをしのぐことができました。

構造は、穴の中に数本の柱を立て、それを梁や桁などの水平材で固定し、上部に垂木を組んで骨組とします。屋根は茅や藁などの植物を葺いて仕上げます。このような竪穴式住居の基本構造は、日本の農家や民家の住まいのもととなっていきました。

マメ蔵 竪穴式住居の竪穴の深さは70～80cmが一般的ですが、地域や時代によって違います。北海道標津《しべつ》町のカリカリウス遺跡の住居穴は、2m以上もあります。

## 竪穴式住居の構造

**伏屋式**

竪穴に立てた柱に梁を渡し、壁をつくらずに垂木を円錘状に組み、地面に伏せたような状態で屋根を葺きおろしたもの。

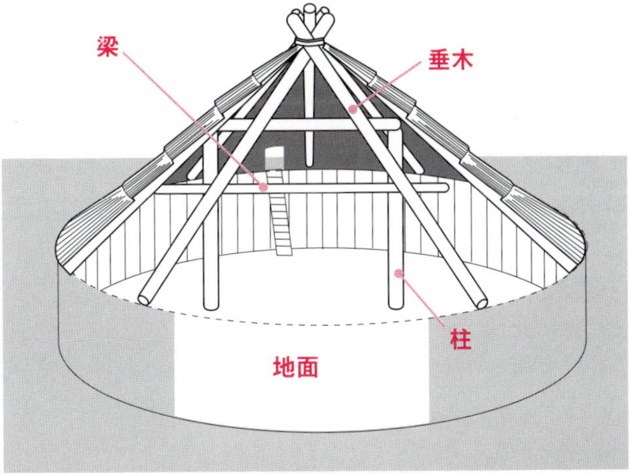
梁
垂木
柱
地面

**壁立式**

竪穴の壁に沿い、柱を立てて骨組をつくり、外側に壁を立て、その壁で屋根の垂木をうけたもの。

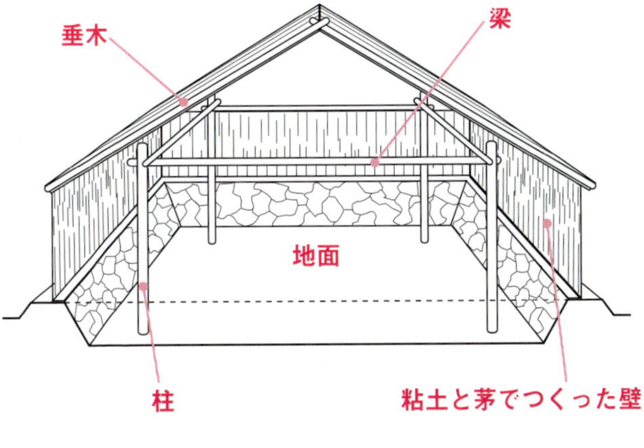
垂木
梁
地面
柱
粘土と茅でつくった壁

田の字型の間取り

# 農家建築の一般的な間取りは？

日本の民家には、4つの部屋を漢字の田の字のように配置する「田の字型」とよばれる間取りが多く見られます。

## もっとも多い「田の字型」

一般的な民家の間取りは、屋根の形状、木組の構造、土地の風土や産業、その家の生活様式などを要因に各地で独自にはぐくまれるものですが、日本の民家では古くから「**田の字型**」とよばれる間取りが多く普及してきました。田の字型とは、片側に土間をもうけ、反対側に居間とふた間続きの座敷、それに寝間の4部屋が田の字のように配置されている間取りのことです。

中央に**大黒柱**をバランスよく等間隔に配置するため、このような間取りになったといわれます。田の字型は狭い空間の中に4つの居室を合理的に確保できます。

また、冠婚葬祭などで人がたくさん集まる場合は、部屋どうしの境の襖を外すだけで、すぐに使い勝手のよい広い一部屋にすることができます。

## 部屋の機能とよび方

田の字型で構成される部屋の機能や役割はおおむね決まっています。「だいどこ」または「かって」とよばれる部屋は、食事や一家団らんに使われます。

玄関横には居間が配置され、「でい」などとよばれます。

縁側に面した奥の部屋が家の中でもっとも格式が高い客間で、儀式に使われたり格別の客を迎える部屋「おくのま」とよばれます。

最奥の北側の部屋が寝室で、「なんど」や「へや」とよばれます。そのほか、土間には炊事場、厩《うまや》などがもうけられていました。

マメ蔵 田の字型プランは、他の間取りとくらべて部屋の数を多くもうけられるので、現代のマンションにおいても一般的な間取りとなっています。

## 田の字型の間取り

4つの部屋を田の字型に配置した間取りは、
民家によく見られる形。

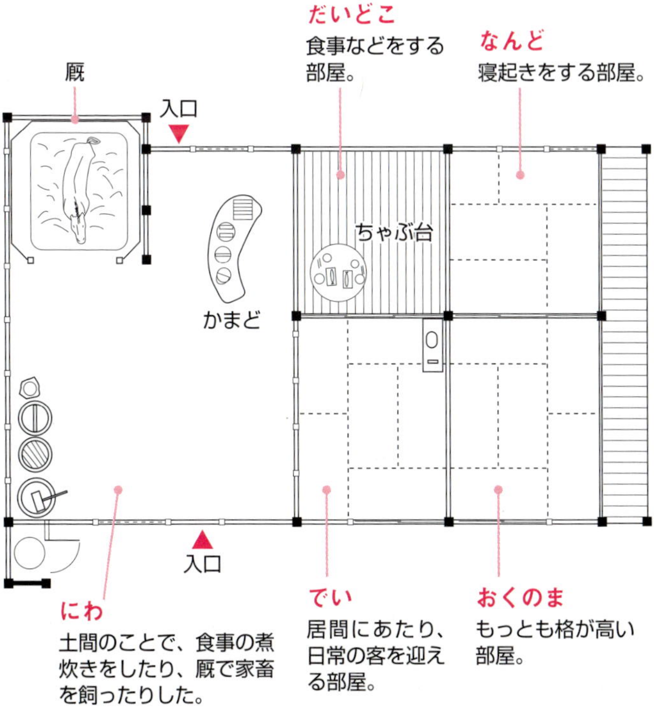
だいどこ
食事などをする
部屋。
なんど
寝起きをする部屋。
厩
入口
ちゃぶ台
かまど
入口
にわ
土間のことで、食事の煮
炊きをしたり、厩で家畜
を飼ったりした。
でい
居間にあたり、
日常の客を迎え
る部屋。
おくのま
もっとも格が高い
部屋。

民家の形式①

# 風土によって異なる民家の形

南北に細長く、四季のある日本では、それぞれの土地の気候・風土に適した民家形式が発達しました。

---

## 日本各地の民家の形

日本の伝統的な民家と聞いてどのような建物をイメージするでしょうか。雑草や苔が生えた「茅葺き屋根」、黒光りして風格のある「太い柱や梁」、かまどのある広い「土間」、深いひさしの下の「縁側」、仕切り壁の少ない開放的な「間取り」、どれも伝統的な民家の大きな特徴です。日本の民家は、一見するとみな同じようなつくりに見えますが、気候・風土に応じて地域ごとに異なることがわかります。

## 民家の形が伝える暮らし

民家の形が地方によって異なるのは、その土地の生活様式や産業、気候の違いといった地域性を反映しているためです。

棟がL字型に曲っている**曲家**《まがりや》は、雪深い東北や日本海側の地域などに多く分布している民家型式です。**中門造**《ちゅうもんづくり》とともに、馬の飼育のために発展した形で、南側に厩《うまや》が突き出しているのが特徴です。北陸などの豪雪地帯では、**合掌造**《がっしょうづくり》が多く見られます。厳しい自然条件で開墾が進まず分家できなかったため、大世帯であったことや、養蚕業を営んでいたことなどからこのような大型住居が形成されました。

勾配の強い茅葺きの切妻屋根の両端に一段高い（低い）瓦をのせ、ひさしをつけた**高塀造**《たかべいづくり》**（大和棟**《やまとむね》**）**は大和〜河内地方に多く見られます。**本棟造**《ほんむねづくり》は信州の代表的な民家形式です。屋根の勾配がゆるやかで、板葺きの妻入になっていて、比較的裕福な農家に多いです。九州地方には変わった形の民家が多く、屋根が2つに分かれた二棟造《ふたむねづくり》や、その二棟をコの字につないだ、**くど造**とよばれる形式などがあります。

マメ蔵　各地の風土や産業と結びついて生まれた伝統的な民家は、明治以降の近代化の進行とともに変容し、減少していきました。

## 各地方の代表的な民家の形

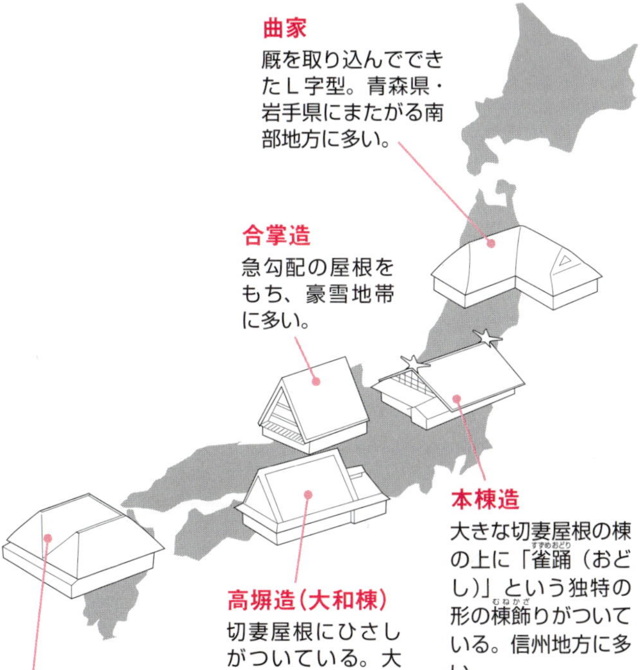

**曲家**
厩を取り込んでできたL字型。青森県・岩手県にまたがる南部地方に多い。

**合掌造**
急勾配の屋根をもち、豪雪地帯に多い。

**本棟造**
大きな切妻屋根の棟の上に「雀踊《すずめおどり》（おどし）」という独特の形の棟飾《むねかざ》りがついている。信州地方に多い。

**高塀造（大和棟）**
切妻屋根にひさしがついている。大和～河内地方にかけて見られる。

**くど造**
大きな二棟をコの字につないで屋根を低くし、台風などの強風にそなえたつくり。「くど」とは「かまど」の意味で、形が似ているからその名がついた。佐賀県に多い。

民家の形式②

# 寒い地方の合掌造

**合掌造《がっしょうづくり》は、豪雪地帯の民家に多く見られる形式です。飛騨《ひだ》地方の白川郷や五箇山《ごかやま》の合掌造集落は、ユネスコの世界文化遺産に登録されています。**

## 急勾配の三角屋根

巨大な切妻の茅葺き屋根をもつ住宅建築である**合掌造**の特徴は、とても急な勾配の屋根です。一般的な民家の屋根が45度以下なのに対し、合掌造の屋根は60度もの勾配があります。また、葺き上げた茅の厚みが1mにおよぶものもあります。

このような独特な屋根形状は、雪対策のためです。飛騨地方は日本有数の豪雪地帯で、冬の積雪が2mを超えることもあります。湿気を多くふくんだ雪の重さに耐えながら、屋根からできるだけ早く雪を落とすため、**急勾配のぶ厚い三角屋根**がつくられました。

ちなみに合掌造という名前は、屋根の形が合掌したときの手の形に似ていることに由来しています。

## 合掌造の構造

合掌造は、柱や桁、梁で構成される**軸組**と、三角形の**小屋組《こやぐみ》**からなり、2つは構造的にも空間的にも分離しています。釘は一本も使わず、縄でしばったり、継手《つぎて》や仕口《しぐち》で木材を組み合わせたりしてつくられていて、家全体がしなるようなつくりとなっています。

これらの建造や屋根の葺き替えは、周辺に生える材料を使って、近隣の人たちの助け合いによっておこなわれたもので、周囲の自然環境、住民たちの関係から生まれた建築といえます。

小屋組部はさらに2層に区切られ、下は「アマ」、上は「ソラアマ」とよばれます。小屋組なので一般的な屋根裏と違い垂直に貫く柱がなく、内部は広い空間が広がり、かつては養蚕がおこなわれていました。

マメ蔵　合掌造には囲炉裏《いろり》が欠かせません。囲炉裏の煙によって建物全体がいぶされると、木の腐食をふせぐことができ、シロアリなどの害虫も寄せつけません。

## 合掌造の構造

豪雪地帯に見られる、
風雪に耐えるつくりとなっている。

**合掌材**

雪の重みにも耐えられる、屋根を支える太い柱。

**屋根**

雪が落ちやすいよう、60度という急傾斜になっている。寒い外気をふせぐぶ厚い茅葺き。

**屋根裏**

広い空間の屋根裏は何層かに区切られ、養蚕がおこなわれた。

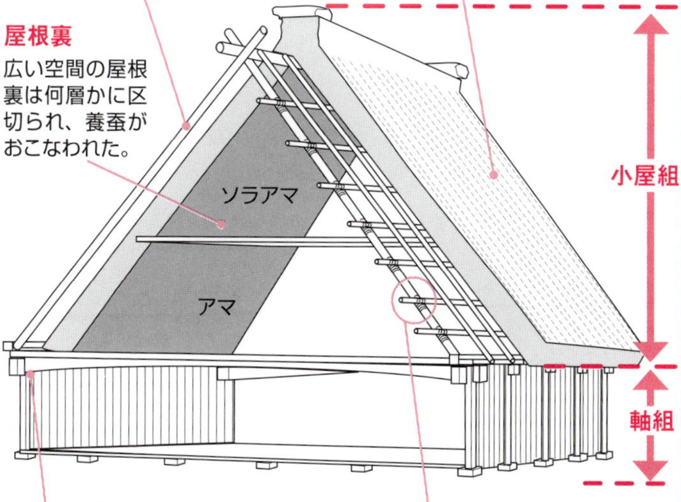


**手《ちょう》斧《な》梁《ばり》**

屋根はこの梁の上にのせる。大きな屋根を支えるため、さまざまな方向に力を分散させている。

**ネソ・縄**

ネソとは周辺で採れる植物の若木のこと。釘を使わずに縄とネソで木を結ぶ。

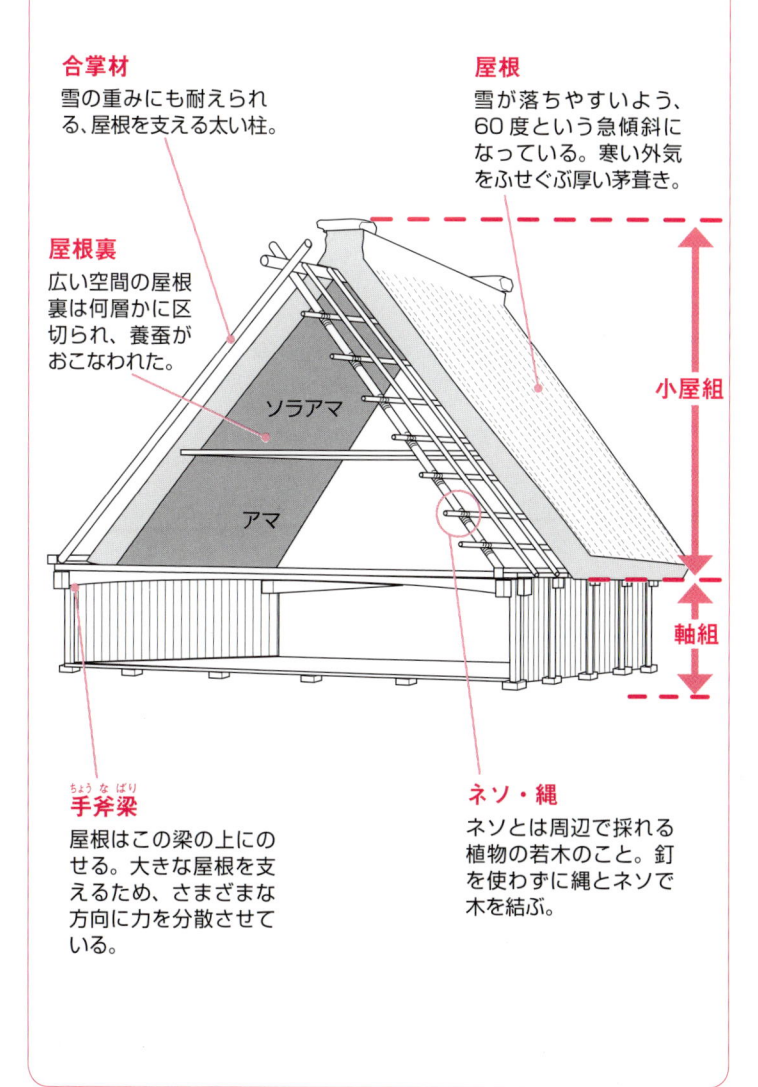

民家の形式③

# 海辺につくられた住まい 舟屋

舟屋とは、海辺に建てられた漁師の住まいです。すぐに漁に出られる機能的なつくりになっています。

## 地形が生んだ建物

京都府北部に位置する丹後《たんご》半島の一端に、「**伊根《いね》の舟屋《ふなや》**」として知られている漁村・伊根町があります。舟屋とは、伊根湾に臨む海岸沿いに建てられた、伊根特有の漁師の家です。切妻屋根の２階建で、１階は海に開放された**舟揚場《ふなあげば》**となっています。まるでガレージに車を入れるように、階下に舟を着けられます。上の階は縄や網などを修理する作業場兼漁具置き場ですが、最近はこの部分を改造、居室とした民宿を営む漁師も増えました。舟屋の奥に母屋があり、そこを住まいとしています。この機能的な漁師の家は、三方を山に囲まれ、平地が少ないというこの土地特有の地形から生まれました。また、伊根湾は干満の差が小さく、年間を通しても海面の上下は50～60cm程度しかありません。海底も海岸線近くから急に深く落ち込んでいて、舟の出し入れにとても適した場所なのです。

## 舟屋の構造

舟屋の構造は、石積みを基礎とし、その上の土台や柱には椎《しい》、梁には松が使われています。椎や松は海沿いの防風林として植えられている木で、乾燥と湿気に強く、潮風に対する抵抗力があります。屋根には塩害に強い瓦が使われています。

間口は二隻引、三隻引など、引き込む舟の数で違いますが、どの舟屋も海に向かって妻入になっており、２階に窓がもうけられています。かつては魚網を引き上げて干したりするため、２階に床はなく（１階の天井もない）、数枚の足場板が渡されていただけでした。

マメ蔵　伊根には約230棟の舟屋が現存します。かつては草葺き屋根の平屋でしたが、終戦後にブリがたくさんとれ、そのブリ景気で２階建に建て替えられました。

## 伊根・舟屋のようす

1階部分は半分海につかったような形で
舟揚場となっている。
ここから舟を直接海に出すことができる。

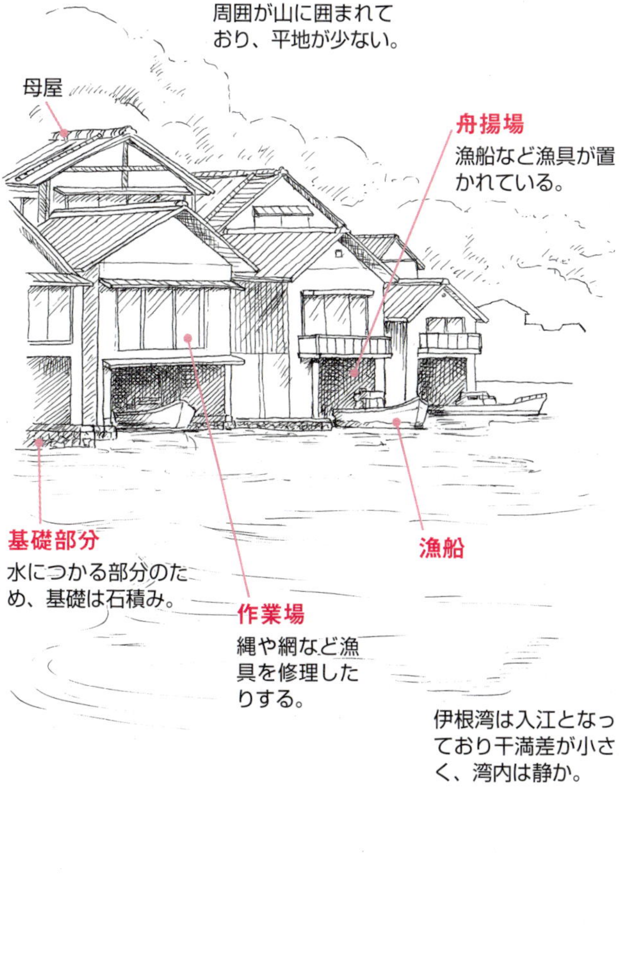
周囲が山に囲まれており、平地が少ない。
母屋
舟揚場
漁船など漁具が置かれている。
基礎部分
水につかる部分のため、基礎は石積み。
作業場
縄や網など漁具を修理したりする。
漁船
伊根湾は入江となっており干満差が小さく、湾内は静か。

民家の形式④

# 川の中につくられた住まい 輪中

川に囲まれた輪中《わじゅう》では、水害から暮らしを守るため、高く積み上げた石垣の上に建物が建てられました。

## 川の中の集落

**輪中**とは、江戸時代に川と川の間にできた中洲に形成された集落のことです。川よりも土地のほうが低いため、たびたび洪水に悩まされました。水害に備えて中洲の周りを堤防で輪のように取り囲んだことから、「輪中」とよばれるようになりました。このような危険な土地にわざわざ堤防をめぐらせてまで住んだのは、水が豊かで肥沃《ひよく》な土地だったからです。人々は輪中に水田をつくり、稲を育てました。

とくに有名なところでは、濃尾《のうび》平野を流れる木曾三川（木曾《きそ》川・長良《ながら》川・揖斐《いび》川）とその支流が入り組む地帯です。明治期に大規模な治水事業がおこなわれて以降は、**輪中堤防**の必要性はなくなっています。

## 輪中の住まい

かつての輪中では、どの住居にも天井裏へ避難できる階段がもうけられ、建物内部は水が通り抜けやすいように壁を少なくし、川の上流と下流に面した場所は障子戸にするなど、水害に備えたつくりになっていました。なかでも特徴的なのが梁と滑車を使った「**上がり仏壇**」です。浸水があると、仏壇をロープで一気に天井裏に上げて守ることができます。さらに軒下には、水害時の移動に使う「**上げ舟**」が備えつけられていました。このほか、母屋より高く石垣を積んだ場所に2階建の**水屋**《みずや》も建てられました。普段は離れとして、また家宝や食料を保管する倉庫として使いますが、いったん洪水となると、母屋に代わって水屋が住まいになります。そのため生活できるように、座敷や居間、炊事場などもつくられていました。

マメ蔵　水屋は建築費がかかるので、すべての家にあったわけではありません。貧しい農民は、地主が建てた助命壇《じょめいだん》という集落の共同避難所を利用しました。

## 水屋のようす

洪水が起こったときに備えて、
水がひくまでの間、生活ができる部屋。
食料、舟などが備わっていた。

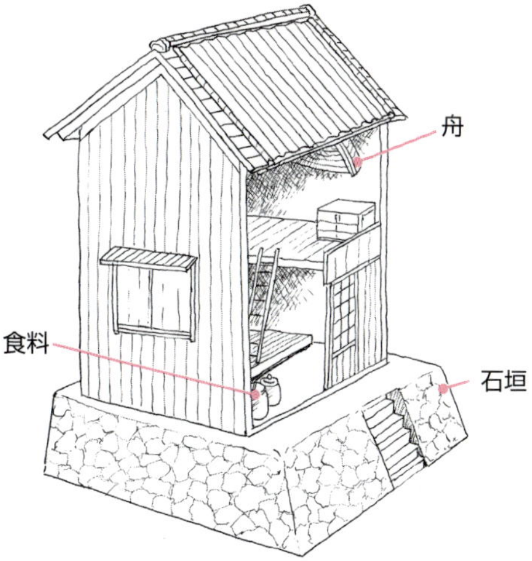


## 輪中のようす

堤防の外の土地は、川の水面よりも低い。
そのため水屋は母屋よりも
さらに高い場所につくられている。

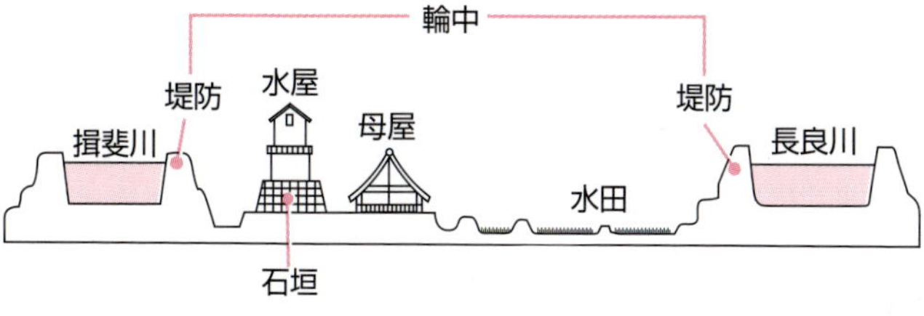

民家の形式⑤

# 暑い地方の住まい

一年中暑い沖縄の民家は、強い日差しや暑さを和らげる工夫がほどこされています。また、台風に備えて防風林で囲われています。

## 強い日差しと風雨をさえぎる

沖縄の民家は、本土の影響を受けながらも、中国大陸や朝鮮半島、さらには南方諸国との交流によって成立した独自の混合文化によって誕生しました。伝統的な民家は小高い丘を背にして建てられていて、周りを石垣で囲われ、フクギが植えられています。フクギは真っ直ぐで丈夫な幹と厚みのある大きな葉が特徴の木で、台風による強風や、夏の厳しい日差しから住まいを守ります。

正門を入るとすぐ、中国語の「屏風《ピンフン》」に由来する**ヒンプン**とよばれる仕切《しき》り塀《べい》があります。ヒンプンは往来からの目隠しや魔よけであると同時に、正面からの強風が直接家屋に当たらないよう、風圧を弱める役目もします。

古い民家には玄関はなく、縁側をめぐらせた開放的なつくりになっています。縁側の軒には**雨端《あまはじ》**とよばれるひさしがのびた部分があり、強い日差しや風雨をさえぎります。

## 風水をとり入れた住まい

沖縄の民家といえば漆喰《しっくい》で固めた赤瓦屋根とシーサー（獅子）が有名ですが、琉球王朝時代は身分の高い者にしか瓦の使用が許されていなかったため、庶民の家は茅葺きや竹葺きでした。シーサーと瓦屋根が一般的になるのは、戦後のことです。

このような沖縄の民家のつくりには**風水**の思想がとり入れられていて、北側の丘が玄武《げんぶ》、東西に植えられたフクギが青竜《せいりゅう》と白虎《びゃっこ》にあたり、南のヒンプンは朱雀《すざく》に見立てられています。

マメ蔵　沖縄では、先祖の生気が大地を通して感応するという風水の考え方にもとづいて、陽宅（家）と陰宅（墓）を近づけて建てることが多いです。

## 沖縄の伝統的な家のつくり

沖縄の伝統的な民家は台風をふせぐとともに、
暑さを和らげるために開放的なつくりとなっている。

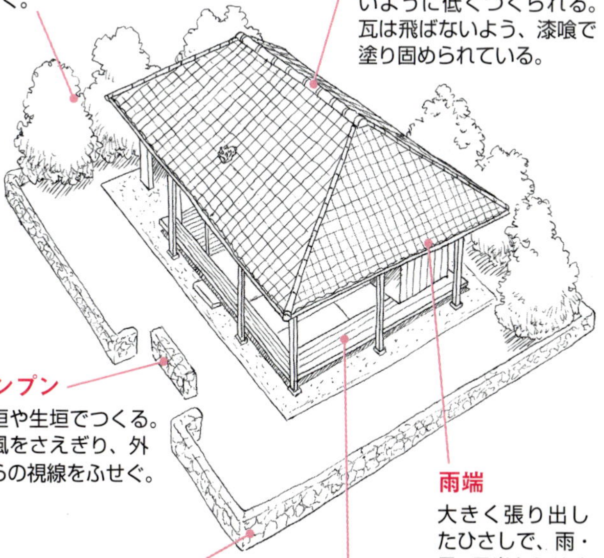

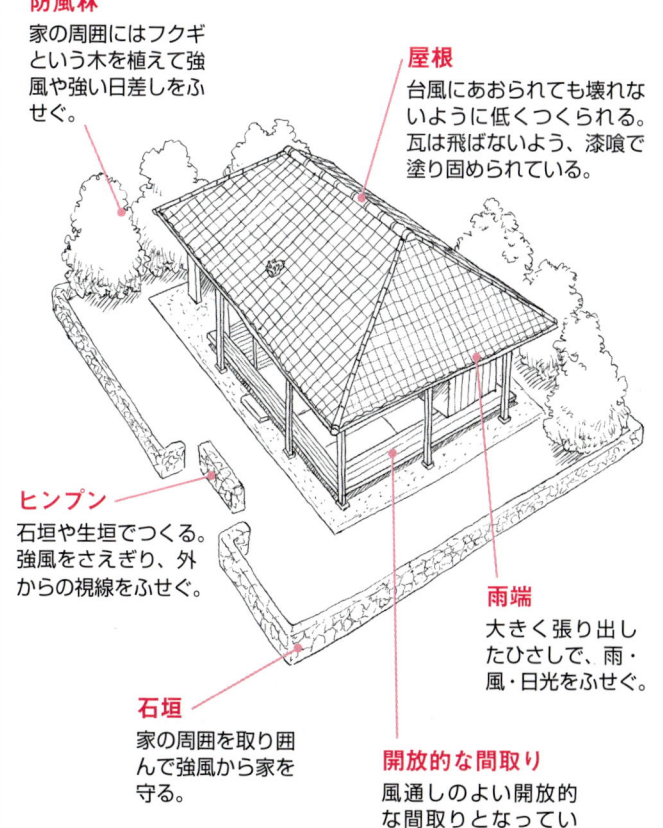

**防風林**

家の周囲にはフクギという木を植えて強風や強い日差しをふせぐ。

**屋根**

台風にあおられても壊れないように低くつくられる。瓦は飛ばないよう、漆喰で塗り固められている。

**ヒンプン**

石垣や生垣でつくる。強風をさえぎり、外からの視線をふせぐ。

**雨端**

大きく張り出したひさしで、雨・風・日光をふせぐ。

**石垣**

家の周囲を取り囲んで強風から家を守る。

**開放的な間取り**

風通しのよい開放的な間取りとなっている。広い縁側がもうけられている。

### 養蚕と民家の形式

# 養蚕によって生まれた住まいの形

近世から近代にかけて発展した養蚕業《ようさん》は、住宅建築にも影響をあたえました。変化に富んだ屋根の形は、屋根裏でカイコを育てるためです。

## 巨大な民家

養蚕業とは、カイコを飼育してその繭《まゆ》から生糸（絹）をつくることです。養蚕業は江戸から昭和初期にかけて日本経済を支えた産業のひとつで、ナイロンや化学繊維が普及するまでは、全国の約４割の農家が養蚕業に従事していました。カイコはとても繊細な生き物のため、いつも近くで気を配れるよう、**養蚕農家**は家の中でカイコを育てました。産業の発展とともに飼育スペースはしだいに広がり、養蚕農家の住まいはどんどん大きくなっていきました。

養蚕は、初めは暖かい環境でカイコを飼う「温暖育」だったため、農家の建物は低層でしたが、やがて涼しい環境で飼う「冷涼育」や「涼温育」が主流となり、風通しのよい２階建になりました。白川郷《しらかわごう》・五《ご》箇山《かやま》の**合掌造**《がっしょうづくり》も、養蚕のために工夫された住まいです。

## 屋根の上に屋根

養蚕農家の住まいの構造はおおむね３層に分かれています。１階は住居、２階は養蚕のための作業スペース、屋根裏が養蚕室として使われました。屋根裏に広い空間を確保するため、屋根の形状は入母屋造《いりもやづくり》や**兜造**《かぶとづくり》が多く用いられるようになりました。屋根面は断熱性の高い茅葺きとし、１階の囲炉裏《いろり》からの暖気や煙を屋根裏へとりこむため、２階はすのこ天井にしました。囲炉裏の熱や煙は、カイコのすごしやすい環境をつくり、病原菌の予防にもなりました。また、屋根の棟に小さな屋根「**越屋根**《こしやね》」をつけたり、妻側に大きな窓を開いたりして、採光や給排気のための換気口としました。

マメ蔵　養蚕業が盛んだった群馬県赤岩地区には、延べ床面積が500㎡を超える２〜３階建の大型農家が、現在も数十棟残っています。

## 兜造の民家

豪雪地帯である山形県鶴岡市に見られる
重要文化財の旧渋谷家住宅（1822 年創建）。
屋根の形が兜に似ていることからその名がついた兜造は、
大きな窓により屋根裏の通風と採光をはかった。

妻側を大きく開き、
通風をよくした高窓。
突上《つきあげ》屋《や》根《ね》
通風や採光の
ための開口部。
2 階、3 階、
屋根裏が養蚕
の作業場や飼
育スペース。

## 越屋根のある民家

養蚕の盛んだった群馬県赤城山麓には、
換気のための越屋根などをもつ大きな民家が多い。

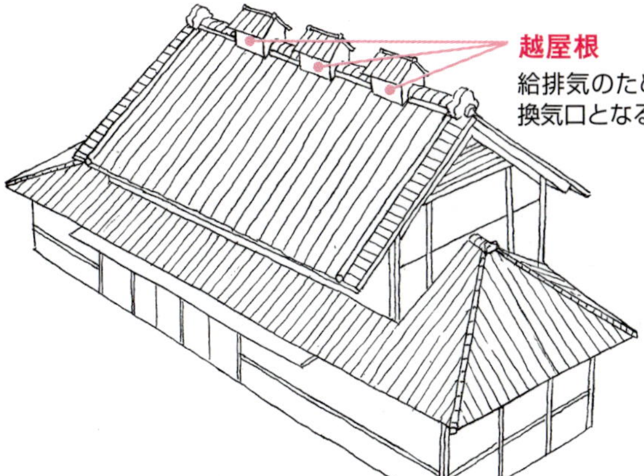
越屋根
給排気のための
換気口となる。

民家と格

# 屋根の形で家格の高さをアピール

民家においても屋根は格式の象徴です。比較的裕福な民家は、屋根の形や屋根飾りによって家格の高さをアピールしました。

## 屋根の形状、妻飾り、破風でアピール

民家は、その土地特有の気候・風土や家主の営む生業などによってさまざまな構造となり、独特の形が生まれました。同時に比較的裕福な民家は、屋根の形状を変えて住まいを大型化し、**妻飾り**をほどこしたり**破風**《はふ》を装飾することによって家格《かかく》の高さをアピールしてきました。

長野県中南部に見られる本棟造《ほんむねづくり》や近畿地方の高塀造《たかべいづくり》（大和棟《やまとむね》）、豪雪地帯に多い中門造《ちゅうもんづくり》は、格式ある民家の代表的な形式とされています。

## 本棟造、高塀造、中門造

**本棟造**は、切妻の板葺き屋根をもつ妻入の大型民家です。もともとは庄屋など、地主の住居でした。妻壁に出格子窓《でごうしまど》がもうけられていて、棟端につけられた「**雀踊**《すずめおどり》」とよばれる特徴的な意匠が、家柄や家格を誇っています。

**高塀造**は、中央に急勾配の茅葺き屋根、その両妻に一段低くしたゆるい勾配の瓦葺き屋根があります。屋根構成を２段階にすることで、高さと広さを併せもちます。茅葺きと瓦葺きの屋根、正面の格子と妻側の白壁が調和して、端整で気品あるたたずまいを見せています。

**中門造**は、北陸から東北地方の日本海沿岸にかけて、積雪の多い地方に見られる形式です。中門とは、前方にＬ字型に突き出している部分のことで、出入口から母屋へ通じる屋根つき通路となっています。もとは厩《うまや》や作業場、便所などへつながる雪よけのひさしでしたが、それが常設化して玄関部として残りました。豪雪地帯ならではの形式といえます。

マメ蔵　本棟造に見られる雀踊は、規模の大小や形によって、雀脅《すずめおどし》、烏《からす》脅、烏どまりなどとよばれます。

## 本棟造

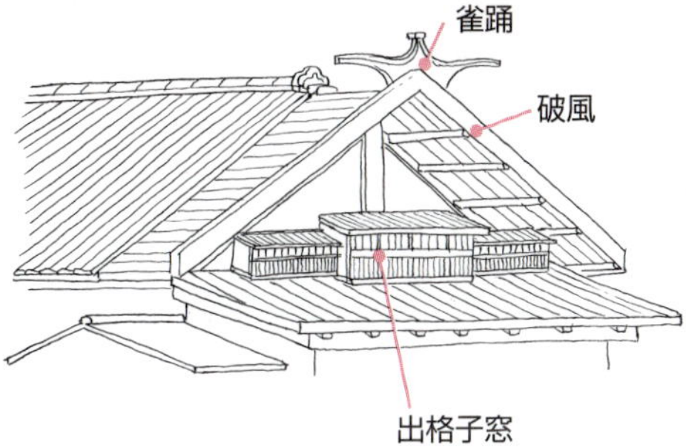
雀踊
破風
出格子窓

大きな切妻屋根の妻部分に大きな破風、屋根の棟端には「雀踊」という特徴的な棟飾りがつく。

## 高塀造（大和棟）

急勾配の茅葺き屋根と、ゆるい勾配の瓦屋根を組み合わせる。

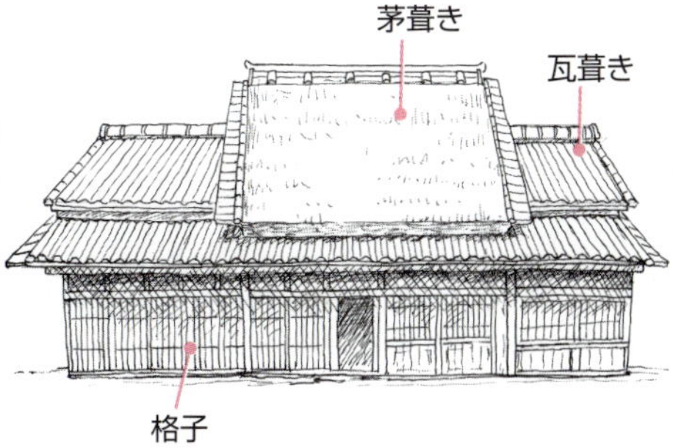
茅葺き
瓦葺き
格子

## 中門造

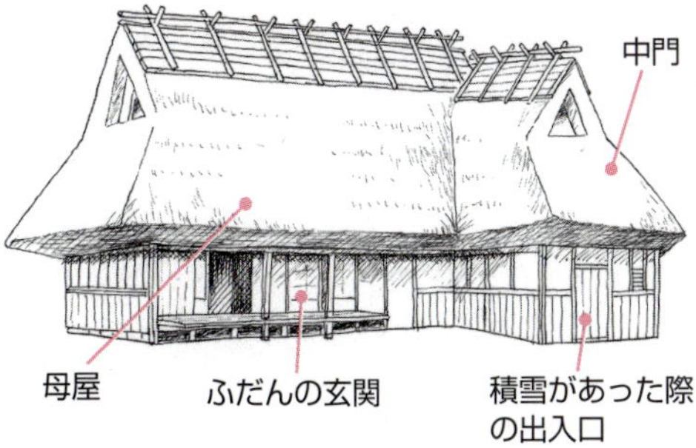
中門
母屋
ふだんの玄関
積雪があった際の出入口

母屋には通常の玄関があるが、雪に閉じ込められた際は中門の出入口を使用する。

茅葺きの屋根

# 茅葺き屋根の茅はどんな植物？

**茅葺き屋根は、竪穴式住居の時代から続く伝統的な屋根です。材料となる茅とは、おもにススキなど茎の長い植物をいいます。**

## 材料となる植物

茅葺き屋根とは、草で葺かれた屋根の総称で、茎が長く繊維状の植物を材料としています。草葺き屋根や藁葺き屋根とよぶこともあります。世界各地に見られる原初的な屋根で、日本では竪穴式住居の時代からあり、北海道から沖縄まで、民家にかぎらず、神社仏閣など、あらゆる建物に用いられてきました。

茅葺きの材料でもっとも多く使われているのは**ススキ**です（茅はススキの別名）。ほかに、**茅萱**《ちがや》や**菅**《すげ》、**葦**《あし》、**麻幹**《おがら》**（麻の茎）**、稲作や麦作が盛んな地域では補助的に**稲藁**、**麦藁**など、その土地で手に入りやすいものが用いられます。材料の性質としては、濡れても腐りにくく、長くて細くしなやかな硬さがあることが望ましいとされています。かつては葺き替え用に茅を育てている家が多く見られました。

## 茅葺きの利点と難点

茅葺き屋根の最大の特徴は**通気性**や**断熱性**に優れている点です。植物なので水をふくみますが、濡れると膨張して、茅と茅とのすき間が埋まります。したがって何層にもぶ厚く葺かれた茅葺き屋根の貯水量は膨大で、かなりの大雨でも水が漏れる心配はありません。

茅葺き屋根は、メンテナンスが欠かせません。とくに頂上付近は傷みが激しく、定期的な補修が必要です。風土によっても異なりますが、おおむね20～50年程度で葺き替えられます。ただし、茅場の減少や職人の高齢化、「**結**《ゆい》」の弱体化などによって、葺き替えはしだいに困難になりつつあります。

マメ蔵　茅の葺き方には、職人技で手間がかかる真葺《まぶ》きと比較的簡単な逆葺《さかぶ》きがあります。

## 茅葺き屋根のしくみ

例は合掌造の屋根

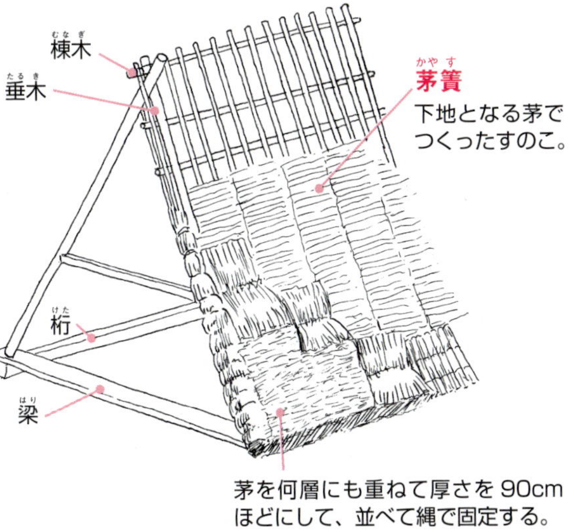
棟木《むなぎ》
垂木《たるき》
茅簀《かやす》
下地となる茅でつくったすのこ。
桁《けた》
梁《はり》
茅を何層にも重ねて厚さを 90cm ほどにして、並べて縄で固定する。

## 真葺きと逆葺き

茅の葺き方には 2 種類の方法がある。

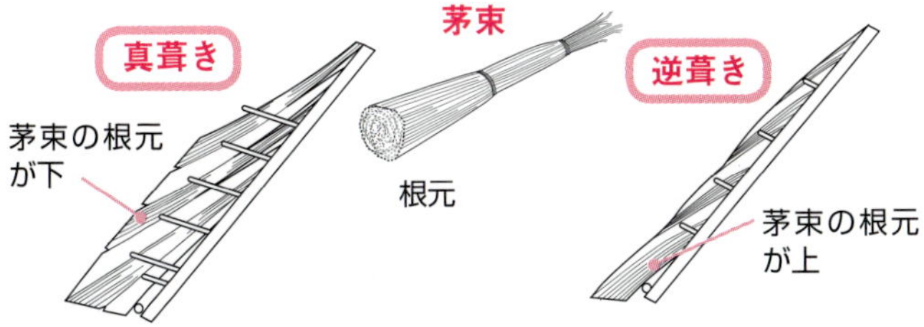
真葺き
茅束の根元が下
茅束
根元
逆葺き
茅束の根元が上

茅の根元を下に向けた状態で葺く。風雨にさらされる屋根表面は、堅く、太い根であるほうが長持ちするが、茅が抜けやすいため穂先の下に「捨て茅」という短い茅を入れ、耐久性をもたせる。

真葺きとは逆で、茅の根元を上に向けた状態で葺く。沖縄では逆葺きが一般的で、雨に強い特性があるが、耐久性が低い。

民家と土間

# 土の床でつくられた部屋、土間

土間は、室内ながら土足で使用します。伝統的な民家では床敷きと土間が対となっていました。

## 土足だけど室内

**土間**とは、伝統的な民家などに見られる、床材を張らずに地面をそのまま床にしている空間をさします。

農家や町家では土間の部分が間取りの一部を占めました。ひとくちに土間といっても、土に石灰やにがりを混ぜて練り固めた**三和土《たたき》**、漆喰塗り、石や砂利敷きなど、さまざまな仕上げ方があります。現代ではタイル張りやコンクリート打ちの土間も登場しています。

土足で使用しますが室内として扱われ、玄関や中庭、部屋の一部として利用されています。簡単な来客の際はここで応対することもあります。家の内外をつなぐ中間的な役割をもつ土間は、生活の中でさまざまに活用されてきました。雨で仕事ができない場合は、農機具や漁具の手入れをおこなう**作業場**となりました。また**炊事場**としても活用されました。土のため、床が水に濡れて腐ったり、火が燃え移ったりする心配がなく、煮炊きをするうえで便利でした。

## 三和土のつくり方

土間の伝統的工法である三和土は、赤土に石灰《せっかい》とにがり、水を混ぜ合わせた材料を土間に敷き、たたき棒という専用の木槌で厚さ10cm程度になるまで突き固めて仕上げます。石灰は粘土の硬化を助け、にがりは冬季に土間の凍結をふせぐ効果があります。**粘土、石灰、にがり**の3つの材料を使うことから、三和土の字が当てられています。

土の床は調湿性があるだけでなく、地中の安定した温度により冬は暖かく、夏は涼しさを生みます。

マメ蔵　江戸時代以前の庶民の民家には床板がなく、家中が土の床でした。地べたに藁や茅《かや》などを敷き、その上に莚《むしろ》をのせて暮らしていて、土座《どざ》とよばれました。

## 土間のようす

民家の室内には、床敷きの部分と土間の部分がもうけられ、土間は主に生業の作業場として使われていた。

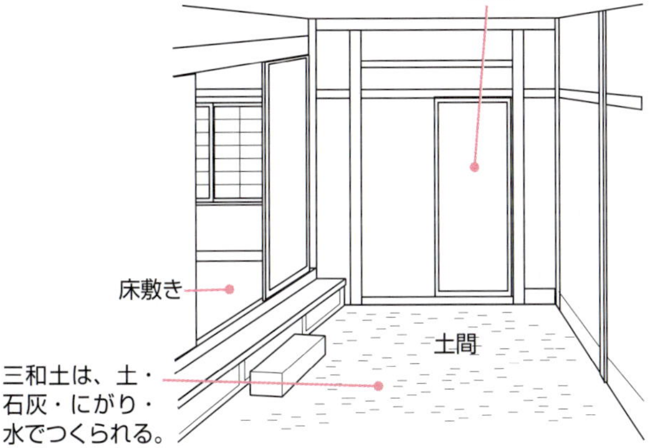
玄関
床敷き
土間
三和土は、土・石灰・にがり・水でつくられる。

## 土座の構造

土間の上にもみがら・稲藁・莚などを敷いたのが土座。土間と区別して寝室や居間として使う。寒い地方に見られた。

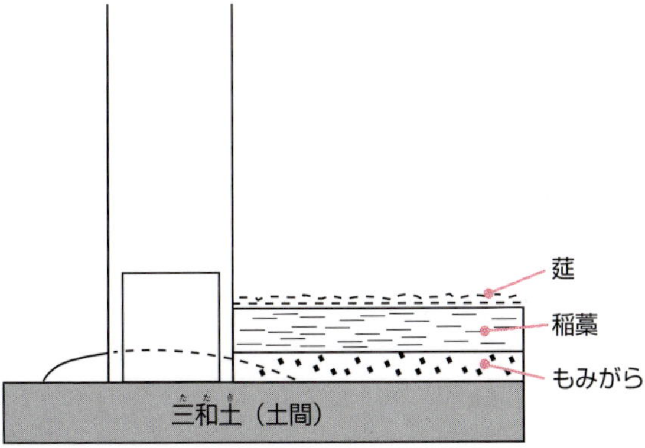
莚
稲藁
もみがら
三和土《たたき》（土間）

町家の構造

# 町家はなぜ細長い？

**町家とは、町の中心部や街道沿いに建てられた職人や商人の住まいです。間口がせまく奥へ細長い構造になっています。**

## 職住一体型の住居形式

町家《まちや》は、町の中心部や宿場町など、高い密度で人々が住み、商売や手工業が盛んな土地に多く建っています。通りに面した表側には、店舗や職人の作業場となる「**見世**《みせ》」とよばれるスペースがあり、奥に向かって台所や奥の間など住居スペースが縦に並んだつくりになっています。密集した都市部に形成された、**職住一体型**の住居形式です。

マチヤという言葉は平安時代からあります。平安京などで、縦横の格子状に町が区割りされ、区画の中に庶民の住居である町家が多数もうけられたところから始まります。現在のような形が形成されたのは江戸時代中期のことです。京町家が有名ですが、奈良や金沢（石川県）、川越（埼玉県）、八女《やめ》（福岡県）でも町家の家並みを見ることができます。ちなみに現存する町家の大半は明治から大正時代に建てられたもので、なかには築100年以上の建物も現存しています。

## 細長さは「うなぎの寝床」並み

町家の最大の特徴は、**間口がせまい**わりに奥行きが深いことです。そのためしばしば「うなぎの寝床」と形容されます。これは昔、間口の幅で決められた税額をおさえるためだったとか、通りに面する軒数を増やし、町全体を栄えさせるためだったなどといわれています。

町家にはさまざまな種類があり、もっとも典型的なのは、店舗などの商業空間（表）と住居空間（奥）がつながっている「**中二階**《ちゅうにかい》」です。ほかに、表と奥の棟が分かれている「表屋造」、表をもたない住宅専用の「仕舞屋《しもたや》」、表通りに塀をめぐらせた「塀付《へいつき》」などがあります。

マメ蔵　現存する京町家は約２万8000軒ありますが、そのうち状態のよいものは２割程度です。近年、住居や店舗への利用が増え、修理や再生が進んでいます。

## 町家の構造

通りに面した表の見世から、中の間、台所…と
縦に並んだ間取りとなっている。

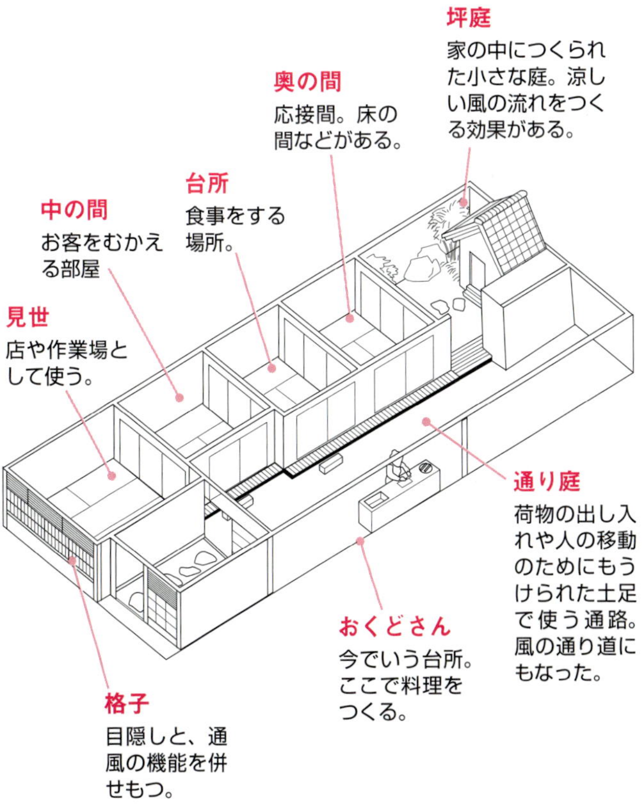
坪庭
家の中につくられた小さな庭。涼しい風の流れをつくる効果がある。
奥の間
応接間。床の間などがある。
台所
食事をする場所。
中の間
お客をむかえる部屋
見世
店や作業場として使う。
通り庭
荷物の出し入れや人の移動のためにもうけられた土足で使う通路。風の通り道にもなった。
おくどさん
今でいう台所。ここで料理をつくる。
格子
目隠しと、通風の機能を併せもつ。

町家と採風

# 風を生み出す町家の知恵

京の町家には、厳しい夏の暑さを和らげる知恵がつまっています。風や涼を生み出す工夫を見てみましょう。

## 風が吹き抜ける通り庭

町家《まちや》に入ると、「**通り庭**」とよばれる土間が、表から奥までを一直線につらぬいています。店舗や各部屋は、すべてこの通り庭に面して並んでいて、一般住宅でいうところの廊下のようなものです。通り庭を抜けた裏手には、一坪ほどの坪庭があります。

靴を脱ぐことなく、表から奥まで自由に行き来できる通り庭は、人や荷物の出入りの多い商家になくてはならないものでしたが、それと同時に、細長いつくりで各部屋に窓がない町家の内部に風をとり入れる役目もありました。開口部がある表と奥を一年を通じて安定した温度を保つ土間の通り庭でつなぐことで、建物内に夏は涼しく冬は暖かい風が入ってくるようにしたのです。

## 風を生み出す坪庭

町家には、通り庭以外にも、涼をとるためのさまざまな工夫があります。まず**坪庭**です。坪庭によって**煙突効果**（気圧の高低差によって風が生まれること）が生まれて風が吹き出されます。また風がないときでも坪庭に水をまくと温度差が生まれ、風が起こります。坪庭に植えられた植物も冷気を生み出します。そして、部屋どうしの仕切りは障子や襖なので、開け放てば奥まで風が通り抜けます。

さらにかまどのある上部の天井は「**火袋**《ひぶくろ》」とよばれる吹き抜けになっていて、開閉可能な天窓がもうけられています。調理による熱は、室内に充満することなく火袋に集められ、そのまま天窓から外へと逃がすことができます。

マメ蔵　町家には打ち水の習慣があります。表の軒先や奥の坪庭に打ち水をしておくと、まいた水が蒸発しながら熱をうばい、入ってくる風をさらに涼しくしてくれます。

# 町家での風の流れ

せまい間口で家の奥まで風を通す
さまざまな工夫がなされた。

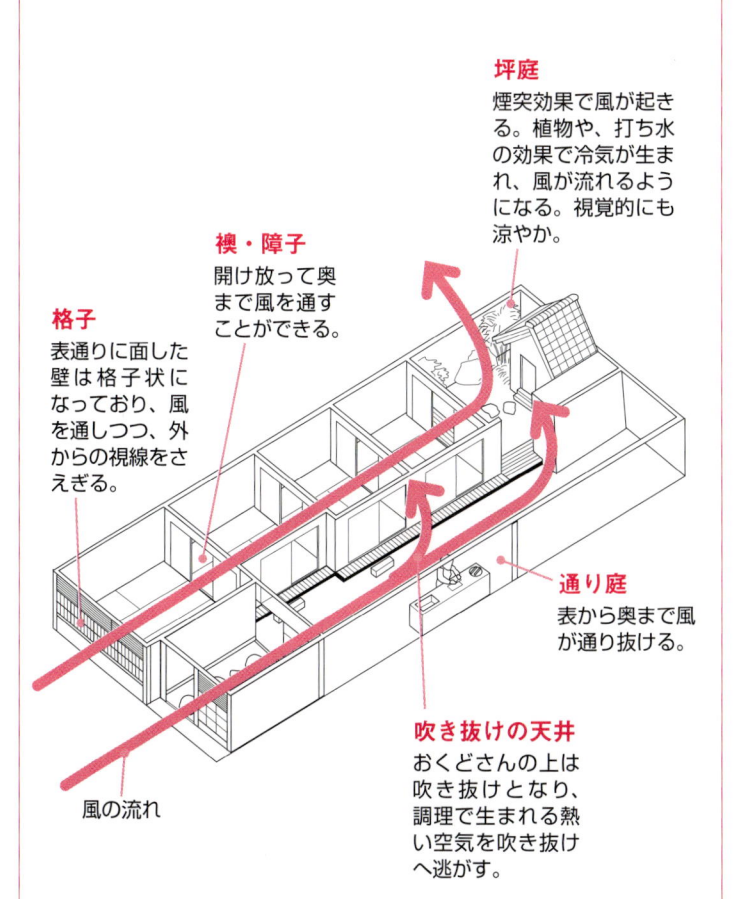

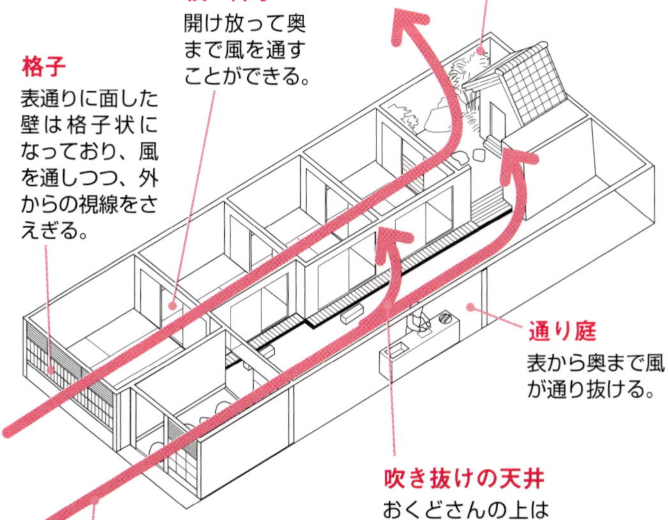
坪庭
煙突効果で風が起きる。植物や、打ち水の効果で冷気が生まれ、風が流れるようになる。視覚的にも涼やか。
襖・障子
開け放って奥まで風を通すことができる。
格子
表通りに面した壁は格子状になっており、風を通しつつ、外からの視線をさえぎる。
通り庭
表から奥まで風が通り抜ける。
吹き抜けの天井
おくどさんの上は吹き抜けとなり、調理で生まれる熱い空気を吹き抜けへ逃がす。
風の流れ

町家と坪庭

# 町家の坪庭には工夫がいっぱい

町家には、風通しと採光を兼ねて、建物の奥や中間に小さな庭がもうけられています。この坪庭には、町家の暮らしを快適にするための工夫がつまっています。

## わずかな空間を巧みに利用

多くの町家《まちや》は「**坪庭**《つぼにわ》」をもうけています。坪庭とは、敷地の一部につくる、とても小さな庭のことです。もともとは寝殿造《しんでんづくり》の住居で、渡り廊下でつながる建物と建物の間にできた空間を「壺」と呼び、そこに庭園をもうけたことが始まりとされています。ただし、この庭園は数百坪もの広さがあり、現在の坪庭とは規模が違います。

町家に現在のような坪庭が生まれたのは、安土桃山時代といわれています。**採光**と**通風**を目的として、「玄関の間」の前や、「見世」と「中の座敷」との間、あるいは母屋と蔵の間などのスペースを巧みに利用して坪庭をつくるようになりました。

## 小さくても大きな役割

町屋に暮らす人々は、採光や通風など、坪庭のもつ機能を最大限に生かしました。たとえば、夏場に**打ち水**をして屋内に涼風を招き入れたり、中間部の庭には**砂**や**白石**を敷きつめて太陽や月の光を反射させ、暗い室内を明るく照らすといった工夫をしました。

さらに奥の庭には木々や草花を植え、気温の上昇を抑えました。通風や採光のさまたげにならないよう大きな葉が茂る種類は避け、微風でも風にそよぐ**竹**や**笹**、足もとには太陽の照り返しをふせぐために地苔を生やし、シダやセンリョウ、マンリョウなどを植えました。

ほかにも、手水鉢《ちょうずばち》などから落ちる水滴の音を甕《かめ》の中で響かせて、まるで琴のような音を発する「**水琴窟**《すいきんくつ》」をもうけるなど、さまざまな趣向を凝らし、五感で坪庭を楽しみました。

マメ蔵 坪庭は、近年の家づくりにもとり入れられています。敷地がせまく十分な庭が確保できない場合、わずかなスペースに庭をもうける例が増えてきています。

## 坪庭の工夫

さまざまな工夫をし、かぎられたわずかな空間を
趣のあるものにした。通風や採光にも大きな役割を果たし、
自然の冷却装置となった。

**葭簀《よしず》**

水をふくませてつるす。坪庭により発生した風の流れをさらに冷やして室内にとり込む。

**苔**

照り返しをふせぐ効果がある。

**明るい色の砂利**

光を反射させて周囲の部屋を明るく照らす。

**手水鉢**

水をたたえ、冷気を生み出す。打ち水にも使われる。

**植物**

大きくなるもの、葉が大きいものはさけ、微風でも風にそよぐような種類を植える。竹のほか、日かげでも育つモッコク、アセビ、アオキなどが好んで植えられる。

**空間を広く感じさせる**

かぎられた敷地を広く感じさせる。

町家と格子

# 風通しと目隠しを両立させた格子

**独特の町並みをつくりだしているのが、町家の顔ともいえる表構えの格子です。格子は豊富なデザインとともに、さまざまな機能をもっています。**

## 機能豊富な格子

町家の外観的特徴は、何といっても表構えにもうけられた、細い木を縦横に組み合わせた**紅殻格子《ベンガラごうし》**や**虫籠窓《むしこまど》**です。通りに面してこげ茶色の組子が整列する姿は、町家全体に連続性を生み、独特の景観を形成しています。

格子は、縦横にすき間をあけて部材を組むことにより、中からは外が見えるのに、外からは中のようすがはっきりわからないという、ブラインドのようなしくみになっています。目隠しや防犯などの機能をもちながらも、内と外でお互いに人の気配を感じ合える、閉鎖と開放の両面をあわせもったあいまいな間仕切りといえます。

また、組子のすき間から光と風を取り入れることができるため、町家にとっては、**通風**や**採光**の面でも欠かすことのできない建具です。

## 格子を見れば商売がわかる

格子にはいろいろなタイプがあります。構造としては外に張り出した出窓のようなつくりの**出格子《でごうし》**（台《だい》格子、釣《つり》格子ともいう）と、柱間に収まる**平格子《ひらごうし》**があります。形状としては親子格子、切子格子、板子格子、細目格子、目板格子などがあり、デザインは50種類にも及びます。

なかでも京町家は格子のデザインが豊富なことで知られます。職種によって格子の形や様式も違っていて、たとえば米屋格子は米屋、炭屋格子は炭屋、糸屋格子は繊維関係の家に用いられました。通りごとに格子のデザインが統一されているのは、かつて同じ職業や店舗が集まって商売をしていたからです。

マメ蔵　町家では通りに面した外壁に、竹などでできたアーチ状の囲いが置かれています。これは犬矢来《いぬやらい》という、馬の泥はね、犬や猫の小便よけの垣根です。

## 格子のある風景

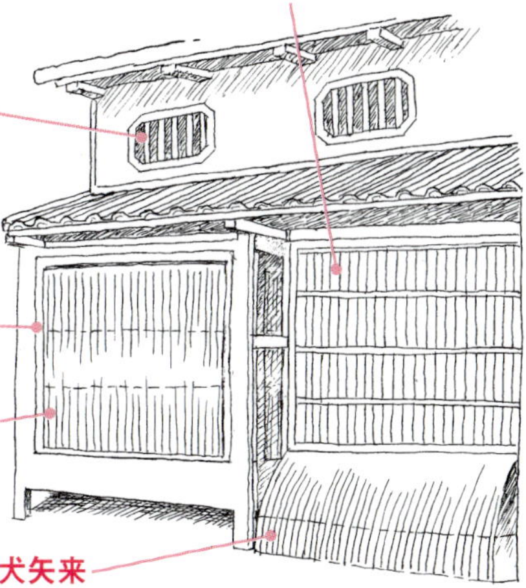

**平格子**

柱と柱の間につくられる格子。

**虫籠窓**

虫籠《むしかご》のような細い縦格子の窓。町家の２階に通風と採光のためにつけられた。

**出格子**

柱より外側に張り出してつくられる出窓のような格子。

**組子**

骨組として縦横に組んだ細い部材。

**犬矢来**

犬猫の小便よけ。泥棒よけや泥はねなどから守る役目も。

## 職業を表す格子

職業によって格子にはさまざまなデザインがある。

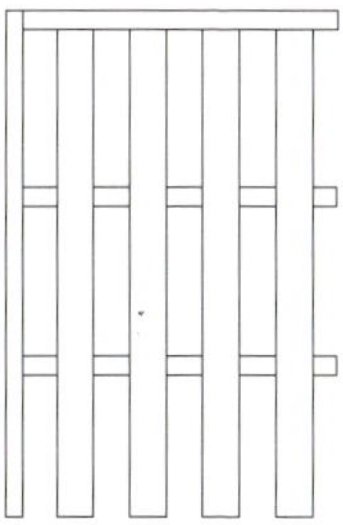

**米屋格子**

米俵・酒樽を扱うので、太い部材でがっちりしたつくり。

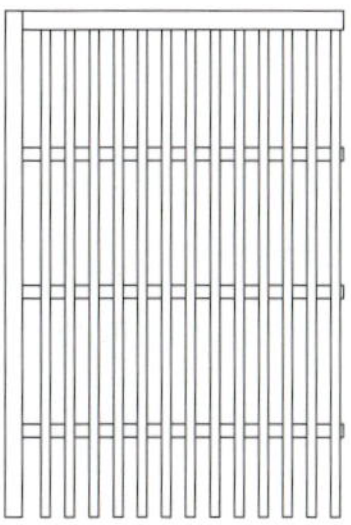

**炭屋格子**

炭の粉を飛び散らせないよう、すき間がせまい。

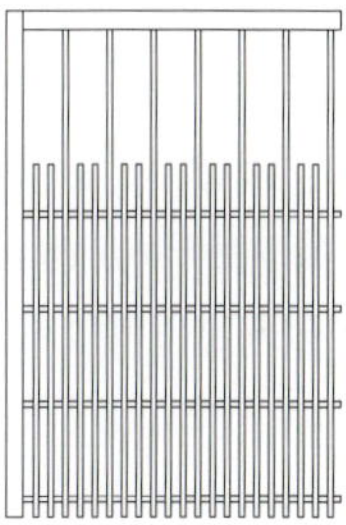

**糸屋格子**

明るさが必要な繊維関係の仕事では、採光を考えて上の部分が開いている。

土蔵造と火災

# 防火対策から生まれた土蔵造

外側の壁が土と漆喰《しっくい》で仕上げられている土蔵造は、耐火性にすぐれていることから、火事に悩まされていた地域に建てられました。

## 土蔵造の耐火性を住居に生かす

**土蔵造**とは、土蔵と同じ構造で建てた住居や店舗のことです。骨組は木材ですが、四面の外壁に厚く土塗りをほどこし、さらにその表面を漆喰などでしっかりと塗り固めます。壁の厚みが30cm以上にもなる建物もあり、どっしりとした風格あるたたずまいが印象的です。

もともとは倉庫や保管庫などの建物を土蔵造としましたが、**防火**や**防弾**に優れていたため、城郭の櫓《やぐら》や天守などにも用いられるようになりました。江戸の火災はほとんどが空っ風とよばれる北からの乾いた風によって起こったため、江戸の真北の川越《かわごえ》には、幕府によって強制的に土蔵造がとり入れられました。

## 火の手をおさえる知恵

土蔵造の建物には、土と**漆喰**で外壁を塗り固めるほかにも、耐火性を高めるさまざまな構造がとり入れられています。

まず屋根には、火に弱い草葺きや板葺きではなく、燃えにくい瓦屋根が採用されています。

また、隣家からの延焼をふせぐため、境界部分に「**うだつ**」とよばれる防火壁がついています。うだつは、家の財力を誇示する手段ともなり、競って立派なうだつがつけられました。

さらに、開口部となる窓や戸口には**観音扉**がもうけられていて、火事の際はこの扉を閉めて防火扉としました。外壁と同様、土と漆喰で表面をおおっているので非常に密閉性が高く、建物内に火の手が入りこむのをくい止めます。

マメ蔵　土蔵造の町並みで有名な埼玉県川越市には、三十数棟の土蔵造が現存しており、文化庁の「重要伝統的建造物群保存地区」に指定されています。

## 火事をふせぐ土蔵造の工夫

密集した商家などが建ち並ぶ場所では、
防災上、土蔵造が発展していった。

うだつ
隣家との間につけられる防火壁。財力を誇示する装飾でもあった。
瓦葺き屋根
観音扉の防火窓
漆喰の壁
土壁のため、燃えにくい。

土蔵造の芸術

# こて絵・なまこ壁は左官職人の腕の見せどころ

土蔵造の壁は、「こて絵」や「なまこ壁」などで装飾されることがあります。これらは漆喰を用い、こてとよばれる道具で仕上げられます。

## 左官職人が描いたこて絵

**こて絵**は、日本古来の漆喰で描かれた装飾画で、もっとも古いものは、法隆寺金堂の壁画に見ることができます。一般に広まったのは、**土蔵造**が発展した江戸時代中期以降のことで、左官職人がこてを巧みに使って土蔵の外壁に仕上げたことから、「こて絵」とよばれました。

表面が立体的に盛り上がっているので、絵というよりもレリーフや彫刻に近く、漆喰に色を混ぜて描かれたカラフルなこて絵もあります。絵柄には、身近な動物や空想上の獣、七福神などが取り上げられることが多く、**魔よけ、火よけ、商売繁盛**といった願いが込められました。財を成した豪商が、母屋や土蔵を改装する際に、地域の誇りや富の象徴として、豪華なこて絵を描かせることが多かったようです。

## 防火・防水も兼ねたなまこ壁

**なまこ壁**は、土蔵造の外壁仕上げの一技法です。壁を保護するため表面に平瓦を並べて貼り付け、「目地《めじ》」とよばれる瓦の継ぎ目を漆喰でかまぼこ型に盛り上げて固めます。その盛り上がった形が「なまこ」に似ているところから、このような名前になりました。

なまこ壁は、瓦の並べ方や漆喰の盛り上げ方によって、さまざまなパターンをつくることが可能です。単調な土蔵造の壁面も、白と黒のコントラストで引き立ち、一気に粋になります。もともとは、火災の延焼をふせぐ目的や、雨水や地面からの水はねで壁が傷まないようにほどこされたものですが、昭和30年ごろから急激に減りました。しかし、その美しさと機能が今、見直されつつあります。

マメ蔵　江戸末期から明治にかけて活躍した左官職人・入江長八《いりえちょうはち》は、こての技術によって描いた絵を、芸術の域にまで昇華させた人物です。

## なまこ壁とこて絵

建物の妻の部分や扉にこて絵が描かれた。
こて絵、なまこ壁ともに、さまざまなバリエーションがあり、
左官職人の腕の見せどころとなった。

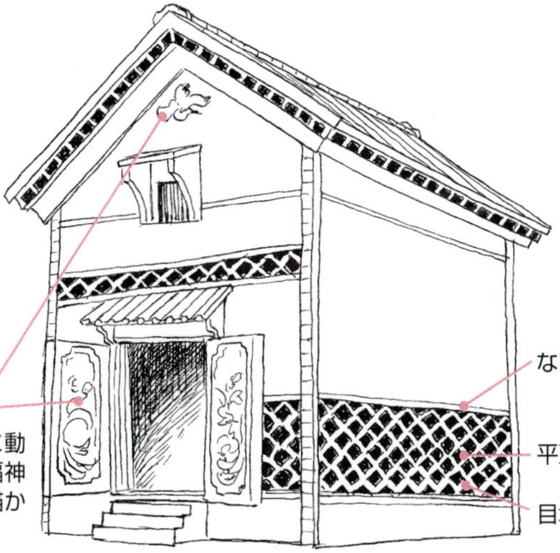
こて絵
扉などに動物や七福神などが描かれた。
なまこ壁
平瓦
目地

### なまこ壁バリエーション

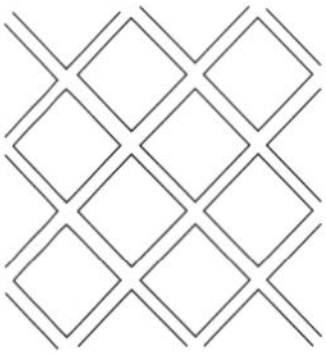
四半張り

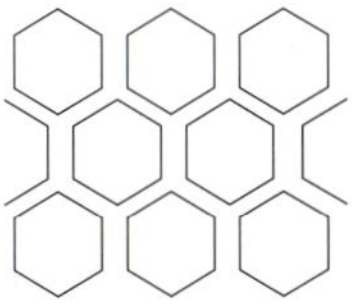
亀甲

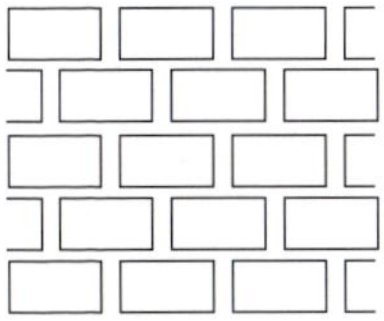
馬乗張り

七宝形

コラム 6

# 家を守るさまざまな屋敷林

屋敷林は、強風や雪による被害を少なくするために住まいの周囲に植えられる木や垣根のことです。火災が起こった場合は、延焼をくい止める役目も果たします。

屋敷林の樹種は地域によってさまざまです。季節風の強い地域では高木で枝の広がり具合のよい杉、海に近い地域では塩害に強い松、雪深い寒冷地では、枝が柔らかくて雪が積もりにくい落葉松《からまつ》などが植えられています。その土地に合った樹種が用いられるため、風土の特徴的な景観となっています。

代表的な屋敷林に、居久根《いぐね》、垣入《かいにょ》、築地《ついじ》松《まつ》などがあげられます。居久根は、東北の仙台平野の農家に見ることができ、奥羽山脈から吹きおろしてくる強風をさえぎります。栗や柿、胡桃《くるみ》などが植えられるため、実を食すこともできます。

築地松（島根県斐川町）

垣入は、富山県の砺波《となみ》平野の散居村《さんきょそん》に見ることができます。杉や欅《けやき》などの高木が住まいをぐるりと取り囲み、夏は強い日差しから、冬は日本海から吹きつける季節風から家を守ります。

築地松は、島根県の出雲平野の民家の北西側にもうけられている、クロマツの巨大な垣根です。もともとは、川の氾濫に備えて家の周囲に築地を築き、その地盤を固めるために植えたのが始まりです。ほかの地域の屋敷林とちがって、きれいに剪定されているのが特徴です。

剪定作業は「陰手刈《のうてご》り」とよばれ、4～5年に一度おこなわれます。形を整えることによって、風通しと採光をよくし、松食虫を駆除することができます。

第7章

# 日本庭園を知る

日本建築と対をなしてつくられた日本庭園。
枯山水や池泉庭園など、
その作庭の手法や、造形が伝えるものなど、
日本庭園のもつ意味をひもときます。

日本庭園と石

# 永遠のシンボル「石」が主役

日本庭園の主役は石です。庭園に配置される石は、何百年、何千年たっても不動で、庭の拠り所としての存在感を維持し続けます。

---

## 花より石

日本庭園は、池を中心とした構成の**池泉《ちせん》庭園**、水や植物を使わず岩や砂で風景を表現する**枯山水《かれさんすい》庭園**、茶室へ向かう細い道筋につくられる**茶庭**（**露地《ろじ》**）の３種類に大きく分けられます。そのどの様式でも、石が共通して重要な役割をになっています。

西洋の庭園は、花を中心とした植物を植え、その咲きほこる姿やカラフルな色合いを鑑賞する場合がほとんどですが、日本の伝統的な庭園は、花や植物は極力排除し、石を中心にしてつくられます。

なぜ日本庭園では植物ではなく、石が主役になったのでしょうか。古代から日本人は、自然に存在する石や樹木などに神が宿る、あるいは神が降臨すると信じてきました。神がのりうつる石や樹木を「磐座《いわくら》」、「神籬《ひもろぎ》」とよんで崇めました。

花などの植物は、一時は美しく咲きますが、やがて枯れてしまいます。いっぽう石は、何年たっても変わらずに不動です。そんな永遠のシンボルである石を庭に配して向き合うことによって、無心で己を見つめなおす機会を得たとされています。

## 石が表現するもの

石はさまざまに組み合わされ意味が生み出されます。仏教において観音菩薩のいる場所とされる普陀落山《ふだらくやま》や、仏教の宇宙観で中心に位置するといわれる想像上の山である須弥山《しゅみせん》を表現したりします。また、中国から伝わった**不老不死**や**長寿**を願う神仙蓬莱《しんせんほうらい》思想から、仙人が住むとされる蓬莱山や長寿の象徴である鶴や亀などが表されています。

マメ蔵　徳川家康を神としてまつった日光は、もともとは「二荒山《ふたらやま》」とよばれていました。この語源は「普陀落」からきているといわれています。

# さまざまな石組《いわぐみ》

庭園の石の置き方により、
山や滝、動物などを表現します。

## 亀を表した石組

京都の西本願寺庭園には、亀を表現した石組がある。長寿・繁栄を願って、亀に見立てる石組は多い。

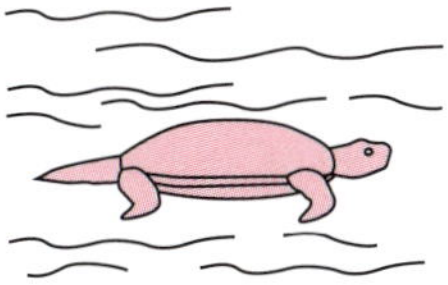

## 鯉の滝のぼりを表した石組

金閣寺庭園の「龍門の滝」では、鯉が滝を登りきると龍になるという中国の故事を表現した石（鯉魚石《りぎょせき》）があり、石に落ちる滝が、まるで鯉の滝のぼりのようすに見える。

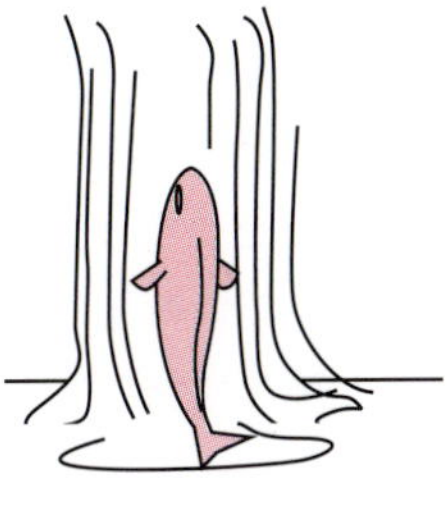

日本庭園と水

# 池を中心にした池泉庭園のルール

池泉《ちせん》庭園は、自然の風景を表現してつくられる伝統的な日本庭園の様式です。山、川、池があり、必ず「水」がとり入れられています。

## 池泉庭園とは

**池泉庭園**は、日本庭園の形式としてはもっとも多く見られるもので、自然の山水の景色を写してつくられる庭園です。名前のとおり池を中心に構成されていて、周囲には山が築かれ、川が流れています。また、橋や銘石、庭滝などを使って、各地の景勝などさまざまなものを象徴的に表現しています。

池泉庭園の鑑賞方法にはいくつかあり、庭には下りずに座敷に座って眺めたり、順路に沿って歩いたり、池に舟を浮かべて舟遊びをしながら楽しんだりします。

## 池泉庭園の特徴

日本は海に囲まれた島国であることから、海島の風景を写すことが理想とされ、池には必ず「**中島**《なかじま》」という島をつくりました。また、池泉庭園には、中国から伝わった**神仙蓬莱思想**の影響を受けてつくられた要素が多数見られます。仙人が住むとされる神仙島の蓬莱山を中島につくることで庭園に神秘性をもたせ、長寿や永劫を願いました。

池をもうけ、その中に島を築くには、「水」が不可欠なため、池泉庭園は、近くに川が流れていたり、湧き水があるなど、水源が得られる場所に築かれています。

日本では動きのある流水に魅力があるとされ、「**遣水**《やりみず》」という小川や渓流の姿をつくることも試みられました。また、より動きがあり、独特の風景美である「**滝**」を再現して、庭の見せ場のひとつとすることも、しばしばおこなわれました。

マメ蔵　東京都文京区にある小石川後楽園は、江戸時代初期に水戸徳川家の屋敷内につくられた7万㎡以上もある広大な池泉庭園です。

# 池泉庭園・桂離宮

大きな池を中心にして、歩いて一周することで
庭全体を鑑賞することができる回遊式庭園の代表的な例。
庭を回遊する道の途中には、趣向をこらした門や橋、
手水鉢《ちょうずばち》、石灯籠、飛石などが配置されており、
変化に富んだ風景をつくりだしている。

**卍亭《まんじてい》**

松琴亭の待合場所。庭を歩いて鑑賞する回遊式庭園の場合は、休憩や喫茶のための建物などがもうけられる。

**松琴亭《しょうきんてい》**

桂離宮の中心的茶亭。松琴亭前には、荒磯に似せた石組があり、海の風景を模している。

**賞花亭《しょうかてい》**

峠の茶屋のような茶亭。ここから四方の風景を眺めることができ、借景の手法が取り入れられている。

**洲浜《すはま》**

玉石をなだらかに敷きつめ、潮がひいた浜辺を模している。

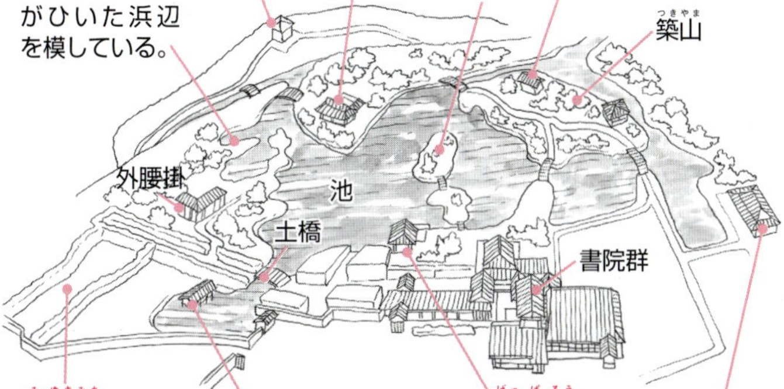
中島《なかじま》
築山《つきやま》
外腰掛
池
土橋
書院群

**御幸道《みゆきみち》**

道沿いに松が立ち並ぶ。一度に庭の全景を見せない工夫となっている。

**御舟小屋《みふねごや》**

池で舟遊びするための舟小屋。桂離宮の場合は、主要な建築物のほとんどに舟着場がある。

**月波楼《げっぱろう》**

観月のための茶亭。

**笑意軒《しょういけん》**

6つの丸い下地窓をもつ茶亭。

枯山水庭園

# 枯山水が表現しようとした世界

**枯山水《かれさんすい》とは、水のない庭に石や砂などで山水の風景をつくりだす庭園様式です。岩の配置や砂の紋様《もんよう》などによって、水の流れが美しく表現されています。**

## 水のない庭の誕生

枯山水庭園は、山の斜面につくられる前期式と、寺院の平庭につくられる後期式に分かれます。

**前期式枯山水**は自然な山、あるいは人工的に土を盛ってつくる「**築《つき》山《やま》**」、その勾配のゆるい「**野筋《のすじ》**」につくられ、自然の姿の中に**石組《いわぐみ》**を配します。流水や湧き水、泉などをともなうため、まったく水がないわけではありません。

**後期式枯山水**は平坦な地面に石を立てた平庭です。水のない内陸の地では、池庭をつくることはきわめて困難です。水のない環境で海や島などの風景を表現しようとしたのが、後期式枯山水です。地面に白砂や小石を敷き、その表面に**紋様**を描くなどして水面に見立てます。

## 枯山水が表現するもの

枯山水は、白砂の上に大小の石を立てたり組み合わせたりすることによって、山の峰や渓谷、大河やせせらぎ、大海に浮かぶ島々などを表現します。

水のないなかでも水を感じ、心を無にして庭と向き合うことで、見えざるものの中から何かを見出し、聞こえざるものの中から何かを聞こうとする姿勢をよびさますとされています。僧侶が**瞑想や座禅をする場**として、後期式枯山水は発展していきました。

したがって枯山水は、庭を歩いてまわる回遊式の庭園などとは違い、人と庭との対峙を第一としていて、決まった場所から鑑賞するようにつくられています。

マメ蔵　多くの枯山水は砂を用いて水を表現していますが、なかには砂を使わず石組だけで造形した庭園もあります。

## 枯山水庭園の見方

後期式枯山水では、水を使わず
石や白砂で山水を表現する。

**石組**
石を組み合わせ、海や島、山や動物などを表現する。

歩いて見てまわるのではなく、屋内の決まった場所から鑑賞する。

**砂紋《さもん》**
水を使わずに、川の流れや海の波・渦などを表現する。

## さまざまな砂紋の意匠

ほうきなどで白砂に描かれた砂紋は、
その模様によりさまざまな水の姿を表現しています。

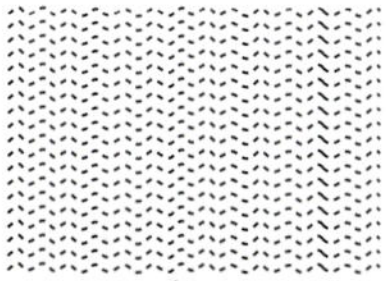

さざなみ

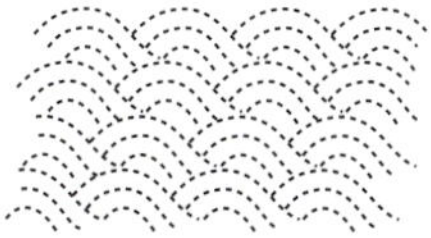

大波

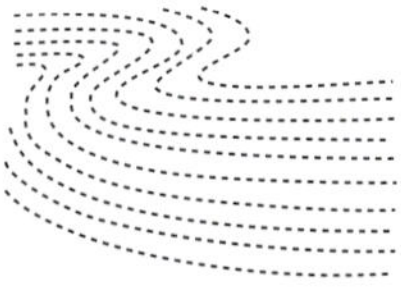

流水

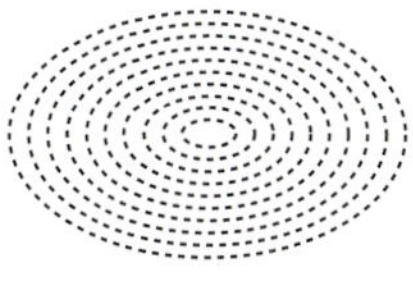

大渦

水紋

庭園と極楽浄土思想

# あの世を表現した浄土式庭園

**浄土式《じょうどしき》庭園は、建物や庭園が一体となって、仏がいるとされる清らかな死後の世界「極楽浄土」の世界を表現する庭園です。**

## 庭園で理想郷を具現化

**浄土式庭園《じょうどしきていえん》**とは、**極楽浄土**をこの世に再現した庭園のことです。浄土を描いた図「当麻曼荼羅《たいままんだら》」には、蓮池《はすいけ》や阿弥陀如来《あみだにょらい》が描かれ、西方浄土に住む仏が人々を救う姿が描かれています。これを立体的に再現しようとしたものが浄土式庭園です。

前面に池などの水があるのは、水が命の源であるとともに、すべてのものを洗い清めてくれる存在と考えられているからです。水をめぐらせることで世間の邪悪から阿弥陀仏の聖域を守ります。また、**此岸《しがん》（この世）**と**彼岸《ひがん》（あの世）**を分ける「三途の川」を再現したものでもあります。このような浄土式庭園は、平安中期から鎌倉中期にかけて貴族の間で阿弥陀如来を中心とした極楽浄土思想が盛んになり、数多くつくられるようになりました。

## 浄土式庭園の代表・平等院鳳凰堂

平等院鳳凰堂《びょうどういんほうおうどう》（京都府宇治市）は、浄土式庭園の代表とされています。鳳凰とよばれる鳥のような姿の神獣を模した阿弥陀堂（鳳凰堂）の内部には、阿弥陀如来像などがあり、創建当時はきらびやかな極彩色で極楽浄土を再現していました。庭園は宇治川《うじがわ》の蛇行河川の水たまりを利用し、中央に中島をつくって阿弥陀堂を建てたものです。

建物や池はすべて、日が沈む西方に阿弥陀如来の極楽浄土を見るという**西方浄土思想**に基づいた空間配置がとられています。堂内の阿弥陀仏は東向きに座り、人々は、それをおおう御堂を前庭の阿字池《あじいけ》を介して仰ぎ見るような構成になっています。

マメ蔵　池に蓮《はす》を植えるのは、如来像の台座が蓮の花（蓮華座《れんげざ》）であり、死後に極楽浄土に往生し、同じ蓮華の上に生まれ変わるという思想からです。

## 平等院鳳凰堂のようす

西方にある極楽浄土を拝むかたちになっている。

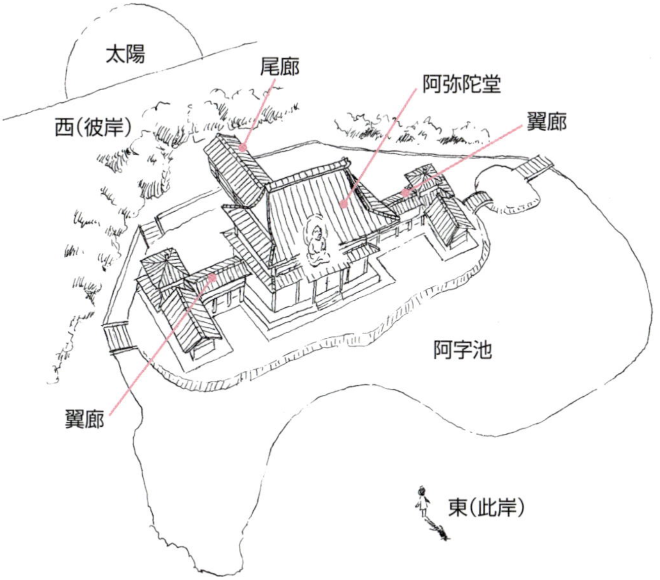
太陽
西（彼岸）
尾廊
阿弥陀堂
翼廊
翼廊
阿字池
東（此岸）

## 神獣・鳳凰を模した形

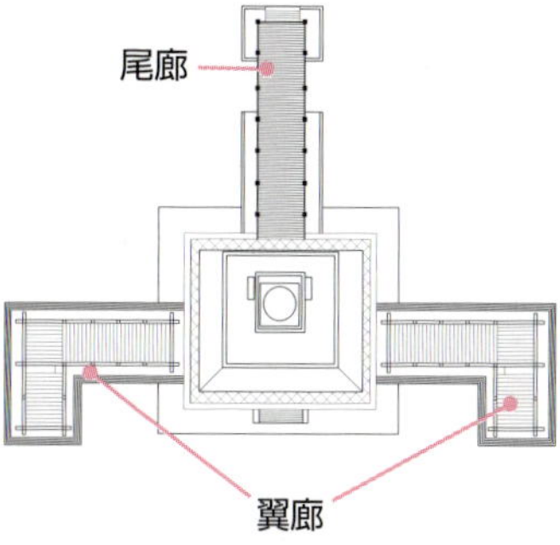
尾廊
翼廊

鳳凰堂を上から見ると、翼や尾に見立てた鳥の形を模しているのがわかる。これは鳳凰とよばれる神獣を模したもの。

西欧の手法

# 西欧文化をとり入れた遠州の庭

小堀遠州は、茶道だけでなく作庭家としても活躍しました。遠州のつくった庭には、日本の伝統美だけでなく、西欧の手法も取り入れられています。

## 日本庭園にブドウ

**小堀遠州《こぼりえんしゅう》**は、千利休、古田織部《ふるたおりべ》と並ぶ三大茶人のひとりですが、茶道だけでなく、建築や造園にも才能を発揮し、仙洞《せんとう》御所、二条城、名古屋城などの設計を手がけました。大徳寺孤篷庵《こほうあん》、南禅寺金地院《こんちいん》は、遠州の代表作として有名です。遠州の庭園を見ていくと、その造園法に**西欧の手法**がとり入れられていることがわかります。1626年の造営当時の仙洞御所を描いた図には、日本庭園には珍しい花壇がもうけられていて、コスモス、ブドウ、ヒマワリなど、明らかにヨーロッパからもたらされたと思われる植物が植えられています。

## 遠州の庭に見る西欧の手法

枯山水で有名な龍安寺《りょうあんじ》の石庭も、遠州作と推測されています。この石庭をはじめ遠州作の庭には、当時ヨーロッパで流行していた**パースペクティヴ法**や**ヴィスタ法**、**黄金分割法**などがとり入れられています。パースペクティヴ法とは、同じ形を手前から奥にサイズを小さくしながら並べることで、実際より奥行きがあるように見せる手法です。ヴィスタ法は奥のほうにある対象物に視線を引きつけることにより立体感を強める手法です。透視的遠近法ともいいます。

黄金分割法は、トランプの縦と横、ピラミッドの底辺と高さ、ギリシャ神殿の幅と高さなど、もっとも美しいとされる比率「黄金比」を用いて構図や配置を決める手法です。遠州は、宮廷付工人《きゅうていつきこうじん》（幕府の作事奉行）を務めていたので、当時日本に来ていた宣教師から、このような西欧的手法を身につけたといわれています。

マメ蔵 イギリスのエリザベス女王が日本を訪問した際、龍安寺の石庭を絶賛したことにより、龍安寺の名は世界に広まりました。

# 龍安寺石庭に見る西欧の手法

## パースペクティヴ法

方丈から見て、奥に行くほど砂面が高くなっており、左側が低くなっている。築地塀は奥は低く、左側や手前が高くなっている。それにより方丈から石庭を見た際、遠近法が強調され、奥行きを感じさせている。

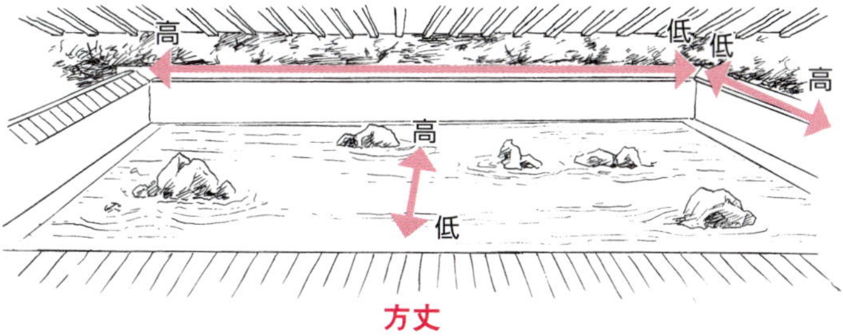


## 黄金分割法

龍安寺石庭は、1：1.618という黄金比を使って石が配置されている。

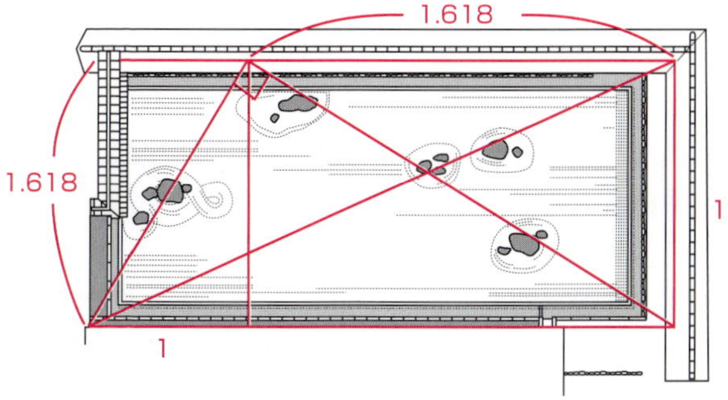

自然の景色と庭園

# 風景をとりこむ借景

借景《しゃっけい》とは、庭づくりにおいて周りの景色を借りる手法です。庭園の外に広がる景色を背景としてとりこみ、よりダイナミックな庭の景観をつくります。

## 自然の景色を借りる

日本庭園における造園法のひとつである**借景**は、外の風景を庭の景観の一部として利用する手法で、室町時代に**夢窓疎石**《むそうそせき》によってはじめられました。その後しばらく忘れられていましたが、小堀遠州によって復活しました。

具体的には、庭の外に生い茂っている樹木や竹林、または遠くにそびえる山など、外に広がっている自然の風景を、庭園の背景として取り込み、前景の庭と一体化させて見せるしかけです。外景を取り入れることで庭園内に遠近感が生まれ、かぎられたスペースの庭がより開放的でダイナミックになります。

また、自然の背景との調和によって、人工物だけでは表現できない、リアルで優美な景観をつくることができます。借景の好例としては円《えん》通寺《つうじ》（京都市）があげられます。

## 庭園を額縁におさめる

借景の手法は、とくに**後期式枯山水**において用いられました。後期式枯山水の庭では、石庭の周囲の塀も重要な景観の一部とされ、石庭を絵、塀を額縁と見立て、絵画を見ているかのような効果を生み出します。これを**額縁効果**といいます。

たとえば京都の宝泉院《ほうせんいん》の盤桓園《ばんかんえん》（盤桓とは立ち去りがたいという意味）という庭は、客殿に座って柱と柱の空間を額縁に見立て、大原の竹林を眺めるようにつくられており、同じく京都の源光庵《げんこうあん》では、丸い窓と四角い窓を利用した額縁効果が見られます。

マメ蔵　滋賀県彦根市にある旧大名庭園の玄宮園は、人工物である彦根城天守閣を借景にしている池泉庭園です。

## 借景の効果

比叡山を借景としてとりこんだ円通寺の例。
春・秋分の日の出が比叡山からのぼるように計算された
巧みなつくりとなっている。

ひさし
比叡山《ひえいざん》
枯山水庭園
廊下

ひさしと廊下がまるで額縁のように景色を切り取っている。

## 額縁の効果

京都の源光庵では、丸い額縁の「悟りの窓」と
四角い額縁の「迷いの窓」が見られる。

悟りの窓
迷いの窓

コラム 7

## 海外で人気の高い日本庭園・足立美術館

島根県安来《やすぎ》市にある足立美術館は、1970 年に地元出身の実業家・足立全康《あだちぜんこう》氏によって建てられました。日本庭園が融合した美術館で、横山大観《たいかん》や川合玉堂《ぎょくどう》、富岡鉄斎《てっさい》などの近代日本画家の作品を中心に陶芸、童画作品が収蔵されています。

この足立美術館の日本庭園は、アメリカで発行されている日本庭園の専門雑誌『ジャーナル・オブ・ジャパニーズ・ガーデニング』の誌上で毎年発表される日本庭園ランキングにおいて、かの有名な桂離宮をおさえ、2003 年から 7 年連続第 1 位に輝き続けており、海外でとても人気があります。また、フランスの旅行ガイド『ミシュラン・グリーンガイド・ジャポン』でも、最高評価の三ツ星がつけられています。日本人にはあまりなじみがありませんが海外では認知度が高く、世界一の日本庭園として、その名をとどろかせています。これにより海外からの来館者が急増し、以前は年間 1000 人未満だった外国人観光客が、今では 1 万人に迫る勢いです。

足立美術館の庭園には、日本庭園をこよなく愛していた足立氏が自ら全国から蒐集《しゅうしゅう》した植栽や石が配されています。

白砂青松庭

広さは 5 万坪に及び、「枯山水庭」「白砂青松《はくしゃせいしょう》庭」「苔《こけ》庭《にわ》」「池庭」「寿立庵《じゅりつあん》の庭」などの庭園に分かれています。

枯山水庭は背景の勝山《かつやま》を借景とし、白砂青松庭は白砂と石組で構成された庭に、バランスよくサツキと黒松が点在しています。苔庭は、杉苔と赤松を中心に組み合わせてつくられた京風の雅な庭園で、池庭は周囲との調和を考え、新しい感覚と伝統的手法を用いてつくられた庭園となっています。

# INDEX

## あ行



## か行

## さ行

## た行

## な行



## は行

## ま行

## や行



## ら行



## わ行

# 参考図書


『図説 日本建築のみかた』宮元健次著　学芸出版社

『図説 日本庭園のみかた』宮元健次著　学芸出版社

『神社の系譜　なぜそこにあるのか』 宮元健次著　光文社新書

『日本の美意識』宮元健次著　光文社新書

『すぐわかる 寺院別障壁画の見かた』 宮元健次著　東京美術

『建築のすべてがわかる本』藤谷陽悦監修　成美堂出版

『図説 日本建築の歴史』玉井哲雄著　河出書房新社

『とんぼの本 桂離宮』俵万智ほか著　新潮社

『日本建築みどころ事典』 中川武編　東京堂出版

『住まいの伝統技術』 安藤邦廣・乾尚彦・山下浩一著　建築資料研究社

『図解 古建築入門 日本建築はどう造られているか』 太田博太郎監修・西和夫著　彰国社

『日本美術図解事典（日本の美術）』守屋正彦・田中義恭・伊藤嘉章・加藤寛・宮元健次監修ほか　東京美術

『日本建築の鑑賞基礎知識　書院造から現代住宅まで』平井聖・鈴木解雄著　至文堂

『建築の絵本 日本建築のかたち 生活と建築造形の歴史』西和夫・穂積和夫著　彰国社

『スーパー図解雑学 たのしくわかる建築のしくみ』高橋俊介監修　ナツメ社

『東京美術選書 22 古建築のみかた図典』前久夫著　東京美術

『民家のしくみ 環境と共生する技術と知恵』坊垣和明著　学芸出版社

『図解入門　よくわかる最新住宅建築の基本と仕組み』大野隆司著　秀和システム

『原色日本の美術 第 15 巻 桂離宮と茶室』川上貢・中村昌生著　小学館

『小学館ギャラリー 新編 名宝日本の美術 第17巻 利休・織部・遠州』熊倉功夫著　小学館
『日本庭園の伝統施設 鑑賞と技法の基礎知識』河原武敏著　東京農業大学出版会
『住まい方を考える①　住まいのしくみを知る』益子義弘監修　あかね書房
『住まい方を考える②　快適で安全な住まいのくふう』益子義弘監修　あかね書房
『土の総合学習４　土とくらし 土とともに生きる』七尾純著　あかね書房
『風土にあった生活　和風建築の大研究　日本人の知恵と工夫』PHP研究所編　PHP研究所
『住まいの文化』住文化研究会著　学芸出版社

## 取材・写真協力

足立美術館／宇治上神社／永楽屋／京都府大山崎町／島根県観光連盟／島根県立古代出雲歴史博物館／神宮司庁（伊勢神宮）／神社新報社／西岡太郎／平等院／フリー素材屋 Hoshino

**監修者略歴**

## 宮元健次　●みやもと・けんじ

東京芸術大学大学院美術研究科博士課程修了。龍谷大学助教授、大同工業大学建築学科教授を歴任。宮元建築研究所代表取締役。


著書

『桂離宮隠された三つの謎』『修学院離宮物語』『近世日本建築にひそむ西欧手法の謎「キリシタン建築」論序説』『建築パース演習絵本』『建築製図演習教本』（以上、彰国社）、『桂離宮　ブルーノタウトは証言する』（鹿島出版会）、『復元桂離宮書院群』『復元日光東照宮陽明門』（以上、集文社）、『法隆寺五重塔』（雄鶏社）、『Horyuji,s Five-story Pagoda』（JPT）、『歴史群像　徳川家光』『歴史群像　豊臣秀吉』『京都古寺の庭をめぐる—京の名庭ベスト・セレクション—』（以上共著、学習研究社）、『左右・みぎひだり』（学燈社）、『建築家秀吉—遺構から推理する戦術と建築・都市プラン』『江戸の陰陽師・天海のランドスケープデザイン』『加賀百万石と江戸芸術—前田家の国際交流』『芸術家宮本武蔵』（以上、人文書院）、『日本の伝統美とヨーロッパ　—南蛮美術の謎を解く—』（世界思想社）、『月と建築』（共著、INAX 出版）、『日光東照宮隠された真実—三人の天才が演出した絢爛たる謎』『善光寺の謎』（以上、祥伝社文庫）、『竜安寺石庭を推理する』（集英社新書）、『インテリアコーディネーター実技テキスト』（ヒューマンアカデミー）、『눈으로 배우는 건축디자인』（李鏶）、『すぐわかる日本の仏像』『日本美術図解事典』（共著）『すぐわかる寺院別障壁画のみかた』（以上、東京美術）、『月と日本建築—桂離宮から月を観る—』『京都名庭を歩く』『京都格別な寺』『仏像は語る—何のために造られたのか—』『神社の系譜』『名城の由来』『日本の美意識』『聖徳太子　七の暗号』（以上、光文社）、『おとなの京都事典』（日経ホームマガジン）、『近世日本建築の意匠—庭園・建築・都市計画・茶道にみる西欧文化』（雄山閣）、『鎌倉の庭園』（神奈川新聞社）、『建築造形分析写実例』（中国建築工並出版）、『桂離宮と日光東照宮—同根の異空間』『初めての建築模型』『初めての建築構造デザイン』『見る建築デザイン』『よむ住宅プランニング』『図説　日本庭園のみかた』『図説　日本建築のみかた』『建築の配置計画—環境へのレスポンス』（以上、学芸出版）、『SITE PLANNING』（普文堂）、『日本庭園鑑賞のポイント 55　歴史と時間を愉しむ』（メイツ出版）、その他 50 冊以上、受賞多数。


装丁 ——— PHP エディターズ・グループ（印牧真和）
装画 ——— 秋山 孝
編集協力 ——— 株式会社童夢
本文イラスト —— 永田勝也
本文デザイン —— 川島 進（スタジオ・ギブ）
DTP ——— ニシエ芸株式会社
執筆協力 ——— 入松田倫子

雑学３分間ビジュアル図解シリーズ

# 神社・寺院・茶室・民家　違いがわかる！　日本の建築

2010 年 9 月 10 日　第 1 版第 1 刷発行

監修者 —— 宮元健次
発行者 —— 安藤　卓
発行所 —— 株式会社 PHP 研究所
東京本部　〒 102-8331　千代田区一番町 21
生活文化出版部　☎ 03-3239-6227（編集）
普及一部　☎ 03-3239-6233（販売）
京都本部　〒 601-8411　京都市南区西九条北ノ内町 11
PHP INTERFACE http://www.php.co.jp/
印刷所・製本所 —— 図書印刷株式会社





ISBN978-4-569-79070-1